総合商社

商社機能ライフサイクル

岩谷 昌樹　谷川 達夫

【共著】

税務経理協会

まえがき

　日本の総合商社として早期に登場した三井物産と三菱商事は当初，それぞれの財閥の貿易（輸出入）を担当することを主な業務としていた。しかし，それだけにとどまらず，日本経済の工業化を推進するために，両社は次第に多機能化していき，貿易以外の活動も幅広く行い始めていた。その後に生成した伊藤忠商事，丸紅，住友商事といった総合商社も，やはり日本経済の高度成長化を支える重要な役割を果たしてきた。

　総じて総合商社は，単なるモノの取引だけでなく，日本のメーカーがものづくりをする上で必要となる資金や，外国の製造技術や管理ノウハウなどについての知識などをワンセットにして提供していった。

　ものづくりのための原材料だけを，ただ持ち込むのではなく，それをもとに，的確で，より合理的な製造ができるように，十分なお金と，十分な知識を与えたのである。これは総合商社によるメーカーへの内的サービス（インプット活動）と呼べるだろう。

　一方，日本メーカーが海外進出する際に行うＦＤＩ（海外直接投資）において，総合商社は，ときには資金だけの提供（リスク分散役），ときには重要なビジネス・パートナー（原材料の獲得と完成製品の販売役）として，といった具合に，これまで様々なパターン（役回り）で参加してきた。そうした総合商社をメンバーとしたタイプの日本メーカーの海外活動は，世界中いたるところ（ユビキタスの状態）で展開されてきた。これは総合商社によるメーカーへの外的サービス（アウトプット活動）と呼べるだろう。

　まとめると，総合商社は，①日本市場（内的マーケット）では，金融力と情報提供をともなう取引活動をコア機能としてきている，②海外市場（外的マーケット）では，貿易，資源開発，合弁事業などに大きく貢献してきているということになる。こうした活動から「総合商社は日本の代表的な多国籍企業である」と十分にいえることができる。

一般に国際ビジネス研究では，多国籍企業は「二国以上の国で生産される財・サービスを有する企業」と簡単に定義される[1]。そうした状態の中で多国籍企業は，自社内で蓄積しているリソースを（ときには自社外のリソースとうまく組み合わせながら）活用して，自国や進出先国で利益を創り出している。この多国籍企業が日本で本格的に研究され始めたとき，総合商社の多国籍化の捉え方は，大きく2つに分かれた[2]。

　1つは，ビッグプロジェクトの中心（プロフィットセンター）となって，各企業が有している技術や情報，商標を十分に活用しながらオーガナイズしていけることから，その多国籍化は今後も有益なものをもたらすという積極的（いわば総合商社を有用とする）見方である。これは総合商社を，これまでになかった特殊な機能を持つ，新しいタイプの「日本型多国籍企業」と見なすものである。

　いま1つは，これまで日本経済の高度成長期でなされた総合商社とメーカーの海外での合弁事業は，双方の「結節点」が見出されたところで成り立ったもので，メーカーに現地での事業経験が増せば，自らの手で事業展開を行いたくなって，商社機能は次第に必要ではなくなってくるという消極的（いわば総合商社を無用とする）見方である。これは「商社参加型合弁は過渡期的な形態である」と見なすものである。どちらの見方が正しいかというのではなく，どちらも総合商社の機能ライフサイクル上に見られる現象である。その状況に応じて，有用な商社機能は違う。

　例えば自動車ビジネスに見る商社機能のライフサイクルは，下図のように示

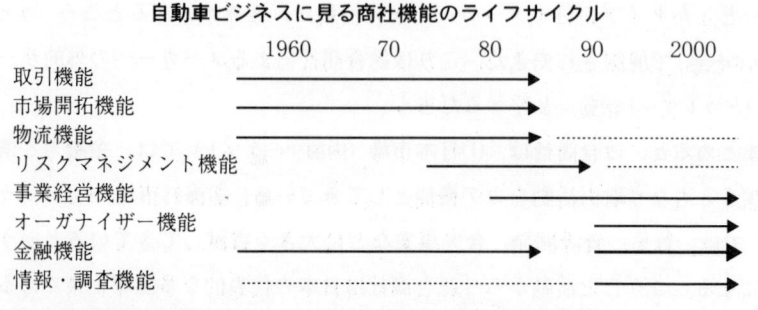

自動車ビジネスに見る商社機能のライフサイクル

```
              1960     70        80        90       2000
取引機能        ───────────────────▶
市場開拓機能    ───────────────────▶
物流機能        ──────────────────────────·········
リスクマネジメント機能        ──────────────▶·········
事業経営機能              ──────────────────────▶
オーガナイザー機能          ────────────────────▶
金融機能               ─────────────────────────▶
情報・調査機能   ·············──────────────────▶
```

（注）　金融機能の細線は卸売りに対する金融、太線は消費者金融。

まえがき

すことができる。

　日本メーカーが海外に初めて進出するとき，情報や経験を全く持っていないため，それらが豊富な総合商社の機能は，日本メーカーにとって魅力的なものに映る。このときは日本メーカーの機能よりも，コストを削減したり，リソースを節約して使ったりできる商社機能のほうに比較優位がある。

　しかし，日本メーカーが実際に海外活動を果たしていくと，情報や経験が次第に増える。そうなると土地勘が出てきて，自分たちで行動したほうが，コストが安くつくようになる。海外旅行に慣れた者が，ツアーコンダクターを必要としない理由に似ている。この場合には，商社機能とメーカー機能のどちらが優れているかという優位性は同等なものとなって，競争がなされる。

　総合商社とメーカーの機能競争の果て「商社冬の時代」「商社離れ」などといわれたように，日本メーカーが総合商社を全く必要としなくなるほど，自前で商社機能を有するようになる。すると総合商社は，次なる活路を見出すために新しい市場機会を求め始める。情報化時代への対応，中国ビジネスの展開といったニッチへの進出がそれである。現在の総合商社はこの段階にある。ここで総合商社は持続成長できる新機軸を発見して，商社機能ライフサイクルを刷新しなければならない。いわば総合商社ヌーベルバーグ（新波）を呼び起こすときなのである。対応に乗り遅れた総合商社は，総合商社というかたちでなくなってしまい，専門商社へと縮小してしまう。

　常に新しい波に乗り続けてきた総合商社にとって，いま直面しているのは荒々しい大波（ビッグウェーブ）である。しかし大波だからこそ，この流れに乗った総合商社には，次なるライフサイクルを築けるだけの強い企業生命力が宿る。

　本書第Ⅰ部にあたる第2～4章では，こうした総合商社の機能ライフサイクルに注目して論を進める。考察（特に第2章）の軸足には国際経営論・多国籍企業論を当て，それを下敷きとしながら，共著者の一人である谷川達夫の経験から検証する。

　そうした作業に続く本書第Ⅱ部にあたる第5～7章では，これからの総合商

社が，いったいどのような姿になっていくのかについて示すことを到達点としたい。

このように本書は，実務家と研究者が互いに商社の未来像を探り合っている。

商社マンになることを熱望する学生には，元・商社マンがその長年の経験から捉えた本書第Ⅰ部の一読を特にお薦めしたい。

また，国際経営を専攻する学生には，20世紀末から新世紀にかけての商社動向を探った本書第Ⅱ部に学ぶべきエッセンスが詰まっている。

〔注〕
1) Buckley, P. J. and Brooke, M. Z.（江夏健一訳）『国際ビジネス研究　総論』文眞堂，1993年，58ページ。
2) 磯田敬一郎『国際企業論』ミネルヴァ書房，1976年，多国籍企業研究会編『日本的多国籍企業論の展開』法律文化社，1979年を参照。

目　　次

まえがき

第1章　総合商社の捉え方 …………………………………………… 1
第1節　歴史考察の意義 ──────────────── 1
1　商社史に潜む情報が比較優位を生む　1
2　商社研究の4つの重要な視点　2
第2節　商社成長システムの形成 ─────────── 4
1　日本商社の典型──三井物産の生成　4
2　リソースの有効活用　6
第3節　取引コストの削減 ───────────────── 9
1　戦後日本経済の高度成長と商社の総合化　9
2　垂直統合によるプロダクト・システムの構築　11
第4節　成長戦略上の課題 ──────────────── 14
1　商権形成と顧客ネットワーク　14
2　トップの志向性と組織変革　16
第5節　低成長期での政策 ──────────────── 19
1　商社活動の現地化　19
2　他国商社との比較　22

第Ⅰ部　商社機能ライフサイクルの変化

第2章　商社の成長1──リソースの節約 ……………………… 33
第1節　住友商事の「堅実な成長」 ─────────── 33

第2節　メーカーが商社を起用するとき ———————————34
　　　1　自動車輸出による商社成長　34
　　　2　商社によるリソースの節約　38
　第3節　メーカーの国際経営での選択肢——商社の活用—— ———42
　　　1　「商社の準内部化」というメーカーの選択　42
　　　2　メーカーにとって「選択可能なグローバル制度」としての商社　44
　　　3　商社の市場開拓——プエルトリコの事例——　46
　第4節　商社商権の拡大 ———————————————————48
　　　1　独特の商権地図の完成　48
　　　2　商社の市場開拓——オーストラリアの事例——　50
　　　3　「現地組立」という手法　51
　　　4　商社の市場開拓——イランの事例——　53
　第5節　商社の節約心 ———————————————————54

第3章　商社の成長2——リソースの活用 ……………………59
　第1節　中近東の時代 ———————————————————59
　第2節　三菱自動車の海外展開 ———————————————63
　第3節　サウジアラビア ——————————————————66
　第4節　フォードとマツダの提携 ——————————————69
　第5節　米国市場での商社 —————————————————72
　第6節　OEM部品のビジネス ———————————————74
　第7節　海外生産の支援事業展開 ——————————————75
　第8節　商社の国内自動車ビジネス —————————————76

第4章　商社の変身 ……………………………………………79
　第1節　自動車メーカーの世界戦略と商社の関係の変化 ————79
　第2節　グローバルな経営活動 ———————————————81
　第3節　海外での川下分野への進出 —————————————83

目　次

第4節	海外での金融ビジネスへの進出	83
第5節	再度自動車産業の川上への進出	85
第6節	国内での本格的な周辺事業（川下）への進出	86
第7節	究極の自動車ビジネスとしてのコンサルティング	90
第8節	「総合性」と生き残ることができる商社	93

第Ⅱ部　20世紀末からの商社転身

第5章　商社の成長戦略と組織能力 …………………………97
第1節　リソースベースで見る商社 ──────────97
第2節　総合商社の成長戦略 ──────────────99
　1　ビジネス・ネットワークの構築　99
　2　国際ビジネスにおける成長戦略　112
第3節　商社マネジャーの姿勢 ─────────────122
　1　トップ・マネジメントの志向性　122
　2　トップ・マネジメントの挑戦　128
第4節　新たな商社組織の構築 ─────────────135
　1　多国籍企業の組織能力　135
　2　総合商社における組織能力　139
第5節　21世紀に向けた転身 ──────────────147

第6章　総合商社の「総合性」…………………………………155
第1節　総合商社はグローバルウェアとなり得るか ─────155
第2節　20世紀末に行われた商社事業選択 ──────────157
　1　フォーフォルド・テクノロジーによるサービス革新　157
　2　新たな商社機能ライフサイクルは生まれるか　161
第3節　変革期の商社転身 ───────────────165
　1　総合商社と専門商社を分かつもの──「総合性」──　165

3

2　アジアビジネス・モデルの構築　170
　第4節　20世紀末に行われた商社リソース集中 ──────────176
　　　1　商社組織の変容性の保持　176
　　　2　商社組織のマネジメント　181

第7章　存続可能な総合商社とは？ …………………189
　第1節　事業フィクサー型の総合商社 ─────────────190
　　　1　商社革新による新規事業　190
　　　2　商社マンシップの4つの気質　192
　第2節　グループ取りまとめ型の総合商社 ────────────193
　　　1　メンバーへの正義的活動　193
　　　2　リソースベースのサービス活動　195
　　　3　事情通がもたらすサービスによる商権形成　197
　　　4　消えない商権づくり　198
　第3節　情報加工・知識提供型の総合商社 ────────────200
　　　1　専門商社のような総合商社　200
　　　2　情報にもとづく市場機会の結合　202
　第4節　「エコノミー」の追求 ──────────────────204

あ と が き ………………………………………………………209
索　　　引 ………………………………………………………219

第1章

総合商社の捉え方*

　本章では，これまで総合商社がどのように研究されてきたのかについて把握する。そうすることで，総合商社を捉える際に重要な点を浮き彫りして，本書がそれらの主要論点とどのように関わり合いを持つのか（どの論点に触れ，どの論点に触れないのか）を明らかにしたい。

第1節　歴史考察の意義
1　商社史に潜む情報が比較優位を生む

　総合商社は日本独自の企業形態である。このことは，ほとんどの商社論者に共通した認識となっている。

　世界には日本の商社制度のように，その国の産業史でしか登場しない，ユニークな企業形態が存在する。イギリスのマーチャントバンク（銀行業務，ユーロ債などの起債，投資管理，事業経営相談業務などを総合的に行う金融企業）や，アメリカのコングロマリット（1960年代以降，自己本来の業種とは関連のない業種の企業を買収合併して急成長した複合企業）などが，これに当たる[1]。

　一方で，日本経済の特質から生まれた商社史は「連続した改革」[2]の歴史そ

＊　本章は，岩谷昌樹「総合商社研究の論点」『立命館経営学』立命館大学経営学会，第39巻第6号，2001年3月（143～167ページ）をベースに，加筆・修正を施したものである。

のものだった。

　歴史を取り上げることは果たして，商社研究にとって有効な方法であろうか。例えば経済学者が用いる分析技術として，歴史や統計，理論などを挙げた上で，その中でも歴史（経済史）が最も重要であるとする見解がある[3]。次の3つの理由から，そういわれる。

　1つは，経済学が対象とするのは，歴史の中でもユニークな過程の部分であるためである。

　また1つは，歴史上の記録というのは，制度的な事実を反映したものなので，それぞれの社会科学がどのように関係し合っているのかを理解しなければならないためである。

　そしてもう1つは，経済分析における基本的な誤りの多くが，歴史的な経験の不足から生じてくるためである。

　総合商社には歴史が豊富にあって，商社自らがそこに学ぶことによって，これからの新たな比較優位を生み出すことができる。それは商社史が，顧客ネットワークの形成と企業間関係の構築の歴史でもあるからである。歴史が重要となるのは，そこからの情報を組み合わせて，知識を形づくることができるからである。総合商社にとって歴史の中に埋め込まれた情報は，重要な経済的ないし競争的な価値があって適応や変革能力の源泉となる[4]。

2　商社研究の4つの重要な視点

　実際の総合商社は，これまで絶えず「斜陽」「無用」「崩壊」などといった言葉で，その存在の危機が指摘されてきた。それは総合商社が常に，メーカーによる商社活動の内部化という選択肢との競争下にさらされているからである。こうした特性のある総合商社を考察するには，どの点に困難さがともなうのだろうか。例えば，次のような指摘がある。

　「部門経営学の一分野でありながら，学問的体系化が他の分野に比べて遅れをとっているのは，総合商社が外国とは異なる独特の経営形態を有するがために，海外の優れた研究成果がそのまま応用しにくいことにも一因があるかもしれな

い。しかし，何よりも大きな研究上のネックは，考察のベースとなる総合商社の実態が容易に把握できないことにある[5]。」

このような根本的な問題がありながらも，これまでの商社研究が明らかにしてきたのは，総合商社が斜陽産業といわれつつも「少なくとも戦後日本経済の高度成長期までは成長を続けた」という点である。それは，メーカーに対して確かな内的サービス・外的サービスを提供できたからである。しかし石油ショック以降では，いわゆる軽薄短小型産業に日本経済の中心がシフトしたことで，総合商社の体質が，そうした転換にミスマッチし始めた。さらには現地国から商社活動への批判が続いた。これらの点から商社再編の時代と呼ばれ，さらには，商社は冬の時代に入ったなどといわれた。

現在の総合商社に視点を転じると，情報技術の波に乗るための組織革新を行うとともに，新たな成長戦略として，事業の選択とそこへのリソースの集中を行ってきている。これは，それまでの総合性という特質を変えてしまうほどの改革となることは明らかである。

以上のような総合商社の研究をするには，次に挙げる「①歴史的視点，②機能的視点，③現代的・近未来的視点，④国際的視点」という4つの視点がとりわけ重要であると考えられる。特に歴史を踏まえない限り，その機能，いま・これからのあり方，国際化の進め方は見えてこないであろう。

① 歴史的視点……総合商社がなぜ登場して，成長することができたのか。その商社成長システムを探ること。
② 機能的視点……戦後には，いくつかの商社が総合化して，日本経済の発展を支えることになった。これを可能にした商社サービス（特に取引コスト節約）の特質を捉えること。
③ 現代的・近未来的視点……以上の歴史が現在の総合商社の戦略と組織に，どのような影響を与えるのか。総合商社論の関心事は，常にコンテンポラリーなところに集まるため，いまがどうであって，これからどうなるのかに絶えず視線を注ぐこと。

④ 国際的視点……現地国からの商社排除によって，総合商社は本格的に国際化に取り組み出した。その際，商社成長システムを現地でも通用できるために，打ち出さないとならなくなった経営政策について取り上げること。

以下では，これら4つの視点が重要であると考える理由について述べることにする。

第2節　商社成長システムの形成
1　日本商社の典型──三井物産の生成

　1853年のペリー来航を機に，日本の港は次第に開港することになった。それにともない，投機的な商人が各地から集まって，いわゆる「商い」を始めた。さらには，ジャーディン＝マセソン商会（英一番館）やデント商会といった，イギリス系商社も参入してきた。

　この外国商は居留地に商館をたてて活動するという商館貿易を始めた。それは，香港に本店を置いたままで，横浜に店舗を開設するというやり方だった。

　これによって，輸出地である横浜で，できる限り低いインボイス価（仕入原価に関税や運賃などの経費を加えたもの）での支払いを済ませてから，中継地の香港では，手数料を足してインボイス価の水増し設定を行うことができた。

　こうした巧妙な利益抽出方式は，植民地香港を拠点として活躍する，イギリス系商社の「あくことなき利益追求の姿」[6]を映し出していた。特に日本糸は「横浜−香港インボイス操作」によって，イギリス系商社の大きな利益の源泉となった。それは日本貿易が外国商の主導のもとでなされていることを示した。この現状は，日本のナショナリズムを呼び起こして，自らの手で自国の貿易を行っていく必要があるという意識につながった。

　しかしそのためには，企業家的な活動をする人材を集めて組織化する必要があった。ここで日本の外国貿易は，全く新しいタイプのビジネス，つまり総合商社の出現を見るのだった[7]。それが三井物産の登場であった（1876年）。

第1章 総合商社の捉え方

　その後の日本経済は「創造された商社機能」によって大幅に発展していった。そして日本の国際的な地位の向上や，アメリカ向けの生糸，雑貨，茶などの直貿易が増えたことで，日本貿易は拡大し続けた。

　その過程では，綿糸紡績業が日本最初の近代工業となった。これに対応するために日本綿花（後のニチメン，現・双日HD）が設立され（1892年），さらには三井物産が綿花部を東洋綿花（後のトーメン）として分離独立させた（1920年）。

　また日本貿易の発展において，三菱グループも三菱合資内の売炭部を営業部として，中国などに支店を設け，石炭を輸出した。この販売ルートを利用して，綿花などが輸入された。そうした活動が拡張する中，営業部は三菱商事として独立した（1918年）。同時期には三井物産・三菱商事とともに，戦前の3大商社を形成していた鈴木商店（日商岩井の前身）が台湾の樟脳を手がけたことを端緒に，総合商社化していった。同社は第一次世界大戦を機に，大きな商社成長をとげることになった。

　このような日本商社の生成理由は「日本の貿易依存度が極めて高かったため，つまり海外に天然資源を大きく依存していたため」とするのが一般的である。

　しかし，それだけ見ると，他国でも商社という制度を必要とするところも多くあった。そこで，日本商社の生成の理由をもっと突き詰めると「日本経済の後進性」と「日本文化の異質性」が挙がる[8]。西洋と比べて，商人が経済発展に主導的な役割を果たした点で後進的であって，西洋との経済的・文化的違いを橋渡しする専門機関として，総合商社が重要視され，その機能が求められたというわけである。

　この点が商社生成の理由であるとすると，戦後の日本経済にとっても，メーカーの活動を補完するために，異質な市場や世界各国との間隙に存在して，原材料の調達や製品の販売をしてきた総合商社は合理的な存在であったといえる。

　総合商社は日本経済の特質上，必然的に生まれることになった「貿易拡大のための企業組織」[9]だった。

　総合商社の典型である三井物産は，連続して利益を獲得するために，その成長過程の中で一連の比較優位を確立していった[10]。何よりもまずトレーダーと

5

してのスキルを有する人員の能力を重視した配置がなされた。その上で,リスク管理を含めた,内部によるチェック・システムを整えた。

その一方で,世界各地に事務所を設置して,トレーダーが市場状況の変化をすばやく集めて伝えることのできるネットワーク網を形成した。それらの情報によって,日本での有力なメーカーに対して,密接的で継続的な関係を築き上げることができた。

そこでは,単なる取引や事業の仲介だけでなく,リソースを有効に活用するために輸送や保険などの追加的なサービスを提供して,企業間関係をさらに堅固なものにした。この三井物産の革新性は高く評価できる。

三井物産は比較優位を活用して生産活動をするために,生産者を組織化するかたちで後方統合を進めた。それは「商社の要件を超えた総合化」だった[11]。

こうした総合化には,国内外に展開したネットワークの外部性が大きく後押しした。外部ネットワークからの情報が,企業のスタートアップ・コストを小さくするとともに,企業を創業する仕組みを創り出した。そのメカニズムが総合商社を「会社をつくる会社」[12]となることを可能にした。

現在では,この仕組みの応用が,後発国の経済発展のインフラでなされていることが,総合商社の新たな役割となっている[13]。例えば,中国の経済発展にとって最大のボトルネックは,運輸・物流部門である。こうした現状において,中国での物流システムの構築を商社が手がけている事例が見られ始めている[14]。

2 リソースの有効活用

総合商社にとって最も貴重なリソースは人材である。

このことは,商社研究が本格的に始められた時期(1960年代後半)から,これまで一貫して認められてきた。商社が総合商社として企業成長をとげるには,余るほど十分な人材と,製品を取り扱うことへの豊富な経験が欠かせなかった。

近年でも,総合商社の人材の「知的総合力の高度化と実践面での活用」[15]の重要性や「商社成長が問題の解決や問題の発見,戦略的な媒介者としてのスキルを持つ人材の育成と活用に依存すること」[16]などが指摘される。

第 1 章　総合商社の捉え方

　大正時代の日本経済を語る上で欠かせない企業とされる鈴木商店も，やはりこうした人材を活用していた総合商社だった。同社は，かなり早期に貿易業務の経験者を中途採用して，さらに高学歴者を積極的に採用して人材を充実させていた。後に日商のトップとなる高畑誠一も，このかたちで採用された人物であった[17]。人材による能力のプールを創ることで，鈴木商店は大戦ブームでの事業機会を確かな成長要因にすることができた。

　一般に総合商社は，人材の余剰分のサービスを活用するかたちで多角化を進めた。それができたのは，総合商社が質の高い人材を数多く有していて，彼らをフルに活用できる「近代的な経営管理システム」があったからである。総合商社には近代的企業の特長が備わっていたということである[18]。

　総合商社の近代性が，人材の有する情報や知識を使うかたちでの成長戦略の遂行をもたらした。そのシステムでは，情報そのものが「戦略的な意味を持つ資源」[19]となった。

　情報を十分に用いることで，総合商社は一連の新たな機会にすばやく対応できた。そこでは，より高度な企業家精神を発揮でき，メーカーとはまた違うタイプの企業家活動（国際ビジネス）がなされた。

　この点から，総合商社は知識および情報ベースの組織であって，そうした知識や情報が商社能力の中心であるといえる[20]。

　総合商社は情報や知識にもとづいて，既存の事業に関連する分野から着手していく方向で多角化を果たした。商社成長は「商品の相互補完性を考えながら多数の商品を大量に取り扱うという営業方針」[21]に従ったものだった。

　もともと総合商社というのは，極めて選別したかたちで製品を取り扱う[22]。それが商社成長のために多角化していき，結果的に非常に幅広く製品を取り扱うことになった。

　こうした商社の総合化は「ラーメンからミサイルまで」という言葉で示された。この表現では「儲かるものならとにかく何でも取引する」という印象を受ける。

　しかし社内の未利用なリソースの活用から多角化したと見るならば，実際に

7

は商社成長の基盤となるような,商権形成と拡大のシステムが創られていたといえる。

このように,リソースの有効利用のために多角化したということが,総合商社の理論づくりでは有力となる[23]。

リソースを中心概念とする総合商社の理論をつくる場合には,総合商社を「リソースが集合した管理組織体」として捉えるのが最も適している。その際には同時に,商社成長にともなう組織づくりに関して考察する必要がある。

鈴木商店の最大の崩壊理由は,金子直吉があらゆる意思決定を行うかたちとなっていた,集権的な組織構造であった。この体制は,他の鈴木商店のメンバーに決定権の幅を狭くさせ,能力ベースの経営を不可能なものにした。金子直吉の企業家精神(起業家精神ともいう)はとどまることを知らず,次々に直面する事業機会への対応を,組織構造の整備よりも優先してとりかかることになった。これに,台湾銀行への高い依存度がからみあって,鈴木商店は組織的な調整がきかなくなって崩壊してしまった。

一方で,三井合名の理事長だった団琢磨は,三井の内部で次のようにいわれていた。「団」とは決断することを意味しているのではなく,決断をしないという意味の「不断の団」である[24]。これは,団琢磨が自らでは何も決めなかったことを示している。それほど,新たな方針や成長戦略を打ち出す場合には慎重であった。

また,安宅産業の崩壊した理由としては,不確実な事業機会に対応してしまったことが指摘できる。ここでは,社内での情報伝達の仕組みや,組織内での意思決定のあり方などが決定的な要因となった。

このように,商社成長システムを検討する場合には,その成長戦略とともに,組織的な問題をいかに克服することで,その成長を確実なものにしていったかという点を合わせて捉えていかなければならない。

以上のように,商社成立の歴史的基盤を知ることや,その独自の組織と経営戦略を解明することが,商社研究には求められる[25]。この場合の総合商社論が課題とするのは,数ある商社機能を説明していくのではなく,その「機能が発

揮された要因や環境を分析すること」[26]にある。

これを分析するには、総合商社総論的なものではなく、任意の一社を取り上げ、その中でも特に1つの事業に特化する視点が必要となる。その視点から商社成長システムを探っていくことのほうが、数ある商社機能を1つずつ説明していくことよりも、商社機能の本質を浮かび上がらすことになる[27]。

第2〜4章は、この点（商社機能が発揮された要因や環境の分析）に重きを置きながら、住友商事の自動車部門を例に取って、商社成長システムの形成について捉える。

第3節　取引コストの削減

1　戦後日本経済の高度成長と商社の総合化

総合商社のサービスは戦前の三井物産・三菱商事に見るように、取引機能に金融や情報、組織化、調整および補助的な（保険、保管、運輸など）サービスを付け加えることで形成された。これによって、多様な製品の大量取引が可能となって「規模の経済性」と「範囲の経済性」を同時に達成できることになった。

この2つの経済性はメーカーにとって、資本の総量の増大と、その効率的な利用をもたらした。それは主に総合商社によるコスト削減のサービスの提供から得られた。

とりわけ資本の増大は、どんな規模のメーカーにとっても、不足する資本を求めて競争していた、1960年代から1970年代初めまでの急速な経済成長期に「計り知れない価値のあるもの」[28]であった。

さらに戦後において総合商社は、日本メーカーへの外国技術導入の斡旋や、外国企業も含めた「三人四脚型」の合弁事業の設立、ならびに、その際の原材料の調達と製品の販売に関する取引活動を続けた。

実際の事業での経験を通じて総合商社は、その複合的な機能の形成と、それを発揮する方法を学ぶことになった。この点を積極的に評価する場合、そのポイントは次のようなところに置かれる[29]。

① 世界各地に拠点を持ち,そのネットワーク網から様々な情報をすばやく収集できる。
② 輸出入取引や三国間貿易を,日本・相手国・さらにはもう一ヶ国の比較優位にもとづき行える。
③ FDIをともなって生産活動に参加することが,極めて合理的で能率的である。
④ 進出した企業が有機的に統合されて,全体として多国籍企業的機能を発揮できる。
⑤ 総合的な流通機構を用いることで,原材料の調達や製品の販売が経済的に行われる。

これらの商社活動は企業間機能分業であって,日本のFDIのシステム的な特色であった[30]。海外生産を始めるためのインフラサービス(情報の提供など)が総合商社によって提供され,実際の海外生産も総合商社を通じて結合させ,協力し合えるようにシステム化された。

こうした商社機能の卓越さは,外国からの支持も受けた。中でも有名なのは,1972年のピーターソン(米ニクソン大統領の国際問題担当補佐官)による報告においてであった。

そこでは,日本経済の戦後発展の奇跡を生み出したものの1つとして,商社主導型による貿易の振興が挙げられ,それが日本の経済成長を支える比較優位産業の特化と,天然資源不足の克服を可能にしたと評価された。さらには次のように述べられた。

「特に総合商社といわれる大手商社は,世界的なネットワークのもとに,情報・ノウハウの集積を可能にして,巨大な取り扱い高を扱っている。彼らは,規模(売上高)の利益によって,一件当たりの取引の薄利を可能にして,競争不可能な中小企業の対外競争力を可能にした。商社の存在は,国内メーカーの競争を,対外的には商社間の競争に昇華させ,しかも商社は資源開発を通じて相互に協調しつつ,国内における寡占体制をいよいよ強化なものにしつつあ

る[31]。」

このように注目された総合商社は，戦後日本経済の高度成長とともに発展した。総合商社はメーカーへのサービスの高度化を図るために総合化していった。中でも第2章でも触れている，総合商社としては最後に登場した住友商事の成長には目を見張るものがある。

その伝統的な強さが銅や鉄鋼の取引にあった同社は1960年代には，年間売上を1,970億円から3兆8,500億円まで伸ばして，約20倍の成長を示した。

この時期の大手商社はいずれも日本経済の急速な成長に応じるために，自らの戦略としても「成長」を追求していた。それは「市場占有率の維持」ならびに「市場機会の獲得」と「市場の拡大」による商社成長であった。

総合商社は，吸収合併やグループ企業との取引の拡大，さらには成長産業（鉄鋼，化学製品など）におけるメーカーへの商権形成などを通じて，売上高を伸ばしていった。これは「雪だるま方式の効果」[32]を持つ商社成長であった。多角化していくこと自体が総合商社化することを意味していた。

多角化は特に繊維専門商社（伊藤忠，丸紅飯田，日綿実業，東洋綿花，江商の関西五綿）や金属専門商社（日商，岩井産業）の商社にとって急ぐべき成長課題であった。これら商社の総合化は，戦後の企業グループ形成の中で促進され，商社間競争によって達成された[33]。

企業グループにとっては，総合化しつつある商社を介在させることで，グループ内とグループ外（海外市場を含むもの）の取引効率を高めて，より有利な調達と販売ができるようになった。

そのとき，取引に付随する技術移転や共同投資も有効であった。総合商社による技術導入やジョイントベンチャーをともなうかたちの原材料調達・製品販売がなされることで，総合商社はグループ企業にとっての「技術的エージェント」[34]となった。

2 垂直統合によるプロダクト・システムの構築

総合化していく過程で，商社は取り扱い製品（鉄鋼・石油など）の垂直統合を

行うことで,市場支配を確実なものにしていった。また,食品コンビナートなどの建設によって,輸送コストの削減を図った。垂直統合によって総合商社は「国際的な規模で原料入手から生産そして消費までをインテグレートすることにより高能率を目指す流通担当者」[35]となった。

もともと商社は市場を創り出す中間業者であって,情報のハブになることを求められる。戦後日本の場合,商社は総合化する過程で,垂直統合という方法を用い「統合化した再販売人」(インテグレーテッド・リセラー)[36]へと成長していった。

こうした総合商社の役割は,取引コストの見地から解明できる[37]。例えば16世紀から18世紀にわたり活躍していた,ヨーロッパ政府認可の大貿易商社(マスコビー,東インド会社,ハドソン・ベイなど)は,近代的な多国籍企業の特徴に近いものを持っていた。規模の経済性による取引コストの削減と,その活動を可能にした組織管理システムだった。

貿易とは相次いで行われる一連の取引である[38]。一連の取引で,貿易商社は情報を収集し処理することで,市場での失敗を防ぐ役割を果たした。そして垂直統合によって,内的に財やサービスが交換できるシステムを市場に代わるものとして創り出した。さらに,その取り組みを行いやすくするように,専門マネジャーたちが近代的な経営組織を形成した。

こうして貿易商社は,取引コストに対応した制度(インスティチューション)と,広範囲な活動を管理するための機構(メカニズム)を創り上げた。この点が,近代的な多国籍企業の性質とよく似ていた。ただし,通常の多国籍企業と異なる点は,貿易商社が代理人関係(エージェンシー・リレーションシップ)で成立するということであった。

この代理人関係では,主に2種類の問題が生じやすい。それは「隠された行動」と「隠された情報」に関するものである[39]。これは「道徳的危険」と「不利な選択」ともいえる問題である。

代理人の行動については,その努力が問われることになる。代理人にとって努力とは非実用的なものである。しかし本人(プリンシパル)にとっては,有益

な結果につながる価値のあるものとなる。こうした努力への正反対の態度が，問題発生の源泉となる。

　また，代理人の情報は，本人では持ちえない観察力を有していることが多い。代理人は実際の活動によって得た情報にもとづいて意思決定をする。ただし，それが本人の利益にとって最も貢献するかどうかを本人は容易に確かめられない。

　ここで，生産的な知識が代理人から本人に流通しない恐れがあるという重大な問題が持ち上がる。そのため，代理人にはリスクの共有と，差異化を図ることのできる情報の提供が求められる。それがうまくできない場合，本人は代理人機能を内部化する。代替する組織的手段を創り出すのである。

　こうした企業組織の効力を比較するものとして登場したのが，新制度経済学，ないし取引コストの経済学と呼ばれるものである。これは主に制度的な取り決め（統治する構造）を対象とする。この分析の核心は「企業の境界を決定する要因は何か」「一大企業の中ですべての生産が行われないのはなぜか」という企業の本質的な問題である。その解答は企業と市場間の取引コストの差異にあると見なされる[40]。

　上記の垂直統合の問題も，こうした取引コストアプローチで取り上げることができる。垂直統合は生産過程を首尾良くさせるために活動を統合化していく点で，組織的な取り組みとなる。そこでは，取引コストに関する「情報構造の変化」[41]がもたらされ，意思決定がより明確にできるようになる。これが代理人によって行われる場合，それは本人への貢献的な工夫，すなわち努力だと見なされる。

　ここでの努力とは，代理人が垂直統合によって，効率的な生産過程の組織化という代替的な形態を創り出すことへの評価である。

　取引コストが存在するためになされる垂直統合では，価値のある情報を守ることができる。さらに，その情報は「活用することで学習する」（ラーニング・バイ・ユージング）[42]という過程で発展できる。こういった利点を持つ垂直統合の検討を可能にする取引コストアプローチは，様々な制度的デザインの取引コ

スト削減能力を比べるという意味で，比較制度的な分析となる。

したがって，商社という代理人機能（商社の経済性）を検討する場合，こうした取引コストの問題を考察することが論点となってくる。これは特に，戦後において総合化した商社の役割を見出す際に重要な視点となる。

また，比較制度的な分析では，市場と組織とともに中間組織の存在もクローズ・アップできる。この3分法での検討を日本の商社に適用する試みも，商社研究を推進する上で有効であろう[43]。第2章では，総合商社による取引コストの削減という視点を取り入れた考察をする。

第4節　成長戦略上の課題

1　商権形成と顧客ネットワーク

商社は商権によって成り立つといわれる[44]。

商権とは顧客関係への投資が無形資産（のれん）となったものである。商社史は世界規模で顧客ネットワークを形成してきた歴史でもある。有力なメーカーとの緊密なビジネス上のつながりは，総合商社が「独自の様式の複合企業」[45]となることを可能にした。

商社成長には有力な顧客（取引先）の囲い込みが欠かせない。それらの顧客との安定した長期の継続取引が商権となるからである。この商権形成が商社成長戦略として採られてきた。しかし，石油ショック以降での産業の一大転換期後では，新たな時代に適した産業（情報分野など）での商権づくりは，すばやくできなかった。

その一方で，日本企業が多国籍化することで，日本の国際分業構造も変わってきた。それによって，商社の安定的取引基盤が縮小することになった[46]。これに関して次のような見解がある。

「もしより多くの主要産業との間で新しい商権を順次拡大することができたならば，商社の経営はもっと順調に推移しえたはずであるが，現実はそのようにはならなかった。そこで近年商社は取引や投資のリスクを負うことの必要性

第 1 章　総合商社の捉え方

を主張するようになっている[47]。」

　このことは，総合商社が投資によって新産業に属する企業や，海外の有力企業への商権を確立して，取引関係の体制を整えていくことを示している。総合商社がFDIをともなって市場を拡大する方向は，①地理的な市場範囲の拡張，②取り扱い商品におけるシェアの増大，③新規商品分野への進出，④同一商品における垂直的多段階流通支配，の4つに分けることができる[48]。

　そうした総合商社によるFDIの1980年代の特徴としては，①投資対象の多様性，②低い出資比率，③激しい新陳代謝が見られ，地域別ではアジアへの投資件数が最も多く，投資金額では北米が最大の比率となった[49]。

　これは，商社投資が「浅く広く，そして採算の合わないものは早期に撤退」という原理でなされていることを示した。商社本来のマイノリティ投資や変容性という性格を反映していた。事業投資は総合商社の近未来において，重大な戦略課題となる[50]。そこでは，ますます「リスクとの総合的対決能力」[51]が求められる。

　投資活動が進む総合商社をどう捉えるか。これについては「総合商社の本質規定に当たっては，総合商社が行いつつある，商事会社以外の諸活動をも十分考慮に入れるべき」[52]という指摘が参考になる。

　例えば1997年に，情報・マルチメディア部門が総合商社にとって今後の利益の源泉であることが明らかにされた調査結果がある[53]。このときには，単なる商売の仲介業務ではなく，プロジェクトや業務提案型に転換していく積極的な姿勢が確認された。

　これまでの新規事業がそうであったように，こうした分野でも総合商社が事業に参入する際の経済的な価値は「取り扱い手数料は低率でも大量のものの流れにタッチ出来るかたちのビジネスを持つこと，しかもその手数料収入について，メーカーを納得させるような，他人に真似の出来ないビジネスへの貢献を果たし続けること」[54]にある。

　総合商社はメーカーにとって貴重で稀少な存在にならなければならない。そのためには成長戦略を明確にする必要がある。近年では，企業の成長戦略をリ

ソースベースで見通すことの重要性が、ますます強まってきている。その基本的な洞察は、1950年代末に提示されたペンローズの企業成長論にある。これはリソースの適用法（アプリケーション）に焦点を合わせたものである[55]。

ペンローズにとって企業とは創造力のあるもので、また成長していくものであった。したがってリソースベースで企業を捉えると、その企業が比較優位をいかに創り出すか、そしてそれを保ち、さらにそれをどう革新していくかを見出せる。

しかし、この企業成長論が、経営戦略の研究にとって有力なものとなるには、1990年代でのコアコンピタンスの概念の登場を待たなければならなかった。コアコンピタンスは企業の能力を企業内の知識や、企業間の市場における知識の累積から示す見解である。

そこでは企業間競争が進化的に変化する過程として取り上げられる。この変化では能力の変化、つまり企業内での知識の変化が要求される。なぜなら企業の市場での成果が、その企業の戦略上の目的や意思と、企業能力の結合に依存するからである[56]。

こうした企業能力の鍵を握るのは、企業が自由に用いることのできる、事業機会についての知識である。この知識が競争的な価値を持つには、マネジャーの姿勢や、組織構造の問題が解決される必要がある。

2　トップの志向性と組織変革

総合商社は現地国の市場での事業や、三国間貿易を進めている。今後、FDIが増えるにつれて、こうした活動は現地・地域志向や世界志向に変化していかなければならない。

しかし、いまだ日本経済とともに発展してきた余韻での商社活動が続くこと、あるいは、日本国籍を有する海外社員の比率が下がらないという現状もある。これは総合商社にとっての過去の遺産がもたらすものである。

総合商社に日本中心的な志向性も残るのは、これまでの日本経済との関わり合いの深さから見て否定はできない。これに関して次のような見解がある。

第1章　総合商社の捉え方

「商社活動の国際化は，たとえ三国間貿易を拡大したとしても，その多国籍企業としての発展は困難であり，さしあたり日本を極点とする国際化にとどまるであろう。なぜなら，その独自の経済的機能の発揮は，日本の産業構造と企業体制の特質とに密着しており，それを背景として成り立つものだからである[57]。」

それでもやはり総合商社は今後の事業展開のグローバル化のために，国際企業への挑戦を果たす必要がある。

この点を考える際に参考になるのが，企業が世界市場で生き残る上で採用すべき方法を示したパールミュッターの発想である[58]。パールミュッターは国際化過程における企業のトップ・マネジメントの姿勢を重要視して，トップ・マネジャーに世界中心的な志向を持つことを求めた。それによって，国籍に関わらず，最も優秀な人材が各ポストに選ばれる。さらに市場やリソース，アイデア（例えば，ビジネスの首尾良い進め方といったもの）や情報，知識などが全世界から手に入れられる。その際，世界志向型企業のマネジャーには，主に次の3つの基本的な任務の遂行が要求される。

1つは，国籍に関わりなく採用した人材の有する直接的な知識や経験，経営スキル（意思決定能力，コミュニケーション能力など）を引き出すことである。

また1つは，こうした能力のどれを全社的な計画のどこに統合していくかについて，最良の方法をとることである。これは，世界市場に対する国際戦略を有利に実行させるものとなる。

いま1つは，これらの活動を促進するような組織構造を創り上げていくことである。組織とは，新たな知識の習得を促す「学習と創造力のためのフレームワーク」[59]でもある。

ナレッジ・マネジメントの議論からも明らかなように，情報というものは企業内での変形過程を通じて，知識となることで初めて価値が出る。情報から知識へと生産的に変化させるには，組織（オーガニゼーションとストラクチュアの双方）が決定的な役割を持つ。こうした知識が企業能力の独自性を生む。特に多国籍企業は，それぞれに独自の能力や事業機会を持つ子会社を多数，抱えてい

17

る。この状態では，企業内の統合ネットワークを分化的に活用することで，比較優位を発生させることができる。

それにはリソース適用のための調整システムを創ることが必要である。このシステムは企業環境とリソースのミスマッチを減らす最良の方法である。多国籍企業が分化ネットワークを持つと，知識の企業内での有効な活用をグローバルネットワークの経済性の源泉にできる。

ただし，この経済性がもたらされるためには，経営環境に最適なリソースを企業内で求め，そこに移動させて配置することで，問題を解決できるような組織構造がデザインされていることが前提となる。

例えばジョン・リードは，当時リストラの最中であった1990年末に，アメリカ最大の銀行といわれるシティコープのトップとなった際に，次のように発言した。

「我々はしっかりとした，抜かりのない組織をつくらねばなりません。単に対応のよい組織というだけでは十分ではないのです。抜かりのない組織において知恵とか見通しが共有されており，そういう要素がうまく織り込まれた競争力を持ち，それが実際に行動する個々の人間に反映していかなければならない[60]。」

この中での「しっかりとした，抜かりのない組織」は，原文では「スマート・オーガニゼーション」である。翻訳者は「スマート」という一語にかなりの執念が抱かれていることを前後の関係から感じたため「しっかりとした，抜かりのない」と訳した[61]。

商社組織は，管理機構に最適の固定した形がないところに特徴があるといえる[62]。経営環境に応じて意識的に「スマートさ」を追求できる組織である。これまでの商社組織は，主に製品事業部別に分けられ，その分野ごとで有力な顧客メーカーがいて，そのニーズに応えるかたちで，ビジネスが構築されてきた。つまり「日本全体の貿易構造に見合う布陣をしいてきた」[63]のである。

こうした商社組織が成長戦略のために，今後どのような変遷をとげるかを商社マネジャーの姿勢とともに探り出すことは，現代的な商社研究の論点である。

ただし，この変化は多様な障害を克服していかなければならず，苦痛をともなうゆっくりとした過程をたどる[64]。

国際的な障害を乗り越えていくためには，経営に対する態度の変化を必要とする。それはまさにトップ・マネジメントの国際化である。トップ・マネジャーによる「グローバル・インダストリアル・エステートの資源への接近を容易にする客観的で中立的な能力」[65]がもたらされなければならない。

付け加えて，今後の商社研究に関する最大の論点となるところを，ここで指摘しておくと，やはりその総合性はどのようなものになるのかという点である。

総合商社は「機能の総合力」と「取引先との多面的な顧客関係」（国内と海外での販売，仕入れ，金融などの機能，そして原材料，資材，製品，包装，設備，輸送など一貫したニーズの存在）に対応できる多面性と総合性を売りにする[66]。

これが現在，進められている社内分社制では，個々の産業（金属，機械など）に各事業部が対応することになる。その場合，商社特有の「総合化した機能」の発揮をどういった方法で創出するかが問われる。

総合化した機能は事業部ごとに活動を統合していく過程で得られる[67]。これを捉えるには細かな事例研究を必要とする。しかし常に現状を主な考察対象とする性質を持つ商社研究では，この部分の実証が総合商社論のメインテーマであり続けるのは確かである。

総合商社の成長戦略上の課題，ならびに総合化した機能については，第5，6章で触れる。これは第7章につながるための予備的考察として位置づける。

第5節 低成長期での政策

1 商社活動の現地化

1970年代に入ってからの日本経済の低成長期への移行過程では「商社無用論」が絶えることはなかった。

その主な理由とされたのは，素材型産業（鉄鋼，繊維など）に代わって，組立

加工型産業（電気機械など）が構造転換の中心になってきているのに関わらず，総合商社の取引構造がそれに十分に対応しきれていないからだった。

そうした状況から，総合商社は歴史的に素材産業中心の活動をしてきていたため「バルキー商品（かさばった物）専門の体質」[68]になってしまっていると指摘された。このことが，総合商社はシンプルなかたちの製品にしか対応できないという論議を呼んだ。

さらに総合商社は現地国からの資源ナショナリズムの台頭や，商社排除にあい，その活動の範囲を限られることになったため，それへの対応にも追われていた。これは総合商社に，社会的な責任（今でいうＣＳＲ）や経営能力，機能を強めることや，将来性のある成長産業との関わり合いの拡大を促した[69]。

こうした志向性の変化や商社体質の変化は，総合商社にとって大きな政策課題となった。それは同時に，国際的な環境に対応することで，グローバル企業へと転化する機会でもあった。

日本貿易会を始めとする日本の主な経済団体は，1973年6月に「発展途上国に対する投資行動の指針」を打ち出すことで，今後の行動プランを明確にした。ここで掲げられたのは，①相互信頼を基盤とした事業活動の推進，②雇用・登用の推進，③現地派遣者の選定・権限委譲，④教育・訓練の推進，⑤地場産業の育成，⑥再投資の促進，⑦受入国との協調・融和，⑧受入国社会との協調・融和であった。

これに先がけて日本貿易会は「海外投資行動基準」を発表していた（1973年2月）。ここでは，投資，資金，労務，生産対策の4項目における政策・対策のスタンダードが取り決められた。

こうした指針や基準に沿って，低成長経済期における対応策が立てられることになった。まず社内では，新たな経営理念の確立や，管理体制の強化，人材の再開発などがなされた。

商社機能の強化としては，①売買仲介機能の再評価（総合商社の情報網による国際的需給不均衡の是正），②プロジェクト・ファインディングとオーガナイザー機能の発揮，③バッファー機能の評価（中小企業融資策と倒産回避），④パイオニ

ア機能への期待（新技術の導入と企業化，新製品の輸出，外資との提携の斡旋），⑤国策への協力（輸入拡大，資源開発への参加，流通近代化など構造改善事業への協力）などが図られることになった[70]。

こうした対応策が示すように，低成長経済期での総合商社は，その成長システムや志向性を変えていく必要があった。中でも重要となったのは，現地での活動を本格的に始めることであった。

しかし一方で，活動の現地化が進むことで，商社機能の中でも統合化によって遂行される，オーガナイズ機能の発揮が難しくなってくる。これは，当時の商社マンによる研究会でも，次のように示された。

「総合商社の国際企業としての活動は，高まるナショナリズムや現地社会との融和・調和を図りながら，国際貿易を軸に多角的な高度な商社機能を発揮することであるが，この場合，本社への一元的な統合・集中の原則と現地化の要請をいかに調整し，はかるべきかが大きな課題であろう[71]。」

ただし，これは海外市場に新たな成長機会が存在することも意味していた。そこで総合商社が現地国市場を商権拡大の基盤とするには，現地志向の経営が求められた。当時，発展途上国において活気のあったビジネスは，外国のスキルのマーケティングによって成長していた[72]。したがって，そこに進出する総合商社にとっては，産業上のサービスを国際的に販売する機会があった。これに対応するためには「トップの世界戦略面での長期的なパースペクティブの確立」[73]が必要とされた。トップ・マネジメントは国際ビジネスの限界を知って，現地活動のために政策を発展させなければならない[74]。

そこで，まずは現地の環境に対するマネジメントとして，事業運営のパターンの確立と，人材の選択をすることが求められる。このような環境への順応は，堅実な国際計画の始まりとなる。

次に，政策の効率を上げようとすれば，世界的な見地を持つことが要求される。政策は，一国だけに通用するものではなく，海外諸国間での様々な障害やつながりのためにも用いることができなければならない。これは国際的な規模でのマネジメントを呼び起こす。そのため，トップ・マネジメントの課題は，

国際組織があらゆる問題を理解して，それが想像力と勇気によって解決されていくようにすることになる。なぜなら，理解力が問題を見つけ，それを解決する機会に首尾良く出会えることを助け，想像力が新たなパターンの創造を可能にして，勇気がそれを試みることを促進するからである。こうした構造を持つ国際組織だけが，政策を発展させることができる。

そこで，こうした政策を総合商社はどのように行ってきたか，また，どのように行うべきかを検討することが，低成長期の商社成長を捉える上での論点となる[75]。

第6章は，この政策を現在の問題として取り扱い，そこから未来の商社像を模索する。

2　他国商社との比較

低成長期での総合商社にとっては，それまでの高度成長期に必要だった「大規模性」や「総合性」という性質が，逆に商社成長を不利にする要因として働くことになった。ここに日本的な経済制度ならではの特色が見られる。

従来の水平的な多角化から，事業分野ごとで垂直的な多角化に移行する政策が考えられるときには，他国や各取り扱い分野における商社に学ぶことも有効となる。

韓国商社（三星物産，現代綜合商社，LG商事など）は，日本商社との特徴に違いがある。それは韓国の場合，輸入のウエイトが極めて低いことである。また，日本商社が輸出入ともにウエイトを落とした一方で，韓国商社の輸出のウエイトが急速に上昇した[76]。この点は，日本と韓国の商社との間に，その構造と機能に違いがあるためである[77]。

韓国商社は輸出振興のために「総合貿易商社制度」のもと，法律によって創られたものであった（1976年）。そこで，各財閥グループは系列企業の輸出担当部門を寄せ集めるかたちで，商社を設立した。これが構造的な特徴であって，機能的に見ても国内取引にほとんど関与せずに，国の保護を受けながら「輸出窓口」として輸出の拡大に努めた。

第1章　総合商社の捉え方

　また韓国商社は，メーカーを中心とした財閥グループ内の商事部門という位置にあって，グループ外企業との取引はほとんどなく，商権の広がりにも限界がある[78]。

　では中国の対外商社は，どうであろうか。日本経済は市場志向であるのに対して，中国は最近まで厳格な計画経済であったため，日本と中国の商社とでは，初めから基本的な相違があった[79]。

　1952年，中国にできた対外貿易省は，特定製品分野の取引に特化した国営対外商社（10社程度）を通じて貿易を管理した。この対外商社は中国全土に支店を持った。しかし自らが成長戦略を持つことはなく，国が作成した貿易計画に沿って活動した。

　中国の対外商社は，消費や生産のための組織ではなく，計画経済における公的な中間商人（オフィシャル・ミドルマン）[80]だった。これは日本商社と比べて，ダイナミックさと積極さに欠ける。

　中国の対外商社は官僚機関で，保護された独占企業にすぎず，他企業と競争する必要もなかった。割り当てられた特定分野の取引を遂行するだけでよかったため，多角化をする機会もなく，またそれを促す企業能力も形成できなかった。

　ただし，1979年からの中国経済改革の開始以降では，対外商社に新たな事業機会を提供した。そこでは，多角化と国際化が進められるようになった。その点では，逆に日本の総合商社がモデルとされる場合が多くなる。

　また，地域的に特化した商社を見ると，すでに触れたように，香港を拠点にして主に東南アジアで活動する，ジャーディン＝マセソン商会がある。その取り扱い製品は航空機から穀物，木材，繊維などと多様で，現地の銀行とも密接に結びついている。この点では，日本の商社に極めて近い性質を持っている。

　ジャーディン＝マセソン商会は，1984年に香港離脱の方針を公表した。これは「事業・地域の選択とリソースの集中」を意味する。このことで「総合性」が残せるかどうかは，日本商社と共通の課題である。

　アフリカ地域には，UAC（ユナイテッド・アフリカ・カンパニー）があって，

自動車や繊維などを取り扱っている。同社は、ユニリーバ（英国・オランダ国籍の食品多国籍企業）の子会社として、1929年に設立された。

このような商社の史的考察は、商社が地域別に戦略を立てる上で参考になる。

取り扱う製品に限ってみると、穀物メジャーや石油メジャーがある。近年公表された、穀物商社大手のカーギル社では、世界最大の小麦取引を行ってきた過程や、搾油工場の建設などの多角化、世界戦略としての提携や組織づくりに積極的に取り組んでいることなどが明らかにされた。こうした穀物メジャーは共通して、貯蔵能力にも長けていて「商社の原点」[81]というべき性格を持っている。

日本商社も1970年代には、三井物産が米国で穀物エレベータの取得をしたりすることで、国際物流事業を進めていた。また、三菱商事も、ケンタッキー・フライドチキンのチェーン展開をして、高度なシステム事業を築いていた。その一方で、同時期に穀物メジャーは、果たしてどこまでそれらの事業活動を進めていたのであろうか。この点を探ることは、新たな商社比較の視点となる。

特定産業のメジャーに見る事業の統合化は、今後の商社の取り扱い製品や市場の重点化を考える上で、貴重な資料となるのは間違いない。そこで、こうした各商社との国際比較から、日本商社の特徴を導き出すことも、1つの興味深い論点となる。ただし、これについては本書では試みていない。住友商事の自動車部門から商社成長システムを見出すことが本書第Ⅰ部の狙いとするところである。

〔注〕
1） 商社機能研究会編『新・総合商社論』東洋経済新報社，1981年，257ページ。
2） Ichiishi Iwao "Sogo Shosha: Meeting New Challenges", *Journal of Japanese Trade & Industry,* No. 1, 1995, p. 16.
3） Joseph A. Schumpeter, *History of Economic Analysis,* New York, 1959, pp. 12-13. 東畑精一訳『経済分析の歴史1』岩波書店，1955年，23〜24ページ。
4） Tom Roehl "Is Efficiency Compatible with History?" in *The Multinational Traders,* Edited by Geoffrey Jones; Routledge, 1998, p. 202, 211.

5) 中條誠一「書評 伊藤英吉著『総合商社論』」『立命館経営学』第32巻第4・5号，1994年1月，303ページ．
6) 石井寛治『近代日本とイギリス資本』東京大学出版会，1984年，29ページ．1850年代から1860年代前半にかけてのイギリス系商社は，資金力と輸送面で比較優位を有していて，全盛期にあった．そうした外国商が「ヨーロッパとアジアという遠く離れた地域の貿易をいわば独占的に支配しつつ巨額の譲渡利潤を入手していた」（同上書，156ページ）．
7) Shin'ichi Yonekawa "The Formation of General Trading Companies: A Comparative Study" in *Transnational Corporations: A Historical Perspective,* Edited by Geoffrey Jones; Routledge, 1993, p. 181.
8) 志村嘉一「総合商社の経済論理」『世界』1979年8月号，190ページ．
9) 山澤逸平編『日本の経済発展と国際分業』東洋経済新報社，1984年，215ページ．
10) Eisuke Daito "The Development of Marketing Management in Japan", *Japanese Yearbook on Business History,* 15, 1998, p. 35.
11) 橋本寿朗「総合商社の創造と商社マンの「自伝」」社会経済史学会『社会経済史学』Volume. 64, No. 2, 1998年，80ページ．同稿では，この総合化への転換が既存の商社研究では捉えられていないと指摘される．
12) 崩壊した鈴木商店も「日本産業のフィクサー」（設立発起人）で，神戸製鋼所，日本製粉，帝人などを立ち上げる基盤を創った総合商社であった．
13) 橋本寿朗「日本が制限した「強制された自由貿易」と革新的企業組織」東京大学社会科学研究所紀要『社会科学研究』第51巻第1号，1999年，28ページ．
14) 例えば，伊藤忠商事が1994年に上海で合弁の物流センターを開設していて，1995年には広州でトラック・ターミナルを含めた大規模な物流センターの建設を始めている（井上隆一郎編『中国の企業と産業』日本経済新聞社，1996年，321ページ）．
15) 内山隆「今日の総合商社の経営環境を巡っての一考察」九州産業大学経営学会『経営学論集』第7巻第2号，1996年9月，26ページ．
16) 磯辺剛彦「総合商社のコア機能」『流通科学大学論集 流通・経営編』第9巻第1号，1996年9月，82～83ページ．
17) 武田晴人『財閥の時代』新曜社，1995年，178ページ．
18) 吉原英樹「国際的にみた総合商社の経営史」神戸大学経済経営学会『国民経済雑誌』第156巻第6号，1987年12月，119ページ．
19) 藤田幸敏「総合商社経営史における情報研究について」愛知学泉大学経営研究所『経営研究』第9巻第1号，1994年12月，275ページ．
20) Geoffrey Jones "Multinational Trading Companies in History and Theory" in *op. cit.,* 1998, Edited by Geoffrey Jones, p. 2, 19.
21) 大東英祐「なぜ"総合"商社なのか」『中央公論経営問題 1975年冬季号』236ページ．
22) これに関しては，企業間結合を支えた商社の取引機能を重視して「総合化が"あれもこれも"取り扱うという脈絡なしの総合化だったのではない」という指摘がある

（鈴木健「企業集団と総合商社」日本証券経済研究所『証券経済』第145号，1983年9月，108ページ）。また三井物産のトップだった水上達三は「総合化は決してすべてを取り込むことを意味しない」と述べている（水上達三『私の商社昭和史』東洋経済新報社，1987年，239ページ）。商社機能研究会も，総合商社の「総合」は，単なる取り扱い品目の総合性を意味せず，むしろ企業として果たす機能の総合性（取引・金融・情報機能の有機的な相互連動）を意味するとしている（商社機能研究会編，前掲書，1981年，25ページ）。

23) 吉原英樹「総合商社研究の展望」神戸大学経済経営学会『国民経済雑誌』第139巻第1号，1979年1月，69ページ。
24) 武田晴人，前掲書，1995年，194ページ。
25) 既存の商社研究を体系的かつ実証的にまとめることが不足しているともいわれた（磯田敬一郎「八〇年代の日本総合商社の経営戦略」『世界経済評論』1980年2月，47ページ）。
26) 杉野幹夫「書評　島田克美著『商社商権論』」日本証券経済研究所『証券経済』第175号，1991年3月，130ページ。
27) この論点が，従来の商社研究を補完しうることは，次のような指摘からも導くことができる。「ビジネス活動自体の特徴やその成長のメカニズムを直接の対象とした，総合商社に関する論文は意外に少ない」（萩本眞一郎「戦前期貿易商社の組織間関係」，松本貴典編『戦前期日本の貿易と組織間関係』新評論，1996年，114ページ）。また，実際にこの方法から一考察を試みたものに，岩谷昌樹「総合商社の成長要因」『立命館経営学』立命館大学経営学会，第37巻第6号，1999年3月（141～178ページ）がある。
28) Alexander K. Young, *The Sogo Shosha: Japan's Multinational Trading Companies*, Charles E. Tuttle Company, 1982, p.68. 中央大学企業研究所訳『総合商社－日本の多国籍商社－』中央大学出版部，1980年，61ページ。
29) 小島清「日本型多国籍企業のあり方」『世界経済評論』1975年8月，51～52ページ。
30) 小島清・小澤輝智「総合商社と海外投資」『世界経済評論』1983年11月，32ページ。
31) 津田昇『総合商社　その機能と本質』産業能率短期大学出版部，1975年，9～10ページ。
32) Alexander K. Young, *op. cit.*, 1982, p.106. 前掲訳書，94ページ。
33) 磯田敬一郎「多国籍企業化をはかる総合商社」『世界経済評論』1974年9月，37ページ。
34) 磯田敬一郎「企業集団としての多国籍化」『世界経済評論』1976年12月，61ページ。
35) 中野宏一「総合商社の本質と日本型多国籍企業」『世界経済評論』1976年2月，75ページ。
36) Mark Casson "The Economic Analysis of Multinational Trading Companies" in *op. cit.*, 1998, Edited by Geoffrey Jones, p.29.
37) Ann M. Carlos and Stephen Nicholas "Giants of an Earlier Capitalism": The Chartered Trading Companies as Modern Multinationals, *Business History Review*,

Volume. 62, Autumn 1988, pp. 398−419.
38) E. J. Kolde "From Foreign Trade to Multinational Business", *Studies in World Economic Problem Series,* No. 8, 近畿大学世界経済研究所, 1969年11月, 7ページ。
39) Kenneth J. Arrow "The Economics of Agency" in *Principals and Agents: The Structure of Business,* Edited by John W. Pratt and Richard J. Zeckhauser; Harvard Business School Press, 1985, p. 38.
40) Oliver E. Williamson "The Firm as a Nexus of Treaties: an Introduction" in *The Firm as a Nexus of Treaties,* Edited by Masahiko Aoki, Bo Gustafsson and Oliver E. Williamson; SAGE Publications, 1990, p. 10.
41) Michael H. Riordan "What Is Vertical Integration?" in *ibid.,* p. 95.
42) Kurt Lundgren "Vertical Integration, Transaction Costs and 'Learning by Using'" in *ibid.,* p. 112.
43) これを試みたものに, 岩谷昌樹「総合商社の「共生」する可能性」『立命館経営学』立命館大学経営学会, 第38巻第5号, 2000年1月 (255~289ページ) がある。
44) 島田克美『商社商権論』東洋経済新報社, 1990年。
45) Max Eli, *Japan Inc. Global Strategies of Japanese Trading Corporations,* McGraw-Hill Book Company, 1990, English Language Edition, p. 105. 同氏は, 1980年代末, 商社本社を訪れていて, その際にインタビューした多くの商社マネジャーが, 未来については悲観的でありながらも, その態度は基本的に「アップビート」で, 際立ったサバイバル戦略を広げていたという (*Ibid.,* p. 123.)。
46) 杉野幹夫「総合商社の中国市場進出」『関西大学商学論集』第42巻第2号, 1997年6月, 151ページ。
47) 島田克美「総合商社の取引関係と組織構造」『立命館国際研究』8−4, March 1996, 23ページ。
48) 杉野幹夫「総合商社の進出と今日的役割」『経済』編集部編『日本企業 海外進出の実態』新日本出版部, 1988年, 73ページ。
49) 日本貿易会『総合商社の対外直接投資』1990年, 29~36, 104ページ。アジアに多く投資がなされる背景に関しては次のように捉えられる。「開発途上国の企業はどこでもマーケティングチャネルが弱いわけです。そこを補完するというのは商社の大きな役割ですし, 日本の商社にとってのビジネスチャンスでしょう」(日本貿易会広報部会『貿易風』No. 14, 1991年, 8ページ)。
50) 辻節雄「戦前における貿易商社の総合商社化類型と事業投資」『名古屋外国語大学国際経営学部 紀要』第5号, 1999年2月, 36ページ。
51) 大木保男『総合商社と世界経済』東京大学出版部, 1975年, 246ページ。
52) 佐藤定幸『多国籍企業の政治経済学』有斐閣, 1984年, 229ページ。
53) 清水孝「総合商社の分権組織と管理手法」日本証券経済研究所編『総合商社の経営分析』日本証券経済研究所, 1998年, 54ページ。
54) 島田克美「アジア経済開発主体の多様化・ネットワーク化と商社の役割」『化学経済』Volume. 44, No. 8, 1997年7月, 21ページ。同氏は, 投資とは「顧客関係への

投資は相手に対するコミットメントであり、それを相手に認識してもらうために投入される企業の努力あるいは適応行動」とする（島田克美「商社商権の構造と機能」日本証券経済研究所『証券経済』第178号、1991年12月、45ページ）。

55) Nicolai J. Foss "Equilibrium vs. Evolution in the Resource-based Perspective"in *Resources, Technology and Strategy,* Edited by Nicolai J. Foss and Paul L. Robertson;Routledge, 2000, p. 18.
56) J. Stanley Metcalfe and Andrew James "Knowledge and Capabilities"in *ibid.,* p. 41.
57) 中村秀一郎「商社批判以後」『中央公論経営問題 1975年冬季号』219ページ。一方で日本貿易会は次のような認識を掲げて「国際化」を推進していく姿勢を見せている。「人・物・金・情報などいわゆる経営資源の効率的な運用、時代に即応した組織の改革を不断に実行することにより旺盛な活力の維持向上を図り、また長年にわたり蓄積したビジネスノウハウの質を向上させながら、経営の国際化にも意を用いつつ、各国経済・社会との協調的関係の発展に努め、共存共栄の実をあげていかねばならない」（日本貿易会「日米協調と総合商社」研究委員会『日米協調と総合商社』1993年、59ページ）。
58) Howard V. Perlmutter "The Tortuous Evolution of the Multinational Corporation", *Columbia Journal of World Business,* January-February 1969, pp. 9－18.
59) J. Stanley Metcalfe and Andrew James, in *op. cit.,* 2000, p. 43.
60) ノエル・テイシー＆ラム・チャラン（河村幹夫訳）「シティコープＣＥＯジョン・リードが語るグローバル・バンクの条件」『Diamond Harvard Business』1991年5月号、101ページ。
61) 河村幹夫・林川眞善『総合商社ビッグバン』東洋経済新報社、1999年、5～6ページ。
62) 土屋守章「この巨大組織をどう管理するか－総合商社の組織論的考察－」『中央公論経営問題 1977年秋季号』78ページ。
63) 日本貿易会「商社の製品輸入」研究委員会『製品輸入時代の商社』1989年、12ページ。
64) "Perlumutter and the Geo-Centric Imperative"in *Managing the Multinationals,* By Business International S. A.;G. Allen&Unwin, 1972, pp. 113－123. 高宮晋監訳「国際企業への挑戦－ハワード・パールムッター」『国境を超える経営』日刊工業新聞社、1972年、183～200ページ。
65) *Ibid.,* p. 120. 同上書、195ページ。
66) 島田克美、前掲論文、1996年、33ページ。
67) 山邑陽一氏は「総合商社」を'Integrated Trading Company'と表記する（山邑陽一「国際メガプロジェクトにおける総合商社の戦略と機能」英文要旨『国際ビジネス研究学会年報第5号』1999年、328ページ）。これは総合商社が統合化に進むことを踏まえた上でのものであろう。
68) 美里泰伸『総合商社の崩壊』番町書房、1984年、155ページ。

69) Ryokichi Hirono and Amira Vaidya "Sogo-Shosha : Promoters of Domestic Industries" 成蹊大学経済学部学会『成蹊大学経済学部論集』第11巻第2号, 1981年3月, 69ページ。
70) 現代商社研究会編『貿易商社マン』東洋経済新報社, 1980年, 140ページ。
71) 商社機能研究会編『現代総合商社論』東洋経済新報社, 1975年, 275~276ページ。この点は当時, 総合商社の多国籍化での「最大の難関」と見なされていた(磯田敬一郎「多国籍企業をはかる総合商社(下)」『世界経済評論』1974年10月, 29ページ)。
72) Richard D. Robinson "The Global Firm-to-Be : Who Needs Equity ?", *Columbia Journal of World Business,* Volume. 3, No. 1, January-February 1968, p. 25.
73) 磯田敬一郎「総合商社の多国籍企業化戦略」多国籍企業研究会編『多国籍企業経営戦略の展開』マグロウヒル好学会, 1977年, 274ページ。
74) John Fayerweather "Foreign Operations : A Guide for Top Management", *Harvard Business Review,* Volume. 35, No. 1, January-February 1957, pp. 127−135.
75) これを試みたものに, 岩谷昌樹「総合商社の政策問題」『立命館経営学』立命館大学経営学会, 第39巻第2号, 2000年7月 (55~88ページ) がある。
76) 小浜裕久「韓国の総合商社−その現状」『世界経済評論』1981年1月, 97ページ。1980年代における韓国商社の輸出比率は, 各社平均80%以上と極めて高い。
77) 韓国経済事業に詳しい住友商事情報調査部, 藤田徹氏へのヒアリングによる (1999年11月24日, 於・京都)。
78) 李性煕「日本と韓国の総合商社の経営比較研究」北海道大学経済学部『経済学研究』第40巻第4号, 1991年3月, 74ページ。
79) Min Chen, *Asian Management Systems,* Routledge, 1995, p. 250. 長谷川啓之・松本芳男・池田芳彦訳『東アジアの経営システム比較』新評論, 1998年, 281ページ。
80) *Ibid.*, p. 253. 同上書, 285ページ。
81) 久保巌『総合商社と世界財閥群』東京布井出版, 1975年, 51ページ。

第Ⅰ部

商社機能ライフサイクルの変化

- 第2章　商社の成長1──リソースの節約
- 第3章　商社の成長2──リソースの活用
- 第4章　商社の変身

第2章

商社の成長1──リソースの節約

第1節　住友商事の「堅実な成長」

　1950年代に「多国籍企業」という言葉を初めて用いたとされる，リリエンソールは「大企業の本質は，事業の規模と機能の多様性を創り出すことにある」と述べた[1]。

　総合商社も，その事業の規模と機能の多様性について見れば世界規模で，オーガナイザー（組織化・調整役）から，フィクサー（事業の立ち上げ役），金融，情報など，多面的に機能している。この点が商社の本質であると見なすことができる。国際的な事業規模の大きさと，その多機能さが商社の強みとなっているのである*。

　その中でも「商社の最も基本となる事業（コア・ビジネス）は何か？」といえば，歴史的には，やはり取引（トレーディング）である。ここでいう場合の取引は，単に需要（買い手）と供給（売り手）を仲介するという意味だけにとどまらない。新しい取引機会を見つけ出して，それを結びつけ，そのつながりを長期に，そして安定したものにするということまでを含んでいる。

　こうした活動を，設立の当初からグローバルに行い続けてきた総合商社は，

＊　総合商社の機能については，日本貿易会のホームページ（http://www.jftc.or.jp/）の中の「商社の機能と活動」で，8つの機能に整理して紹介・解説されている。
　　また，本書中で引用されている『自動車年鑑』は日刊自動車新聞社／（社）日本自動車会議所が共編で発行しているものである。

その取引規模を見ても、また取り扱う商品の幅の広さを見ても、あるいは多様な取引形態を見ても、世界でも珍しい取引制度である。そのため、例えば日本経済に関心のある海外の研究者は、この総合商社の存在に目を見張ることになる。一例を挙げると、アレクサンダー・ヤングが強い印象を持ったのは、総合商社の中でも最後に登場した住友商事が1960年から1973年の間で、約20倍もの成長を見せたということであった[2]。その間の住友商事は、上位4社の総合商社（三井物産、三菱商事、伊藤忠商事、丸紅）以外で、一度もランクを下げることなく順位を確実に高めていった唯一の商社であった。

それでは、このような住友商事の堅実な成長を支えてきたものは、いったい何であったと考えられるであろうか。著者の一人である谷川達夫（以下、谷川）は、住友商事株式会社に長年勤務して、一貫して自動車産業に携わってきた。

そこで本章では谷川の経験をもとに、住友商事に目覚しい成長をもたらしたメカニズムを探ってみることにみたい。

第2節　メーカーが商社を起用するとき

1　自動車輸出による商社成長

1968年、谷川が入社して配属されたのは、人数20名余りの発足したばかりの自動車課であった。それまで東京と大阪の鉄鋼や電機部門で、自然発生的に少しずつ取り扱っていた自動車輸出を全社的にまとめて1つの課で行う、ということで発足したところであった。

当初商社は鉄鋼や機械をメーカーに納めていてつながりがあったので、スタートしたばかりの自動車の輸出を担当させてもらい始めていたというのが実態であった。それが数量的にまた市場の数も増え始めて、専門の課を1967年に組織した。

このあたりにも、住友商事が自動車に最初から力を入れていたことがうかがえる。1966年度版として、日刊自動車新聞社／（社）日本自動車会議所共編で発

刊された『自動車年鑑』には、こうある。

「国産車の輸出が本格的になったのは、1958年頃からであった。それでも当時は、年間1万台程度の輸出でしかなかった。しかし、これ以降、国産車の輸出は急激な伸長を見せ、5年後にはこれが一気に10万台にハネ上がり、1965年には、実に19万4,168台と、20万台に、あと一歩のところまで迫った。」

このように、日本の自動車輸出の本格的幕開けを興奮気味に書いている時期に、商社の自動車課はスタートしたのである。

住友商事の自動車輸出の本格的なスタートは1954年、ビルマ向けに日野自動車工業のトラック20台を輸出した頃からであった。自動車課発足前は、東京では、こうした日野や日産などを、また大阪では1968年に東洋工業（現・マツダ株式会社）3)と共同で「マツダオート関西」を設立したり、ダイハツなどを取り扱ったりしていた。

谷川が入社した頃の自動車と、その部品の売上高は69億円、そのうち輸出は65億円だった（1969年下期）。すでに国内の自動車ビジネスは確立されていて、商流に入り込んで販売店（ディーラー）権を取得することは難しかったため、輸出からスタートせざるを得なかった。

自動車課というのは、どこの商社でも、あまり聞いたことのない課名であった。冗談半分に社内の役員用車を管理・配車する総務部の一部と思われたなどという話もあった。当時は「日本の自動車が輸出されている」ということもあまり知られておらず「自動車輸出課」というように「輸出」を入れたほうが、その業務内容が一般の人にはわかりやすいのではと思えたほどだった。

なぜ国産車の輸出が、これほど伸びているか『自動車年鑑1967年版』では、「需給サイドから見ると、①ここ数年アメリカなどの先進国市場が好況に恵まれ、多様な需要が喚起されたこと、②その比重が落ち気味であるといっても、低開発国でのトラックを中心とした需要が好調であったこと、③価格、性能面で国産車が国際競争力を持つようになったこと」(144ページ)と、当時は分析されていた。

1968年9月期にトヨタは、自動車だけで691億円の輸出を達成して、半期の

第Ⅰ部　商社機能ライフサイクルの変化

輸出額としては，単独企業としてこれまで1位だった総合機械メーカーの三菱重工業を抜いてトップにおどり出た時期でもあった（『自動車年鑑1969年版』178ページ）。120名余りの同期入社の中でも「新しい課に配属された」という気持ちは絶えず彼自身，意識していた。しかし，まさか定年まで同じ商品の部門にいるとは全く予想もしていなかった。その後，この自動車課は毎年，数名ずつの新人を入れつつ，急速に大きくなって，1985年頃には最大8部体制になった。

その後，自動車本部に昇格して，部品取り扱いの子会社や自動車から派遣した海外駐在員を含めると，最高400名ほどに増えることになる[4]。

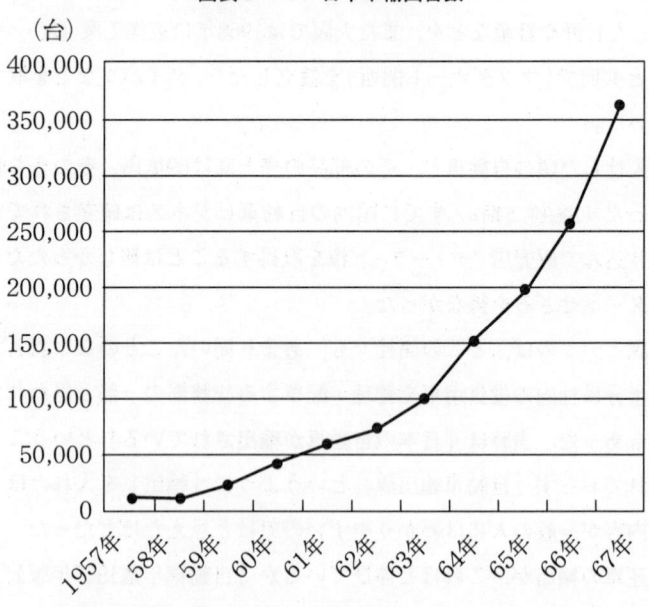

図表2－1　日本車輸出台数

(台)

彼の入社当時，住友商事は戦後発足の後発商社で，売上高ランキングでは7位であった。その後，急速に売上を伸ばしランクを上げていく。その過程で自動車の取り扱い高が大きく貢献した。商社機能をできるだけ発揮して，メーカーに負けないような輸出実績を上げようと（事実，年間輸出実績では日本の下位自動車メーカーの生産台数に近い30万台レベルにまで達した。金額では年間1兆円を記

録したことがあった），希望に燃えてモラールも非常に高い部門であった。

国際ビジネス研究では，貿易は「一連の取引」[5]，輸出は「異なった国々の独立企業間でなされる財やサービスの直接販売」[6] と定義される。この輸出を始めとする企業の国際活動の決め手は，柔軟性を持って変化を自ら促していき，その変化から成長をとげていける能力があるかどうかであった[7]。そのためには，輸出する相手国の経済の発展状況に歩幅を合わせながら，自社のＦＤＩを拡大していけるような「明確な計画」が求められたのだった。

こうした計画性が取引コストをなるべくかけずに，利益を追求していける仕組みを創り出す。しかし，国際的に活動を展開する企業にとっては「これでベストである」という取引システムというものなどはなく，いつも不測の事態に備える姿勢が欠かせない。

そこでの企業にとっての最善策は「絶えず理想に近づくための努力を続けること」しかない[8]。

努力とは，例えば企業が輸出先国の事情に詳しくなって，サイキック・ディスタンス（心の距離）を縮めていくことや，常に市場でのクリティカル・マス（揺るぎない位置を占める取扱量）を獲得していくことである。

商社にとっても，輸出を受け入れる相手国とのサイキック・ディスタンスを短くすることや，輸出する製品をつくるメーカーに対するクリティカル・マスを手にすることが，商社成長の基盤となる重要なものであった。

さらに商社が活動の拠点を拡げていくとなると，1つの国（相手国）と適切な関係を保つことだけでなく，それ以外の国々とも，ふさわしい関係を展開していけるような政策が欠かせなくなる。それこそが国際規模でのマネジメントである[9]。

企業が国際的に活動する場が増えるほど，当然のことながら企業を取り巻く環境がますます多様化してくる[10]。そうした状況下で企業が理にかなった行動を選択していくには，その多様性の中で，どれが自社の成長を促進する要因となって，それが自社の成長を抑制する要因であるのかを，十分に見極めていく必要がある。そのため，現地で活動を行う個々人に求められるのは「パターン

を理解すること」[11]である。

そして資質としては，①理解力（comprehension），②想像力（imagination），③勇気（courage）が問われることになる[12]。

① 理解力は，活動や関係が複雑で変化に満ちた世界で特に求められるものである。
② 想像力は，国際的な場で目新しく移り変わる問題を処理するための独創的な技量や方法を開発するために必要となる。
③ 勇気とは「進んで機会を得る意欲」のことで，不確実性というものがある限り，不可欠なものである。

企業が国際化に成功するかどうかは，こうした「3つのチカラ」を有して事業を推進していける人材をどれだけ持っているかにかかっている。「3つのチカラ」を持っている人材は，変化というものを，自分にとって向かい風（ピンチ）ではなく，追い風（チャンス）として捉える。

2　商社によるリソースの節約

谷川が入社した1968年頃は，東南アジア向けに本格的な自動車の輸出が始まって，その数が伸び始めた時期であった。当時，東洋工業の仕向け地先の輸出実績は，次の通りであった（『自動車年鑑1968年版』147ページ）。

東南アジア	1万3,000台
ヨーロッパ	2,700台
中近東	2,000台
アフリカ	2,000台
アメリカ	1,000台
その他（オーストラリア他）	6,000台

新入社員を指導するために会社が任命した指導員の下で彼は，ベトナムやシンガポール，マレーシア，カンボジアなどに，東洋工業のマツダの自動車を輸出していた。当時はまだ，相手国の輸入規制・外貨統制の関係で，個人輸入的

な形態も多かった。カンボジア向けでは「これは首相が使うための3台のクルマである」など，最初から使用者がわかっているものなどがあった。

　また，ベトナム向けでは，米人軍属が米国ドル建ての小切手を送ってきて，指定された荷受人（多くは女性）向けに高級乗用車ルーチェの最高グレードSS（スポーティ・サルーン）に2バンドラジオとエアコンを付け，当時，日本でも走っていないような仕様のクルマを，戦火が激しい現地のベトナムのサイゴン港宛てに船積みしていた。

　フランス人が経営するベトナムの現地代理店は，華僑の番頭がコレポン（correspondence）[13]を電報で行っていた。当時の住友商事はサイゴンに事務所を持っていて，すべてのコレポンは電報と手紙で，事務所経由で行っていた。このサイゴン事務所からは「昨夜，マツダの代理店にロケット砲が落ちたが被害は無かった」といった連絡も入った。

　完成車の輸出市場の1つであるベトナム市場は，代理店のフランス人の社長が適宜来日しメーカーに市場の説明を行う，これと同時に住友商事サイゴン事務所の駐在員も帰国時に直接，東洋工業に市場の説明を行っていた。この間は日本側の担当者が現地からの報告を，メーカーにつないでいたのである。急増する需要に対し，左ハンドルの軽トラックや，ディーゼルのマイクロバスなどの開発を，メーカーは商社の提供する市場情報や商社がリードして立てる市場戦略に応えていったのである。戦争状態のベトナムであり，メーカーからは誰も現地に出張すらしない状況であった。

　当時，東洋工業は東京駅の八重洲口を出て，昭和通りにぶつかった交差点の左側の角に東京支社があった。輸出課は課長と担当2名，それに事務職2名の5名体制であった。商社経由の間接貿易が主で，それを広島本社は東京支社経由で行っていた。自動車は仕向け地別に受注生産していて，注文の内容・明細を電話や電報で東京から広島に伝達していた。いかに市場の数が少なく，ボリュームが小さかったかが想像できよう。

　夜行寝台特急で広島へは12時間かかったが，常時2-3名は東洋工業に出張しているくらい人の往来は激しかった。

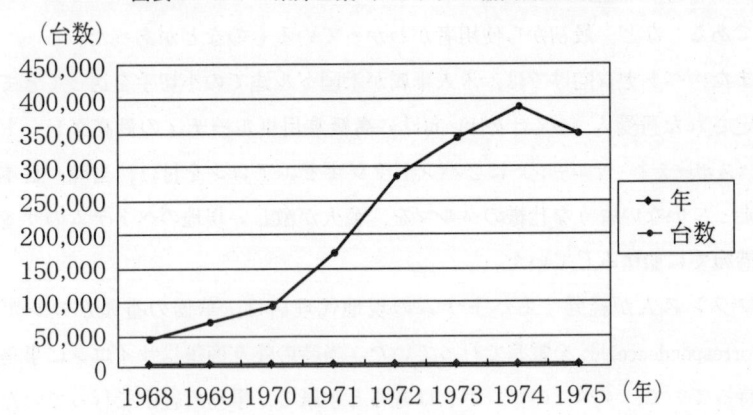

第Ⅰ部　商社機能ライフサイクルの変化

図表2－2　東洋工業（マツダ）の輸出台数の推移

注：海外生産車の台数は含まない（筆者注）。

　メーカー自身の駐在員事務所等は全くなく，出張者も出しておらず，海外情報は専ら商社に頼っていた。しかし，その後の東洋工業の輸出台数の急伸ぶりには目を見張るものであった。

　こうしたところに，メーカーが商社を起用する理由を素描できる。

　主に「ものづくり」に用いるだけの自社リソースしか持ち合わせていないメーカーは，製品の輸出活動までは容易に行うことができない。

　製品製造のために必要なリソースと，製品販売のために必要なリソースとでは，求められる知識が違ってくる。メーカーが，自らの手で輸出を始めるには，それに関する専門知識を有するヒューマン・リソースを，市場から企業内部へと買い取るためのコストと時間がかかってしまう。

　そこでメーカーは，市場にすでに存在している商社機能の活用（間接貿易）という選択肢をとることで，製品の輸出を「より安く，より早く」できることになる。商社は現地の商社マン（駐在員）が把握する実際の市場情報にもとづきながら，コストがより少なくて済むように，なおかつリスクや不確実性がより低くなるように，メーカーの取引を代行する。

　こうした活動を行う商社は，メーカーにとってコストがムダにかからないように，それはすなわち，リソースがムダに減らないように，市場取引に合理的

な解決をもたらしてくれる経済制度という存在となる。

　一般に「企業はなぜ生まれるのか」という問いに，それは「市場取引の一部を企業内部に取り入れて組織化したほうが，市場取引よりもコストが節約できる場合」に生まれると答えることが，現代企業論での解となっている。

　その文脈で「多国籍企業は，国際的な交換を組織する1つの方法として市場にかわるものである」14)とも解釈される。

　このように取引は，そのコストを比較した上で，最もコストがかからずに，効率良く進めていけるかたちが「市場か企業」(market or interfirm)のいずれかのうちから選び出されるという定理は，商社成長の機会を見出すことにも応用できる。

　それには，まず商社を単に「取引や契約の束」として見るのではなく，むしろ「リソースの束」と見なして，自社のリソース（主に人材の知識）と他社のリソース（主にメーカーの製造品）のより良い組み合わせを織り成せることが，商社独自の能力であると捉えることが必要となる。そうした能力を有する商社は，リソースをより巧みに節約しながら活用できる。

　こういった商社機能に魅力を感じ，商社に取引活動を任せるという路を選ぶメーカーの意思決定こそが，商社に成長の機会を与える。そこでの商社はメーカーにとって，まさに「あらゆる助言や知識が，必要に応じて購入できるシステム」15)として作動する。

　ただ，ここで重要な点は，商社の活用は全くの市場（グループ化されていない商社取引）による解決でも，企業の創出（内部組織）による解決でもない「第3のオールタナティブな手段」での解決であるということである。

　比較制度的な見地（comparative institutional perspective）16)からすれば，商社はメーカーにとって市場と企業の間にある「中間組織」（グループ化された商社機能）として位置づいている。

　日本の商社は「市場か企業か」という二分法に，いまひとつの選択の幅を与える。二分法によって，取引の統治構造を比較・選択・決定することから一歩踏み出して「市場か企業か中間組織か」という三分法で取引を分けることを促

中間組織は，市場と企業双方の取引上のメリットを巧みに取り入れたハイブリッドな形態としての特質を備えている場合，メーカーにとって，より魅力的な選択肢として映る。

　もともと比較制度的な見地は，その取引の形態の能率の良さを探るためのものである。特に「商業組織」を見つめていくためには，最も重要なポイントとなる[17]。

　また，そうした組織の戦略性を研究するには，そこに能力という新たな視点を投じることが必要であるとされる[18]。これを商社論に援用するならば「商社が，どれほど能率良く取引を展開するための戦略を構築できるかは，その能力の分析を行っていかなければならない」ということである。

第3節　メーカーの国際経営での選択肢
──商社の活用──

1　「商社の準内部化」というメーカーの選択

　商社が自動車輸出でメーカーにとって特に存在価値があって，貢献できた分野に「部品の輸出業務」がある。

　当時の課長から，谷川は「今回，住商の機械電機部門で，住商機電貿易という子会社を作ることになった。ついては，そこで自動車部品の一元化してやることは効率的か？」という相談を受け，彼は「効果的です」と即答した。「それなら，おまえが行ってやってくれ」ということで，自動車課から一人出向して，機電貿易の中に自動車部品輸出課を作って，業務フローを確立した。

　商社がサポート業務をアウトソースするために設立した関連会社のはしりであった。当時，補修用の部品は，その市場向けの完成車を扱う担当者が部品も輸出していた。したがって担当者は，金額が大きく重要な完成車に力を入れ，ペアを組んでやっている事務職が主に部品を担当していた。

そのため部品は、どうしても後回しになってしまい、車が走っているのに部品の供給が遅れる事態が多発して、メーカー側から課長に「もっと部品に力を入れるように」という要請もあった。アフターサービスの基礎が、まだできていなかったのである。

当時、メーカーでもコンピュータ化が始まっておらず、部品のリストは仕向け地向けの決済通貨に換算し直す必要があった。電卓もまだできていない時期は、手動の卓上計算機を使っての大変な作業であった。仕向け地が英国ポンド建てであったりして、小数点以下3桁くらいまで手作業で処理していた。その計算した部品リストを英文タイプ室に送って、そこでタイプしてもらっていた。部品はアイテム数が多いので、A4の用紙何枚にも及ぶ大変な事務量であった。

それに加えて、通産省からベアリングや輸出規制品目に該当する部品については、輸出許可書（E／L：Export License）を取る必要があって、部品のハンドリングは非常に手間のかかるものであった。メーカーからの梱包明細を示す書類がくるのは船積み直前で、輸出許可書の取得は時には深夜まで長時間残業して対応せざるをえず、メーカーの人事／就業規則の中では許されない作業を商社がしていた。

したがってメーカー側でも、この種の業務を行うことのできる人材と体制を十分に持っておらず、その点でも商社を起用する理由があった。これを一元化して別組織で行うことで、完成車に比べて部品が後回しにされることもなくなった。また、輸出許可書の申請も数件まとめて取りに行くといった効率化も図ることができ、部品の専門部隊は大いに専門性と実力を備えて貢献した。

自動車の修理やメンテナンス用の部品（補修用部品と呼ばれる）の需要は、自動車輸出台数の伸びに従い、また、すでにその市場で走っている台数（UIO：Unit In Operation）が蓄積され増えていくので、それ以上の伸びを示した。その市場での部品需要が増えるとメーカーの純正部品以外に、他のルートから安い非純正部品が出始め、売上が落ちていくというパターンをたどった。

この状況下、いかに純正部品の売上を伸ばしていくかのノウハウや実績によって、商社はメーカーから、より多くの市場を任せられるようになって、商

社が担当する市場は駐在員事務所網を持つ全世界に広がっていった。このことは，メーカーと商社の間に根強い信頼関係が一種の制度のようなものとして芽生え，それが「なじみによる伝達の経済」[19]ともいえるものを呼び起こしたことを示している。

これには，自動車ビジネスが，メーカー・輸出者（商社）それに現地販売店の3社間で，供給・販売契約（市場ごとの独占的契約が多かった）を結び，他社の入りこむ余地のない，密度の濃い長期契約にもとづき，安定して行われたことも大きく影響している。

つまり，信頼関係が芽生えることによって，メーカーは企業外部の商社を自社内の商社機能のようなかたち（なじみ）で，情報の共有化ができ，その情報をもとにスムーズな意思決定ができるのである。この段階では，商社は「準内部化」されているといえる。

メーカーのリソースには大きく分けて，ものづくり（製品製造）に必要なリソースと，取引（原材料の輸入や部品・製品の輸出など）に必要なリソースとがある。商社の準内部化によって，そのどちらのリソースも，メーカーは節約（ムダに失うことがないような活用）ができる。

メーカーに「商社の準内部化」という選択を進ませる決め手となるのは，実力・実績（つまり能力）に裏づけされることから生じる，その商社に対するメーカーの揺るぎない信頼である。現代企業論において，信頼とは自らがリスクに身を置くことで，利益が確実に期待できるときに保証されるものと見なされる[20]。その自らの役目（リスク・テイカー）を商社が負っているというわけである。

2 メーカーにとって「選択可能なグローバル制度」としての商社

パキスタン向けの自動車輸出のホームデリバリーは，ベトナム向けに1台ずつ船積みしていたのに形態は似ている。海外で働くパキスタン人の"Expatriate"（エキスパトリエイト）が，現地で得た収入で帰国前に自動車を手配して

持って帰ろうというものである。

　海外で稼いだ外貨を使い持ち帰るので，パキスタン政府も特別に輸入許可を個人に与えていた。これによって，国の保有外貨を使わずに貴重な自動車が国内に入ってくるので，国としても奨励していた。

　パキスタンの自動車販売店が，ホームデリバリー受注のための海外の販売ネットワークを作っていて，大きさの違う2種類の乗用車（ルーチェとファミリア）を同じ仕様（スペック）で顧客と契約した値段で発注してきていた。

　まだ中近東の石油ブームが起こる前であったが，パキスタン人は，すでに海外で，出稼ぎで外貨を稼いでいた。日本では，煩雑な業務をいとわない商社が，これを取り扱っていた（取引機能の発揮）。メーカーにとっては効率も悪く，直接は扱っていなかった。この種の小口取引も初期の段階では，日本車の新規市場参入や輸出を伸ばすために貢献していた。

　同じ時期に展開されていた国際経営論では，国際経営とは「2ヶ国ないし，それ以上の国にまたがって，事業を行っているというたったひとつの際立った特徴を持った経営」[21]や「国境を越えて発生する，人，物，金，情報の流れの管理」[22]といったものとして定義されていた。

　ポイントは「国際経営とは，国境を越えた経営的過程を持っている」ということになる。

　ここでいう国境とは「相互に区別される人間，企業，そして企業活動の間に横たわる境界線ないし接線」であって，経営的過程とは「商品の輸送，資金の移転，人間の移動など」である[23]。

　こういったリソースの取引が国境を越えて行われることが，国際経営の本質である。また，そうした国際経営の主体である多国籍企業は，1960年代には「経済的合理性をもたらす，新たなグローバル制度」と見なされていて，その役割は，①国家間でリソースを移転させること，②いくつかの国の間での産業活動をまとめる仕組みを発展させること，と示されていた[24]。

　まさしく商社も，このような多国籍企業としての役割を果たしていて，メーカーの国際経営における重要で選択可能なグローバル制度となっていた。

3 商社の市場開拓——プエルトリコの事例——

　プエルトリコは,カリブ海にある四国の半分ほどの面積を持つ島で,アメリカの自治領である。人口約390万人,それに加えて100万人がアメリカ本土に住んでいるといわれている。東西100km,南北60kmほどの島である。

　プエルトリコには当時,D／A (Document against Payment) という手形払いで輸出していた。これは,L／C (Letter of Credit：銀行発行の信用状) と違って,輸出者である商社がバイヤーに販売与信を与える機能があった。しかし当時のディストリビューター(輸入卸販売店)はアフターサービスの悪さと,放漫経営から倒産状態に陥った。当然,D／Aが払えなくなって,20万ドル以上の回収のためと,市場継続(販売チャネル維持)のために,谷川たちは長期出張してワークを開始した。

　D／AはL／Cを使わない与信取引で,輸入者の信用リスクがあるから,メーカーはD／Aでは取引しなかった。このためメーカー側から商社に対して,D／Aを使うことで輸入者に販売与信を与え販売台数を伸ばしてくれるように,常に強い要請があった。商社側も「販売与信リスクを取って,D／Aでやります」というスタンスで,商権を拡大していった。ただし中南米の取引においては,各商社がD／A取引によって多額の引っ掛かりを作って,1980年以降回収に数年かかるケースも多かった。

　こうしたプロジェクトを開始した谷川たちのほとんどは,海外経験も浅く自動車ビジネスも日本での輸出業務しかほとんど経験していなかった。そうしたメンバーが,現地で実際のビジネスに当たったため,試行錯誤,理論先行のところが最初の数年にわたってあった。最初はもちろん,どこかプエルトリコの会社を新たに販売店に指名して,輸出を継続させることを検討した。

　この時期は,まだ日本車の声価は確立されておらず,以前からアメリカ車やヨーロッパ車を扱っている,老舗で財政基盤のしっかりした大手ディーラーは興味を示さなかった。

　1968年,やっと日本からの年間総輸出台数が1万台に近づきつつあったプエルトリコの自動車保有台数は約50万台で,その大部分がアメリカおよびヨー

ロッパ車であった。したがって興味を示してくるのは，中小の中古車ディーラーが主だった。これには日本側のメーカーや本社が首を縦に振らず話は進まなかった。特にお粗末なアフターサービスが原因で倒産したディーラーと，そのブランドであったことは，ますます候補探しを困難にさせた。そのため，輸出者の地位をメーカーである東洋工業に返上するということも検討した。しかし白旗を揚げることは他の取り扱い市場にも悪い影響を与え，商権の拡大に大きなブレーキをかけてしまう。そこで，当時としては画期的であったが，100％商社の自己資本を投資して自動車販売会社を設立することになった。

　プエルトリコは現在もそうであるが，日本から駐在員を出してビジネスを行っているのは電機関係と自動車会社が主で，住友商事の駐在員は東洋工業（マツダ）の人間と思われていた。

　日本車が本格的にアメリカ本土で市場を確保した後には，プエルトリコはアフターサービス面で，アメリカ市場のテスト市場的な役割を果たした。アメリカ向けのクルマの不具合などは，小さな市場のプエルトリコでは起こったことを迅速に把握できるので，アメリカ本土向けの対策が手遅れにならずに打てるということもあった。

　その後日本車のシェアは順調に伸び続け，80％以上を占めるに至っている。

　住友商事の自動車販売会社は，アメリカ市場で大きな需要のあるピックアップトラック（小型トラック）のシェアをプエルトリコでも伸ばしつつ，商社の市場開拓機能や事業会社経営機能をその後30年以上発揮し続けることになる。この間，住友商事は韓国のＫＩＡ自動車のディストリビューターとなったり，フォード自動車のディーラーも設立したりして経営している。その後，住友商事が世界24ヶ国でディストリビューターを設立・買収して経営していくことになる初めてのケースとなったのである。

第4節　商社商権の拡大

1　独特の商権地図の完成

　この時期（1960年代後半～1970年代前半）には，日本車の国際競争力は着実に向上していった。1972年版の『自動車年鑑』(111ページ) には，次のように，高らかにお墨付きを与えている。

　「わが国の自動車輸出は，45年（1970年）に初めて100万台を突破し，それからわずか1年間で177万台まで達した。輸出金額はわが国の総輸出の1割を超えた。内需は低迷しているが，輸出はこれまでにない増勢ぶりを示した。トヨタ，日産など大手メーカーの増産体制が確立し，勢い輸出へ拍車をかけたことも要因だが，最大の原動力となっているのは，品質，価格などで国際競争力がトップレベルに達したことだ。」

　企業が自社のリソースを世界規模で移動させることで，利益を出していくためには，その企業の海外活動員が貢献することと，そうした人員の活動を効果的にまとめあげられる本社の機能がないとならない[25]。

　商社にとっては，その最大のリソースである人材の貢献と，その活動力を束ねることのできる本社の役割という双方が成長には欠かせなかった。商社が「世界各国で有用である」という社会的制度としてのホールマークを獲得するためにも，本社のグローバル戦略のもとで配置される，人材の複合的な機能が不可欠であった。

　実際，商社が市場を増やしていく時に「総合商社」としてのグローバル・ネットワーク組織や情報調査機能は非常に有効だった。絶えず，その担当市場の周りの市場や，世界中のどこでも，まだメーカーが進出していない国についての情報，あるいは「代理店と関係が悪化している」「販売が伸びずに困っている」といった情報を聞きだすと，同本部内の担当部に話して，そこが積極的に動いて取り組んで，世界地図を商権で埋めていった。商社の鉄鋼や機械部門もメーカーに資材を納めているので，購買部門から聞いた情報がフィードバックされることもあった。

メーカーは国ごとに商社・販売店を起用したので，あるメーカーにアポイントされない場合は，他の商社を起用していない"空いている"メーカーに打診した。

自動車メーカーが自分で輸出する場合は直貿（直接貿易）といい，商社経由で行う場合は間接貿易という。直貿志向の強いメーカー（トヨタ・日産・ホンダなど）を除いて，マツダ・三菱自動車などは商社経由での輸出が多かった。マツダの場合，住友商事か伊藤忠商事の間接貿易およびマツダの直貿が，それぞれ3分の1ずつといわれていた。

直貿志向の強いメーカーでも，カントリーリスクの大きい中近東・中南米・アフリカの国々は商社を起用して輸出することが多かった。この結果，商社の「自動車商権地図」は，国ごとにメーカーが異なる「まだら模様のもの」となりながら，世界白地図が埋まっていった。

商社が入る間接貿易の自動車ビジネスの形態は，メーカー・輸出者・現地代理店の3者による販売店契約にもとづいて行われる。期間は通常3年で，現地販売店の資金繰りが悪くなって，販売実績が極端に悪くなるというような事態にならない限り，延長されるのが常であった。新車情報などのメーカーの秘密情報に商社が関与することも多く，また，アフターサービスを協力して行い，ブランド・イメージを共同で守る必要もあるから，当事者間の結束は他のビジネスの形態に比べて格段と高かった。

これは商社にとって，単なる商品の売買による口銭商売ではなく，メーカーのマーケティング戦略の大きな一翼を担うビジネスであった。そして後述するように，総合商社の総合的な強さ，つまり市場経営のトータル・マネジメント力の発揮に発展していくのである。日本経済においてもまた商社の社内においても，自動車ビジネスの地位とその重要性は向上していった。1978年版の『自動車年鑑』(75ページ)では，こう述べられている。

「自動車は51 (1976) 年，52 (1977) 年とわが国のトップ輸出産業の地位を獲得した。51 (1976) 年に四輪車，二輪車および部品をあわせて約115億ドルの輸出実績を上げ，鉄鋼を抜いてドルの稼ぎナンバーワンを占めた自動車は，52

(1977) 年でもこれを守ったわけで，わが国の経済を支える重要な役割を果たしているといえよう。」

2　商社の市場開拓──オーストラリアの事例──

　当時のオーストラリアは，アメリカ・カナダに次いで日本にとっては第3位の自動車輸出市場で，1973年には9万2,000台以上輸出されていた。

　この重要な市場で東洋工業は自社の直貿と，商社では茶谷産業を起用していた。先に述べた通り，自動車輸出ビジネスは排他的な販売店契約にもとづいて行われるので，商権のない住友商事はオーストラリア向けには小型自動車ビジネスが全くできず，オーストラリアに日産ディーゼルの大型トラックを輸出し始めた。

　このように商社は，商権のない国には，まだ商社を起用していないメーカーに当たって起用してもらう，また大型車市場は小型車と分けて考え，大型車商権を獲得していってニッチマーケットを手に入れつつ，最終的にクリティカル・マスに達するように自動車ビジネスを伸ばしていった。

　例えばマツダを取り扱い，大型車は日野あるいは日産ディーゼルを扱うというようなかたちである。最終的には住友商事はフォードディーラーを買収して，オーストラリアの小型車市場に参入を果たすのである。

　オーストラリアでは，ヨーロッパ・アメリカのトラックが市場をすでに占めていて，日本車は新規参入であった。そこで，現地ですでに大型トラックを使って運送業を行っている会社と，メーカーとで合弁契約を結び，どのモデルをどんなスペックで持ち込むかについての市場調査を開始した。

　特にスピードや馬力面で当時，日本車のトラックは先進市場で実績も少なく，現地パートナーがブリスベンからシドニーを通って，メルボルンまで走行テストを行い，それにもとづいてトラックの仕様を決めていった。とりわけ当時の日本のトラックはエンジン馬力が弱く，トランスミッションもスピードが出るように対応されておらず，パートナーからの要求は厳しかった。

　大型トラックの場合，欧米では1台1台色々なコンポーネンツ（エンジン・

トランスミッション等の重要機能部品）を客の指定で組み合わせ完成していくという生産方式を，このとき，谷川たちは初めて知った。日本車の場合は，工場のラインで決められたスペックで生産された。受注生産というよりも，メーカーの設定した仕様で量産されたトラックを顧客に受け入れてもらうことに当初は抵抗があった。

3 「現地組立」という手法

　完成車輸入国が現地産業保護・育成のために，完成車の輸入を規制したり，禁止したりすることが多かった。1975年版の『自動車年鑑』(278ページ) には，こうある。

　「車種別輸出台数では…ノックダウン車はとくに伸び，乗用車で28万1,858台となり18.1％，トラックが22万2,029台となり60.9％，バス8,229台となり77.3％とそれぞれ伸長。合計が51万2,109台となり，34.3％の伸びとなった。これは完成車の伸びである24.9％を上回るもので，輸出市場で現地組立が歓迎される傾向が強くなっている。」

　それは，少ない外貨を流失させないためや，自分の国でも自動車が生産できるという国威発揚，国産部品工業の保護・育成が目的であった。『自動車年鑑』1976年版（77ページ）は，次のように予測している。

　「わが国の自動車輸出は，今後は，先進国は完成車で，発展途上国についてはＫＤ（ノックダウン）生産といった両面での輸出形態を取ることになる見通しだ。」

　このため，輸入規制の改変が突然に行われたり，完成車輸入代理店と組立会社の間の利権（シェア）争いが水面下で行われたりするのが常であった。

　自国の安い労賃や国産の安い部品で，安い自動車を生産して国民に供給するという考え方は，ほとんどの場合，機能しなかった。海外から輸入する部品は木箱に梱包して出荷するので，梱包代と海上運賃の減少分で加減ゼロになってしまっていた。また，国産部品も生産量が極端に小さいので，常に割高になっていた。

第Ⅰ部 商社機能ライフサイクルの変化

　組立用部品の輸入関税と,完成車の輸入関税との間に,約22.5％以上の差がない限り,完成車のほうが安くなってしまうのが経験上,わかってきていた。加えてIMFのガイドラインによる完成車の輸入関税の引き下げが現地組立の足を引っ張ることになった。

　また,発展途上国でも生産されていることの多い,タイヤ・バッテリー・ガラスなどの現地部品の輸入は許可されなかったので,これらはCKD(Complete Knock Down：完全現地組立)の供給部品の中から除外され"Deletion Parts"(輸出除外部品)として扱われた。

　このためCKDは,同じモデルでも何らかの原因で,その国に輸出できなくなった場合でも,他の国には転用できなかった。大きな体積の木箱が大量に野積みされたまま放置され,処理が長期化して,メーカーに大きな負担を生じさせた。

　現地組立をするためには,組立ラインに治具や部品製造用に型具を持たねばならず,この投資を回収するために,組立会社はできるだけ同じモデルの供給を希望した。しかし,新車発表からCKD開始までに,早くて1～2年の準備が必要で,一方,モデルは3～5年でモデルチェンジされ,現地組立で軌道に乗った頃には,組立するモデルがモデルチェンジされるというサイクルであった。

　したがってメーカーは,部品メーカーが旧式部品を供給し続けてくれる限りは,同じモデルを供給できるが,それにも限度があって,常にメーカーと現地組立会社の間で綱引きが行われた。『自動車年鑑』1977年版(77ページ)では,現地組立について以下の通りに総括されている。

　「しかし自国の経済発展の核として,自動車産業の育成,国産化を進めつつある発展途上国との関係においては,今後ともKD輸出を拡大させるため,現地国側の国産化政策に協力して国産化率の向上を図りながらも,しかも生産性をいかに維持するか,日本車の高品質性をいかに維持するかという課題を乗り越えなければならない。そのためには現地の技術,品質向上に寄与しうるキメ細かな技術援助,指導のいっそうの強化,現地における車両仕様及び国産化部

品の多様化への積極的な対応などが必要であり，これを推進するための組織，体制づくりの拡充が急務であろう。」

この種のオペレーション（現地組立）は，欧米の自動車会社の体質からして，長続きするものではなかった。

もっとも，アメリカ車の現地組立は戦前日本では行われていたが，当時は左ハンドル車しかなかったこともあって，中南米を除きあまり各国では行われていなかった。中南米では，ヨーロッパのメーカーが，自国で生産しなくなったモデルの減価償却済の生産設備を中南米に輸出して，現地では旧式車の生産を続けて利益を出しているという話は，よくいわれていた。

最近では，ホンダが日本で新車発表すると同時に，タイで現地生産の同じモデルの発売を開始するというレベルにまで来ている。

ただ，自動車の機能が高度化して電子制御部品が増えて，半導体が多く使われるようになると，現地では対応できなくなってしまい，元の完成車輸入に戻っていった国が多かった。

4 商社の市場開拓——イランの事例——

イランでは，ホメイニのイラン革命が起こる1980年まで，現地組立工場には，マツダから組立技術指導者が，また住友商事からは全般的なコーディネーションと部品の納入・管理指導者が，それぞれ駐在して組立会社の経営をサポートしていた。この工場では，マツダのピックアップトラック2車種（500kg積みおよび1トン積み）を組み立てていた。

多くの国では，完成車（CBU:Complete Built Up）輸入を認めていたが，現地産業で，鉄鋼加工やタイヤ，バッテリー，ガラスの生産ができる国には，現地組立（CKD）を奨励していた。組立工場ができると，完成車の輸入制限・禁止の時代となることが多かった。ただし現地組立には，生産能力や生産モデルに限りがあって，市場でクルマが不足したり，供給できない車種については完成車輸入が認められたりすることが多かった。

このような輸入規制に関する情報は，完成車輸入代理店および組立会社両方

の利害に大きく影響して、政府への働きかけや情報入手合戦が激しく行われた。商社は様々なビジネスをしているので、現地政府内の情報を入手できる場合もあった。メーカーはそれらのカントリーリスクを商社に最小化させる、あるいは取らせるという目的で商社を起用していた面が強い（商社のリスクマネジメント機能の発揮）。

政情も不安定で、現地代理店は代理店手数料の一部を、為替リスク回避のためもあって、海外での受け取りを希望するケースも多かった。商社がメーカーおよび現地代理店の両方から、この面の対応を求められ、その存在価値を認められていたのである。

第5節　商社の節約心

「節約するということは、最善の戦略である」(economy is the best strategy) という考え方がある[26]。

国際競争で日本企業が成功したのは、実は、この点をわきまえてきたからではないかともいわれる。その視点は、商社の成長メカニズムを突き詰める鍵であるようにも考えられる。商社は国際市場の川上から川下に至るまで、直接、面したところで自らの組織を構築して、取引されるリソースを意識的・意図的に調整しながら、その機能を発揮してきた。このリソースの意識的・意図的な調整こそが「商社の節約心」ではないだろうか。

節約する心を持つには、その者に強い倫理的責任感が求められる。かつてAT＆Tのカッペル社長は、この強い倫理的責任感と、創造的で進取的な態度、苦痛に耐える能力の3つを通じて、人間は活力（vitality）を発揮すると見なした[27]。それにならえば、商社マン一人ひとりの活力こそが「商社の節約心」の原動力となったともいえる。

ただ、その節約心だけでは商社成長は決して現実のものにはならなかった。商社の成長志向 (growth-oriented) には、商社がメーカーのリソースを上手に使うための"brain"となること、さらには、メーカーと1つの組織として共存

第 2 章　商社の成長 1

(co-exist) するための仕組みづくりが欠かせなかった。商権形成のための施策といっても良いだろう。

　一般に組織には，次の 4 つの現象が発生するとされる。それは，①関係を維持するための「権威」，②動機付けとしての「報酬」，③同じ目標を持つことで生じる「忠実さ」，④それぞれの活動の「調整」である[28]。

　商社がメーカーとの関係を長きにわたって保つためには，リソースの節約を最大のサービスとしながらも，権威をメーカーから与えてもらったり，活動に見合った分の報酬（それ以上でもそれ以下でもない適切な口銭）を受け取ったり，忠実さを誓い，目標を 1 つにすることで連帯感を創り出したり，取引の調整を適宜，図っていくことに常に意を払わなければならない。

　このことが，商社成長のメカニズムを底辺から支えているといえる。ここから今後の商社成長の可能性の糸口を見出すならば，そうしたメカニズムが現在，築けているかどうかを入念に確認して，もしできていないのなら，その再生に努め，日々の国際的な取引活動において商社がイニシアティブを取っていくこと，すなわち商社機能の基本となる取引機能でリーダーシップを図っていくことが商社成長の鍵を握るとなる。

〔注〕
1 ）　Lilienthal, D. E. *Big Business: A New Era,* Arno Press, 1973, reprint, p. 36. 永山武夫・伊東克己訳『ビッグ・ビジネス』ダイヤモンド社，1956年，41ページ。
2 ）　住友商事の年間売上は，1960年に1,966億2,300万円だったのに対して，1973年では3兆8,504億5,500万円となった（Young, A. K. *The Sogo Shosha: Japan's Multi-national Trading Companies,* Charles E. Tuttle Company, 1979, p.85. 中央大学企業研究所訳『総合商社―日本の多国籍商社―』中央大学出版部，1980年，77ページ）。ちなみにその間，日本の自動車輸出台数は1960年の38,809台から1973年の2,067,556台へと，約54倍伸びている。もちろん，住友商事は総合商社で自動車以外にも取り扱い商品があるが，全社の伸びに自動車の取り扱いが大きく貢献していることは明らかである。
3 ）　東洋工業は1984年 5 月に社名をマツダ株式会社に変更した。
4 ）　日本での完成車の輸出台数のピークは1985年のプラザ合意の年で，その後は現地生産も増え台数的には減少していった。住友商事の自動車担当者数もその頃がピークで

あった。

5) Kolde, E. J. "From Foreign Trade to Multinational Business", *Studies in World Economic Problem Series*, No. 8, 近畿大学世界経済研究所, 1969年11月, 7ページ。

6) Buckley, P. J. and Brooke, M. Z. （江夏健一訳）『国際ビジネス研究 総論』文眞堂, 1993年, 374ページ。

7) Fayerweather, J. *Fact and Fallacies of International Business,* Holt, Rinehart and Winston, 1962, p. 167. 綿谷禎二郎訳『国際企業の実像と虚像―国際企業論入門―』所書店, 1969年, 281ページ。

8) Fayerweather, J. *International Marketing,* Prentice-Hall, 1970, Second Edition, p. 14. 村田昭治・川嶋行彦訳『インターナショナル・マーケティング―文化と風土への挑戦―』ダイヤモンド社, 1977年, 30ページ。

9) Fayerweather, J. "Foreign Operations: A Guide for the Top Management", *Harvard Business Review,* Vol. 35, No. 1, January-February 1957, p. 130.

10) Kolde, E. J. "Business Enterprise in a Global Context", *California Management Review,* Summer 1966, p. 31.

11) Fayerweather, J. *The Executive Overseas: Administrative Attitudes and Relationship in a Foreign Culture,* Syracuse University Press, 1959, p. 53.

12) Fayerweather, J. *Management of International Operations: Text and Cases,* McGraw-Hill, 1960, pp. 2－3.

13) 商社での連絡のやり取りは, 最初, 手紙（airmail）で行われていて, その後, 電報（cable）, テレックス（telex）, E-Mailと進化してきている。それらを総称して, 商社では「コレポン」と呼ばれている。

14) Hymer, S. "The Efficiency (Contradictions) of Multinational Corporation", *The American Economic Review,* Vol. 60, No. 2, May 1970, p. 441. 宮崎義一編訳『多国籍企業論』岩波書店, 1979年, 233ページ。

15) Coase, R. H. *The Firm, the Market, and the Law,* The University of Chicago Press, 1988, p. 50. 宮沢健一・後藤晃・藤垣芳文訳『企業・市場・法』東洋経済新報社, 1992年, 54ページ。

16) これは「取引コスト・アプローチ」ないし「取引コストの経済学」とも呼ばれる。「取引をどのような統治構造でまとめるか」という制度上の取り決めを検討する研究領域である（Williamson, O. E. "The Firm as a Nexus of Treaties: an Introduction", Aoki, M. Gustafsson, B. and Williamson, O. E. (eds) *The Firm as Nexus of Treaties,* SAGE, 1990, p. 9.）。このアプローチは, それまでに企業がどのように組織構造を変えてきたか（市場取引をいつ企業内部に持ち込んだのか）という歴史的変遷を捉えることにも役立つものとされる（Williamson, O. E. and Ouchi, W. G. "The Market and Hierarchies Programme of Research: Origins, Implications, Prospects", Francis, A. Turk, J. and Willman, P. (eds) *Power, Efficiency and Institutions: A Critical Appraisal of the 'Markets and Hierarchies' Paradigm,* Heinemann Educational Books, 1983, p. 31.）。

17) *Ibid.*, p. 33.
18) Williamson, O. E. "Strategy Research:Governance and Competence Perspectives", *Strategic Management Journal,* Vol. 20, 1999, pp. 1, 105−1, 106.
19) Williamson, O. E.（井上薫・中田善啓監訳）『エコノミック・オーガニゼーション―取引コスト パラダイムの展開―』晃洋書房，1989年，134ページ。
20) Williamson, O. E. "Calculativeness, Trust, and Economic Organization", *Journal of Law & Economics,* Vol. 36, April 1993, p. 463.
21) Fayerweather, J. *International Business Management:A Conceptual Framework,* McGraw-Hill, 1969, p. 5．戸田忠一訳『国際経営論』ダイヤモンド社，1975年，9ページ。
22) Robinson, R. D. "The Future of International Management" in *The Multinational Enterprise in Transition:Selected Readings and Essays,* Kapoor, A. and Grub, P. D. (eds) The Darwin Press, 1972, p. 489.
23) Fayerweather, J. *op. cit.*, 1969, p. 5．前掲訳書，10ページ。
24) Fayerweather, J. "The Internationalization of Business", *The Annals of the American Academy of Political and Social Science,* Vol. 403, September 1972, pp. 1−11.
25) Robinson, R. D. "Beyond the Multinational Corporation" in *International Business-Government Affairs : Toward an Era of Accommodation,* Fayerweather, J. (ed) Ballinger Publishing Company, 1973, pp. 17−18.
26) Williamson, O. E. "Strategizing, Economizing, and Economic Organization", *Strategic Management Journal,* Vol. 12, 1991, p. 76.
27) Kappel, F. R.（冨賀見博訳）『企業成長の哲学』ダイヤモンド社，1963年，5～6ページ。
28) Simon, H. A. "Organization and Markets", *The Journal of Economic Perspectives,* Vol. 5, No. 2, Spring 1991, pp. 30−42.

第3章

商社の成長2——リソースの活用

第1節　中近東の時代

　プエルトリコ駐在から帰るとき，谷川は課長から「これからは中近東の時代だから中近東担当課に帰ってもらう」といわれた。人事のローテーションとしては，駐在から帰って別の地域担当になることが多い。自動車部門の場合，伸び始めている市場への増員のための投入というケースが多かった。したがって，自動車メーカー輸出部門や他商社の自動車部門の人たちも，自動車輸出が伸びている地域へ同時期に駐在したり，出張先で遭遇したりすることも珍しくはなかった。キャリア・ディベロプメントという狙いもある。商社の部門がビジネスの盛衰に応じて，人員を調整するために利用できる機会の1つが海外駐在員の帰国時にあったといえる。

　商社の自動車輸出が大きな発展を遂げた1つの要因は，次ページのグラフから見て取れる中近東市場の急伸長にある。

　第4次中東戦争以後，中近東諸国が石油メジャーから利権を奪回して，国家収入が飛躍的に増えるに従い，中近東市場が急激に成長した。中近東には世界中から企業やビジネスマン，出稼ぎ労働者（エキスパトリエイト）が殺到した。中近東の中でもサウジアラビアの自動車市場の成長ぶりは目覚しいものがあった。1974年版の『自動車年鑑』(259ページ）は，こう伝える。

　「(1973年) 10月以降の世界的な石油危機を境に国内需要は鈍化の傾向をみせてきた。輸出車両の花形は小型乗用車であるが，とくに北米市場では石油不足

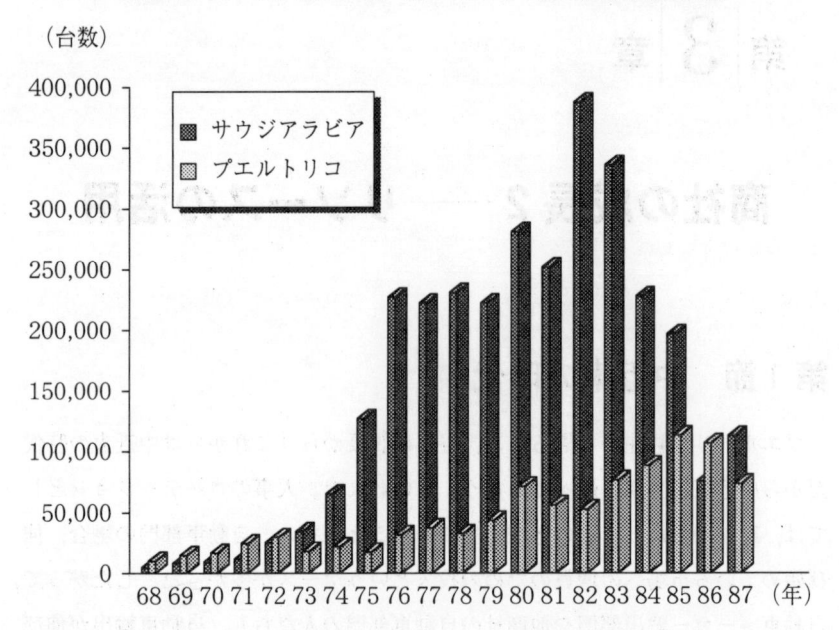

第Ⅰ部　商社機能ライフサイクルの変化

図表3－1　サウジアラビアとプエルトリコ向け自動車輸出台数

の影響で人気を集め，トヨタ，日産を始め，小型乗用車を輸出しているメーカーは在庫をなくす状況を続けた。(中略) いずれにしても自動車需要が活発化したのは世界的な傾向であった。」

　1973年の仕向け地別輸出台数では，1位のアメリカが83万台，サウジアラビアは9位で，まだ3万4,236台であった。それが翌1974年は，オイル・マネーに湧く中東向けは，前年比79.1％増を記録，翌1975年も前年比77％増を記録した。サウジアラビア向けは，オーストラリアに次いで，一躍3位に踊り出た。その後，1980年には28万台となってオーストラリアを抜き，ついにアメリカに次いで2位の輸出仕向け国になった。

　マツダのサウジアラビアは伊藤忠商事の取り扱いだった。サウジアラビア向けに自動車商権のない住友商事にとって，同国市場での商権獲得は大きな悲願であった。中近東地域で商社の自動車取り扱いが増えた理由には，以下の商社機能が必要とされた点がある。

(1) 市場開拓機能

　歴史的に，中近東地域は日本のメーカーにはなじみの薄い地域であった。その地域で商社は，自動車メーカーよりも早く進出して，種々の商売を行っていたので先行していた。特にアラビア語地域では，エジプトやシリアの大学などに社員を留学させ，アラビア語のできる社員を複数社内に有していた。

(2) 情報収集機能

　メーカーは，現地販売代理店を担ってくれる有力者を把握する必要があった。サウジアラビアでは，商業に外資を投資することができず，必ずサウジアラビア人（あるいはその会社）が輸入代理店となる必要があった。商社は限られた数の現地有力財閥等とビジネスを開始して関係を確立していたので，メーカーにそれら有力者を紹介することで，輸出者となって商権を確保することができた。

(3) マーケティング機能

　自動車や建設機械等の商品は，現地に出向いてメーカーや輸出者が自ら販売促進やアフターサービスの管理・指導をする必要があった。中近東では現地の販売店に技術や経験を持った専門家が育っておらず，世界からプロの管理者や労働者を入れて会社経営を進めていた（彼らは高等な能力を持つ専門家の集団でエキスパトリエイト(Expatriate)と呼ばれている）。したがって，メーカーが現地の販売を伸ばすことを考えた場合，日本から人材を派遣する必要があった。現地事情を知った商社マンが数の上でも必要であった。この時期の国際経営論においても，途上国が「海外の優れたものを導入して，永久的な基礎を確立するために妥協することは，明らかに必要である」ということが示されている。そのために「海外の巨大企業が途上国の経済開発を刺激して，かつ方向を定める際の基本要因になる機会が与えられている」と指摘されていた[1]。

(4) 物流機能

　1973年頃，中近東ブームで巨額の建設用資財や消費物資の買付けが産油国で

起こって,それらの商品を輸送する船舶が不足した。船会社との交渉においては,自動車以外の取引も行っている商社のほうが,船腹の確保量(ブッキング)も大きい。また,他の貨物との相積みを持ちかけることなどもでき,船会社との交渉力も強く,その存在価値をアピールできた。

その結果現地荷揚げ港に到着する船が殺到して,180日以上の荷揚げ待ち(滞船)状態となった。このとき,商社が別の国の港から揚げ,陸路国境を越えて回送するというような能力も評価された。例えばイラク向けの自動車をヨルダンのアカバ港に向けて船積みして,ヨルダンを陸路横断してイラクに大量に輸送することもした。

(5) 取引機能

中東諸国の中には,国営公団が一括買付けする国も多かった。この種の入札や商談・交渉については,商社のほうが経験も豊富で,また情報収集力もあったので,この点が評価された。2004年にイラク戦争後,国際機関向けなどに商社は自動車を輸出している。

(6) リスクマネジメント機能

中近東はたびたび革命・紛争・戦争が起き,政情・治安が不安定であった。このため,メーカーは商社を起用することで,商社が持つ情報を入手して,取引上のリスクおよび派遣者のリスクを回避し安全を確保しようとした。紛争が起こって輸出がストップすると在庫になってしまう。それを他地域に転用する必要が生じた場合,商社は別の担当地域に値引きをしてでもはめ込んでいった。

またメーカーは,社員を革命や紛争に巻き込まれるリスクにさらすことは,組合との関係から全く考えられないことであった。この点,商社は他商社との競争上ぎりぎりまで駐在員を引き上げないということが,中東紛争の初期(例えばイラン革命前後など)にはあった。

これらの点は,商社が最もその存在価値と機能を発揮できる分野であって,

メーカーの評価も受けつつ，ハイリスクではあるけれども，ハイリターンの利益率の良いビジネスを続けることができた。

第2節　三菱自動車の海外展開

　三菱自動車は自動車メーカーとしての発足は後発で，三菱重工業の自動車部門が分離されスタートした。クライスラーと1970年に資本・業務提携契約を締結して同年，三菱自動車工業が設立された。翌1971年9月にクライスラーは三菱自動車に資本参加して，その関係は1993年まで続いた。

　三菱自動車は設立された1970年からクライスラーの海外販売拠点を足場に本格的な輸出を始めた。北米では「ダッジ・コルト」のモデル名で，三菱自動車製のコルトをクライスラーのダッジ部門から発売を開始している。

　中近東および北米の60％と中南米向けの輸出は，クライスラーの海外販売子会社が行っていた。しかし，徐々に三菱自動車が力をつけ，クライスラーに頼った間接輸出では市場情報も十分入ってこず，またクライスラーが持っている車種と競合する場合は，クライスラー車が優先され不利な扱いを受けることも多かった。したがって，1980年頃に輸出権をクライスラーから取り戻した。

　それまでは住友商事は三菱自動車がクライスラーに輸出権を与えていない大型トラックのシャーシーなどの輸出をすることで，三菱自動車との関係を構築していた。これは非常にニッチなビジネスであったけれども，いつか商権を取れるチャンスが来るであろうと地道に三菱自動車にコンタクトしていた。

　輸出権を取り戻したその時点で三菱自動車は，短期間に複数の市場への輸出体制を作る必要が生じ，市場（国）ごとに商社にプロポーザルを出させ，その市場に一番強い商社を起用していった。それまでに三菱自動車にアプローチして，トラックシャーシーの輸出などで協力・貢献してきた商社は，優位な立場に立つことができた。

　自動車の輸出市場としての商権がメーカーから競争（入札）で入手できたケースの出現は，商社にとって自動車ビジネスの将来性への期待を膨らませ，

力の入れ方をさらに積極的にさせることになった。

住友商事・伊藤忠商事などが,中近東と中南米地域の多くの市場向けの輸出者として起用され商権を獲得していった。

三菱自動車の自動車輸出商権が短期間に数多く出現した中,住友商事と伊藤忠商事が多くの新市場を獲得したことは,その後における商社の自動車取り扱いの勢力分布図に大きな影響を与えた。日本の商社の中で自動車ビジネスに全力をあげたのは,住友商事と伊藤忠商事だったのである。

両社では自動車という商品に対するプライオリティが高かった。両社とも関西系の商社としてスタートして,三菱商事・三井物産に比べ歴史が浅く,新しい商品分野で伸びていきたいという意欲とその必要性が強かった。後述する米国でのマツダのディストリビューターとしての経験が大きく貢献したこともある。

総合商社は20〜30の商品別の事業本部を持っていて,限られたリソースを配分して経営しているので,各商社間の事業本部ごとに強弱の差は出てくる。その商品本部にどのようなプライオリティを与えるかが,社長以下経営陣の方針とともに,商品本部の本部長クラスの力量や経験によって左右されてくる。

ちなみに,自動車メーカーとしては大手のトヨタ・日産が国内市場で十分に販売を伸ばしたことに対して,下位メーカーの東洋工業は積極的に輸出志向を鮮明にして注力した結果,1968年時点でトヨタ・日産に次いで第3位であった。『自動車年鑑』1972年版(111ページ)には,こう記されている。

「1971年の輸出動向を通して言える大きな特徴は(中略)クライスラーと提携した三菱が本格的な輸出へ乗り出したことや,R.E(ロータリーエンジン)が脚光を浴びた東洋工業が一挙に輸出政策を強めたなど,輸出後発メーカーの躍進が,めざましかったのも1971年の特徴となっている。」

すでに東洋工業は1976年に輸出比率が6割を超えていた。輸出志向で輸出比率の大きい東洋工業(マツダ)や,三菱自動車に大きなシェアの商権を確保した住友商事と伊藤忠商事の自動車ビジネスにおける強さが際立っていくのである。

第3章　商社の成長2

図表3－2　東洋工業・マツダの輸出台数

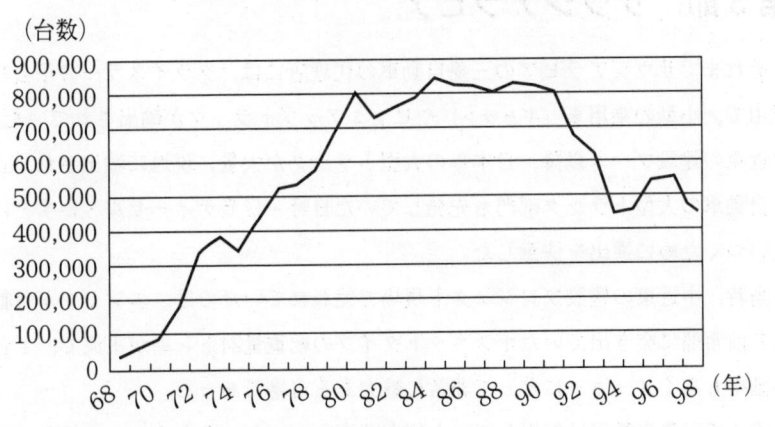

（台数）

注：海外生産車の台数は含まない（筆者注）。

図表3－3　三菱自動車の輸出台数の推移

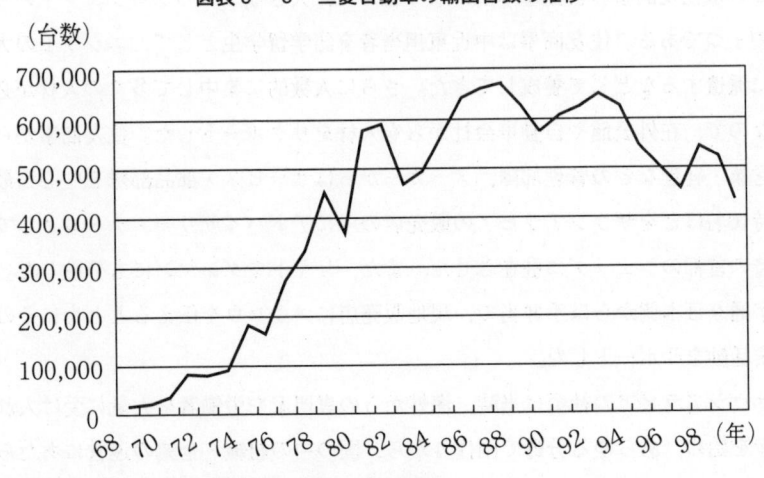

（台数）

注：海外生産車の台数は含まない（筆者注）。

第3節　サウジアラビア

　それまでサウジアラビアの三菱自動車の代理店には，クライスラーの子会社経由で，小型の乗用車（ギャラン）やピックアップトラックが輸出されていた。中近東の建設ブーム以降，日本車の大型トラックが大量に現地に輸出され，三菱自動車の大型トラック部門も先発していた日野・日産ディーゼル・いすゞに追いつくために進出を決意した。

　当時，中近東の建設プロジェクト現場で使われていたのは，エンジンが自動車の前頭部に突き出ていたボンネットタイプの総重量24トン車が主流で，1台の価格も高くメーカーにとって非常に魅力ある市場であった。

　そこで三菱自動車は起用していた住友商事とプロジェクトチームを組み，短期集中型で販売台数を急増させるべくスタートした。

　これは住友商事の自動車本部が取り組んだ，大きな3つのプロジェクトのうちの1つである。住友商事は中近東担当者を語学留学生として，エジプトの大学に派遣するなどして養成してきた。さらに人数的に集中して多くの人材が必要なので，在外公館や自動車会社からも人材をリクルートした。住友商事からは営業・経理などの管理部隊，メーカーからはサービス・部品部隊を中心に最盛時10名ほどをサウジアラビアの販売店の中にアドバイザリー・チームとして当時の首都のジェッダに駐在させた。また，リヤドやダンマンにも分駐した。文字通り日本側からは手弁当で，現地販売店にノウハウを伝えるとともにその営業活動をサポートした。

　サウジアラビアの社会は当時，海外からの専門家や労働者を大量に受け入れ，官庁を始め，あらゆる分野で国作りから，国の中の組織・企業の運営にあたらせていた。ゼネコンが行う大規模な道路・空港建設などはもちろん，市内の清掃プロジェクトや学校・病院などの医療現場でも外国人を大量に入れて使っていた。最盛時，韓国からの建設に従事するワーカーが2万人，サウジアラビアにいたといわれている。

　オイル・マネーで潤ったサウジアラビア市場は，人口は700万人規模で決し

て多くはなかったが，アメリカ型の大量消費市場であった。流通形態はシンプルで，輸入者が直接小売をしたり，自社の販売店を経由して販売したりすることが多かった。日本のように卸売業者が何段階にも存在するケースは少ない。

スーパーマーケット方式の小売も消費者に受け入れられていた。したがって輸入業者はメーカーから大量買付けを行い，メーカーに対して立場も強く，その交渉も高圧的な場合が多かった。日本に来てもメーカーのトップとしか交渉しないというスタイルを意識的に取った。これはアラブ一流の交渉術のテクニックである。

例えば腕時計を買い付ける場合，メーカーの工場の生産スケジュールを持ってこさせ，生産予定の入っていない時期に注文品を作らせ，メーカーから非常に安く提供させるという手法である。メーカーは工場の稼働率を上げたいという事情があるので，コスト割れでも注文を受けることがあった。これは，大量買付けの購買力をバックにした交渉であるから成り立つテクニックである。

このサウジアラビアの自動車販売会社でも，ゼネラル・マネジャーや部品部長は英国人，経理・企画はスイス人，入札ビジネスはインド人といった具合に，各部門のヘッドとして雇用されていた。

トラックのプロジェクトを始めるにあたって，ヘッドを英国の自動車産業専門家紹介会社で紹介を受け，雇用してスタートした。その採用も，日本側がロンドンで面接して最終的にサウジアラビアの販売店が決めた。それらの人材派遣会社は，自動車業界の各部門（経営・経理・システム・部品・サービス）の派遣可能な専門家のデータベースを構築していて，雇用主側の要求に合った能力レベル・性格・給与水準の人材を紹介することが可能であった。強靭な性格の持ち主が良いか，協調的な人間が良いかなどと聞いて，それに合った候補を推薦してきた。それが可能なくらいの人材のストックを常時，彼らは持っていた。

これらの欧米人の人材は，アフリカや中南米の国々を転々と移動して働き続ける「専門技能者集団」（エキスパトリエイト）を形成していた。販売主任はインド人，セールスマンはパキスタン・バングラディッシュ人などであった。運転手やメカニックはフィリピンやタイ人が雇用されていた。

第Ⅰ部　商社機能ライフサイクルの変化

　これらの中間管理職やワーカーは，サウジアラビアの販売店がリクルートした。専門のリクルート会社が現地にあった。また必要に応じてサウジアラビア人の人事部長が自らリクルートに東南アジアの国を訪れて雇用していた。

　英国もフィリピン・韓国といったアジアの国も，外貨獲得のために国を挙げて積極的に出稼ぎを奨励していた。英国人は海外で稼いだ所得は無税で持ち帰る税制上の優遇制度の恩恵に浴することができ，アジア人たちはサウジアラビアで1年働くと10年分の収入が得られる，または国に帰ったら1軒立派な家が建つなどといわれていた。英国人には，帰国したらこんな別荘を買うのだと，写真入の不動産会社のカタログを見せられることもあった。

　このプロジェクトは，ベンツの大型トラックが歴史的に圧倒的に強く，また，競争相手の日野・日産ディーゼルが先行している中で，日本人アドバイザーと販売店との共同ワークで，徐々にサウジアラビア市場に入ることができた。

　現地の運転手に多いベドウィンの人たちは保守的で，エンジンルームが前に突き出ているボンネットタイプのトラックに固執した。しかし，ゴミ清掃車やダンプトラックなど上物の架装が楽なキャブオーバータイプを導入することで，徐々にサウジ市場に食い込んでいった。

　住友商事は現地駐在員用の家族用の住居および単身赴任者用のアパートを設営して，日本人コックを採用し派遣した。現地での種々制約のある環境の中で，派遣者が十分活動できるように環境を整え，ロジスティックス面でも大いに貢献した。

　この三菱自動車と住友商事の全社的なプロジェクトは，その規模・内容・継続期間・投下した人的・金銭的なエネルギーやリソースから見ても，自動車メーカーと商社がスクラムを組んで寝食をともにして，長期にわたって市場を開拓していった自動車関連プロジェクトとしては特筆に価する。

　加えて住友商事の果たした機能は，ベドウィンのトラックオーナーや，海外から進出してきているプロジェクト現場などへ直接的に売りこみするなどの市場開拓機能，サウジアラビア側パートナーとの交渉を含めたオーガナイザー機能などである。

第4節　フォードとマツダの提携

　住友商事の自動車本部の2番目のプロジェクトしては，フォードと住友商事の間の，単なる取引間係のレベルを超えた大きなパートナーシップである。

　これに日本側のフォードのパートナーであるマツダを含めた，3社のパートナーシップを形成する機会も非常に多かった。この日米の2大自動車メーカーと商社の組み合わせは非常にユニークで，また長期的に継続して効果的であった。

　まずマツダとフォードとの関係の早期の歴史を整理すると，以下のようになる。

　1969年にフォード，日産，マツダの間でJATCO（日本自動変速機）が設立され，1971年にマツダ製の小型トラックをフォードの「クーリエ」として供給が開始した。1979年にフォードがマツダ資本の25％を取得して資本提携が行われた。1982年にマツダの販売店網の1つとして「オートラマ」がスタートして，フォード・ブランド車の販売を開始した。

　住友商事は当初からフォードと関係を持ち始め，マツダがフォード向けに生産する車の輸出代行をしていて，フォードと非常に親しい関係にあった。その2社のパートナーシップの中で，1987年にフォードから住友商事に「日本・アジアでのフォード車の販売を早急に強化したいので，マーケティングのできる人材を貸して欲しい」との依頼があった。このときのフォードは，日本・アジア地区でのマーケティングをオーストラリアから見ていたが，米国デトロイト本社のラインで販売組織（FIES：Ford International Export Sales）を設立して，直接強力に販売活動を行うことにした。

　米国人のリージョナル・マネジャー（地域担当責任者）がアポイントされ，資本提携関係にあるマツダ本社のある広島に着任した。ところが，日本・アジアの販売経験があるマネジャーがフォードの組織の中におらず，住友商事に2年間の期限付きで貸してくれるように依頼してきて谷川が出向したのだった。

　総じて，1971年に始まるマツダとフォードの長期的提携は，日本が海外との

会社の間で行った提携の中で最も成功したケースの1つであるといわれる。例えば，藤本隆宏教授は「国際提携」を「能力構築競争を補完する装置」と見なしていて，とりわけ「能力補完型アライアンス（提携）」での成功の鍵は，2社の間の「相互学習」のサイクルの成否だとみると述べる[2]。

この点，谷川のフォードへの出向はまさに2年間現場において両社の相互学習を体験・検証するものとなっている。特に藤本氏の「提携後の2社がそれぞれ，独自のブランド，アイデンティティ・プライド，そして学習意欲を保ち，互いの強み弱みを把握し（相互ベンチマーキング），相互の強みを尊重し，相互学習を進める。人に教えるためにはまず自社の能力の向上が必須であるから，各自の能力構築も緊張感をもって促進される。こうした能力構築・相互学習の好循環を通じて，強い企業2つが生き残り発展していく」という指摘は示唆に富む。とりわけ「その産業に幾つの『学習する組織』が維持されているか」という主張は重要と感じる。

また，ダニエル・ヘラー氏は「調査の結果，フォードとマツダの戦略的提携において，相互のケーパビリティ学習を促すためには，異なる組織間における構成員同士の人間関係が重要な役割を果していたことが判明した。（中略）重要な点は，提携企業間に長期的な関係があるということにとどまらず，むしろその経験を具体的に用いることのできる媒介（＝ヒト）の存在である」[3]と指摘しているが，この点も実地に体験することができた。ヘラー氏によると，フォードがマツダから学んだことは，①製品開発，②製造，③アジア市場の知識，といったものが挙がる。

より詳しく述べると，次のような点がある。
- 品質に対する厳しい日本の消費者の要求水準
- 短納期で車が出荷できるようになること
- 多仕様に対応しフレキシブルな受注生産方式
- ノックダウンや部品の輸出梱包
- アジア市場のビジネスの継続性や人間関係を重視するディーラーとの関係

一方で，マツダがフォードから学んだことは，①戦略，②マーケティング，③ファイナンス，④ヒューマン・リソースの管理，といったものが挙がる。

より詳しく述べると，次のような点が挙げられる。

- 販売網のリストラと効率化
- 伝統的な輸入車市場へ価格面での切りこみ
- 目標管理にもとづくマーケティング

住友商事がフォードに対して果たした役割は，マツダ製フォード車の輸出代行が中心であった最初の段階では情報調査機能，市場開拓機能，物流機能が挙げられる。その後フォード側の要請で，海外でディストリビューターやディーラーを経営するようになって，事業経営機能，金融機能（自動車販売に関連した）が追加して発揮されるようになってきた。

住友商事はフォード社への出向者を含め，全社的にフォードの世界戦略を支える異文化経営の面で大いに貢献した。例えばフォードの社内規定ではディーラーとの関係の中で，食事を接待することは認められていた。しかし，二次会は不要あるいはグレーな領域とされていた。ただ，アジア地域のビジネスでは，長期的に良い人間関係を構築するためには，これ抜きにはスムーズにいかないことなどをフォード側に理解させ，フォード側もこれらの情報や知識を使いつつ経営を推進していった。

また，当時のフォードとマツダと住友商事は，日本国内でもあまり例のない専用電話回線を敷設して，同時に大量のデータを，この専用回線を使ってやり取りしていた。フォード日本のアメリカ人社長は営業出身であったけれども，すでに当時，専用回線の容量やスピードについての知識を持っていて，導入プロジェクトの会議をリードした。これは，米国の会社はこの分野で進んでいることを見せつけることとなった。

このように情報処理の分野でも，この提携は非常に先進的であった。その後，住友商事は米国のみならずフォードの各国生産拠点向けに，マツダのトランスミッションやエンジン，それに日本の自動車生産ライン用ロボットなどの生産設備を幅広く供給していくことになる。川上の分野でも商社は日本の完成車お

第Ⅰ部　商社機能ライフサイクルの変化

よび部品のメーカーと海外の自動車メーカーとの間で，オーガナイズ機能を十分に発揮していくことになる。

　まとめると，フォードとマツダの提携における住友商事の役割は，両社の相互作用の媒体になったという意味で「エクスチェンジ・エイジェント」であるといえる。

　フォード首脳陣と住友商事経営陣の人的なつながりがビジネスの中で生まれ，それがその後の展開の中で多国籍企業のフォードの拠点（例えばオーストラリア，中南米，ヨーロッパなど）で，住友商事にフォードがビジネスチャンスを与えつつ，現在までの良好な関係が続いている。

第5節　米国市場での商社

　住友商事の自動車事業での3つ目の大きなプロジェクトは，米国市場におけるマツダとのプロジェクトである。

　自動車ビジネスの最大の，また最も先進的な市場は米国市場である。歴史的に自動車ビジネスは米国のビッグ・スリー（フォード，GM，クライスラー）がリードするかたちで発展してきた。この市場に日本車メーカーは進出することが最大の課題であった。

　東洋工業も1969年に当時の松田耕平副社長が「アメリカ進出は商社に任せず自分で行う」として全額自己資本で販売店を設立，1970年に対米輸出を開始した。しかし資金的に，また人材的に自力でアメリカ全土に展開することは資金力や人材の面で困難であった。

　関係の深い住友商事がフロリダで，伊藤忠商事がヒューストンで，いずれも東洋工業との合弁で販売会社を設立して，両社も米国市場に参入した。しかし，その後，1970年に松田耕平氏が社長に就任，1971年，三社合併して，ロサンゼルスに本社を置くMMA（マツダモータース・オブ・アメリカ）が設立され，住友商事も伊藤忠商事も持ち株を東洋工業に一旦譲渡した。

　その後，東洋工業はロータリーエンジン車の導入で大いに販売を伸ばした。

しかし1971年のニクソンショックと,為替変動性に移行後の円の切り上げから,米国内での販売価格の引き上げ,それに続くオイルショック,ロータリー車の低燃費問題などから,マツダ車は在庫の山となった。

1977年には,再び米国三販社体制に戻って,伊藤忠商事はフロリダのジャクソンビルに(MMAE),住友商事はシカゴに(MMAC),それぞれディストリビューターを設立して,ディーラーをアポイントしていった。

西部は引き続き,マツダ自身(MMA)がロサンゼルスから見ることになった。

最終的に米国の3ディストリビューターは再度合併して一社体制となった。伊藤忠商事も住友商事も,マツダと協力して拡販にあたった。

その後,1996年にフォードがマツダの株を33.4%まで買い増しして,経営権を取得するとともに,両商社のMMAの持ち株をマツダ側が買い取った。これによって商社の米国市場でのマツダとの共同経営の時代は終了した。

総じて,商社が米国市場で果たした機能は,商取引機能はもちろん,情報調査機能,市場開拓機能,事業経営機能,物流機能,金融機能,リスクマネジメント機能,オーガナイザー機能とすべての領域にわたっている。それだけ米国での販売会社経営は,幅と奥の深いものであったといえる。

米国のビッグ・スリー(自動車会社)は,ディストリビューター(卸販売会社)を置かず,ディーラーと直接取引を行う。したがって,米国で自ら自動車のディストリビューターを経営することは,米国の自動車会社の販売部門と同じ役割を経験することであって,大変なノウハウの獲得になった。

日本の商社も,米国の日本車のディストリビューターに出資する会社はあった。しかし,あくまでもそれは日本からのシッパー(輸出者)として,お付き合いのマイナーな出資にとどまるものだった。

自らイニシアティブをもって,経営陣を派遣してディストリビューターを経営したのは,住友商事と伊藤忠商事の2社である。この後,両社はさらに自動車ビジネスに深く傾注して,自動車の取り扱いでは他の商社に質量とも大きく差をつけた。絶えず自動車部門から,すべての年代のスタッフがアメリカ駐在をして,本場自動車ビジネスの経験を積んで帰国後,他の地域に派遣された。

自動車部門にいた商社マンにとって、米国の販売会社に駐在することは、グローバル・スタンダードの"自動車ビジネスのMBAの資格"を取得するために留学するに等しい経験であった。このノウハウは両社が世界中で自動車ビジネスを手がけるときに、直接的に役立つとともに、アメリカでディストリビューターを行っているということは、内外で評価を得つつ、ビジネスの拡大に大きく貢献した。ビッグ・スリーとの関係もでき、これは、その後海外生産の設備機材の輸出や生産組み付け用の部品のビジネスに大きく役立った。

さらに、日本の自動車工業界が世界をリードしていくために、メーカーおよび商社にとって、流通・販売・アフターサービス面で米国での経験が、その基礎にあることは間違いない。

第6節　OEM部品のビジネス

日本の自動車メーカーが力をつけ完成車の輸出を軌道に乗せると、部品メーカーもOEM部品（補修用の部品ではなく、ラインで組立てに使う部品）の海外自動車メーカーへの売りこみを本格化させていった。

住友商事は、1976年に部品メーカーから専門家をリクルートして、この面のノウハウを獲得して自動車部品課を設立しつつ、部品ビジネスとして伸ばしていった。1980年からは完成車の輸出とOEM部品のビジネスを4部体制で行っていたが、1984年には部品専門の部を独立させ、7部体制に組織を拡大している。商社の中で生産部品や設備を専門に扱う部を持っているのは住友商事だけである。

この際、商社が築いてきた海外自動車メーカー（ビッグ・スリーなど）とのチャネルは、日本の部品メーカーが売りこみを図るのに大いに役立った。生産設備では組立て用のロボットや、塗装設備等の輸出を積極的に手がけている。日本車の輸出での経験と、海外自動車メーカーとの関係構築から、商社は自動車モデル設計の段階から部品メーカーをリードして積極的にこの分野に進出していった。設計図面のメーカーへの提出から納品、その後の品質管理まで、商

社は物流から製造の川上に深く入っていった。

　最近では，メキシコのドア製造のメーカーを買収して，そこで作った部品をアメリカの自動車メーカーにも納入している。また，海外での自動車メーカーの生産工場の近くに立地して，部品をモジュールに組み立て，それらをＪＩＴ（ジャスト・イン・タイム）で納入するなど，商社機能に付加価値をつけている。

第7節　海外生産の支援事業展開

　日米自動車戦争等の貿易摩擦から，日本メーカーは自動車の海外生産の開始を余儀なくされた。このためマツダも，1985年にミシガン州のフラットロックに米国生産会社ＭＭＵＣを設立した。

　この生産機材の供給を，物流を含め商社は請け負った。これは海上輸送に加え米国内の内陸輸送もセットした複合一貫輸送で，商社の物流機能を十分発揮したサービスであった。

　また，ピーク時400名を超した日本からのメーカー関係派遣員のために，日本食レストランを現地に開業するなどのサポートも行った。当時，成田・大阪からデトロイト行きのノースウエストの直行便は，各自動車会社の出張者で常に満席の状態が続いた。

　その他，フォード関係のオーストラリア・メキシコ，ＧＭのブラジル・インドネシア・メキシコ，スズキのインドなどに対して，設備機材の開発・供給まで含んだサービスを行い，据付を含めたフルターンキーベースで量産品質保証も行うケースも出てきている。

　生産開始後は，製造用供給部品については，海外の工場は日本メーカーにとっては同じ「社内」（分工場）という扱いから，それらの物流に商社が入っているケースはほとんどない。

第8節　商社の国内自動車ビジネス

　商社は1960年代，国内ディーラーに出資して国内の自動車販売ビジネスに進出する例があった。しかしこれは，非常にまれなケースで大きくは伸びなかった。

　国産車の場合は1989年，マツダが「ユーノス」や「オートザム」など多チャネル（5チャネル）体制を作った時期は，ディーラー網の設立に力が入って，異業種からも参入を呼びかけた。遊休土地を持ったメーカーや商社がこれに応じて，主にマツダ・ユーノス店として国内でディーラーの設立に参入した。

　輸入車では，商権取得の可能性の残っていた輸入車の輸入代理店になるケースがあった。ただし，これは一時期いくつかの商社等が手を出しても，マイナーなブランドの車で，メーカーの力も商品力も弱く，オートマティック車の設定がないとか，右ハンドル車がないというケースが多かった。また，自動車の供給や部品のサプライが悪いといった原因で，ほとんど失敗に終わり撤退を余儀なくされた。輸入車販売のノウハウの問題もあるが，短期的に利益を出せず撤退したという商社の体質的な問題も影響していたのであろう。

　商社は，自動車輸出ビジネスで日本の自動車メーカーに貢献していたけれども，過熱する国内販売競争に生き残るため，自動車メーカーは商社の国内のグループ会社への車の販売に協力するように求めてきた。そのために商社は社内に紹介窓口を作ったり，専任者を置いたりして協力体制を作った。

　住友商事は社内にマツダのための販売協力チームを組織し，継続して活動している。

　三菱ふそうの場合，三菱商事と住友商事とそれぞれ共販組織を作って，各グループ内の企業向けの拡販に力を入れてきた。これに加えて，住友商事は1982年に住商オートリースを，伊藤忠商事はセンチュリーオートリースを設立した。

　三菱商事は三菱自動車と三菱オートクレジットリースを設立して，国内でのオートリース事業でメーカーに協力する体制を作った。当初はメーカーへの販売協力という意図からスタートした。

第3章　商社の成長2

　その後，オートリース事業は日本の会社による業務のアウトソーシングや，資産圧縮の流れに乗り大きく成長して，20年後には親会社に大きく貢献することになる。

〔注〕
1)　ハワードD.ロウ「開発途上諸国における企業の行動様式」ファーマー（高橋達男・松田武彦監修，江夏健一・中村元一他訳）『国際経営管理』好学社，1970年，72ページ。
2)　藤本隆宏「自動車産業における国際合併・提携について―能力構築と相互学習の視点から―」『国際ビジネス研究学会年報』，2001年。
3)　Heller, D.「フォードとマツダの30年間も続く協力関係－ケーパビリティ学習と企業間関係－」『国際ビジネス研究学会年報』，2001年。

第4章

商社の変身

第1節 自動車メーカーの世界戦略と商社の関係の変化

　日本の自動車メーカーは，以下のような海外展開のステップを踏んできている。

　第1段階は，自ら輸出ルートの開拓（直貿）や，リスクがあって市場の状況のわからないマーケットを，商社を通じての市場開拓や輸出活動を開始した時期である。

　第2段階は，自社にとって有望な市場や，台数がまとまって伸びてきた市場に自社販売会社を設立したり，海外での販売に直接乗り出したりした時期である。商社もこの時期，重要な市場については自ら販売会社を設立し始めている。

　第3段階は，1980年代半ばから，生産の現地化を目指し海外に生産拠点を作り始めた時期である。具体的にはマツダは北米で1985年に米国生産会社（MMUC）を設立して，1987年に1号車をラインオフさせている。三菱自動車は1985年にクライスラーと米国生産のための合弁会社設立で合意に達し（後のDSM），1988年にスポーツカー「エクリプス」をラインオフさせている。

　第4段階は，開発・生産・販売を一体化した国際事業本部制を確立した時期である。マツダはMMUCをオートアライアンスインターナショナル（AAI）と社名変更しフォードと共同経営を開始している。

　第5段階は，世界市場をグローバルに捉え，経営活動を調整・統合し始めた

段階である。1996年にフォードはマツダとの戦略的提携を強化し、持ち株比率を25％から33.4％に引き上げ、ヘンリー・ウォレス社長をマツダに送りこんでいる。三菱自動車は2000年にダイムラー・クライスラー社と提携に関する契約を締結し、出資を受け入れている。また日産自動車は1999年にルノーと資本参加を含むグローバルな提携関係に入って、カルロス・ゴーン社長を送りこむとともに、2002年にはルノーは日産に対する株式保有比率を44.4％に引き上げている。

　第1段階から第2段階は、商社と自動車メーカーの協調活動の時期といえる。第2章のプエルトリコの自動車販売会社設立、オーストラリアでの大型トラック販売、イランでの小型ピックアップトラックの現地組立、第3章の中近東市場開拓、サウジアラビアでの三菱自動車とのプロジェクト、マツダの米国市場開拓の前半がこの時期にあたる。

　第3段階がスタートすると、当初は商社もOEM部品の海外自動車メーカーへの供給、海外メーカーや日本メーカーの海外生産工場向けに生産設備・機材の納入やその輸送面で貢献すること可能であった。

　しかし、第4段階に入り現地生産工場がスタートすると、メーカーは、それが日本の工場の分工場であって、工場間の商流および物流から商社を排除する傾向が出始めた。したがって商社は、自動車のトレードおよび補修用の部品

図表4-1　自動車メーカーと商社の海外展開の歴史

海外展開のステップ	第1段階	第2段階	第3段階	第4・5段階
年代	1950-60年代	1970年代	1980年代	1990年代以降
自動車メーカー	海外輸出本格化	海外販売会社設立	海外生産本格化	最適地生産 最適地販売
商社	代理店発掘 完成車輸出 KD（ノックダウン）輸出	海外販売会社設立 KD事業経営参画	設備・生産部品ビジネス ディーラー（小売店）事業参入	海外小売金融事業 小売店事業本格化

注：住友商事の資料を参考に作成。

(スペアパーツ)の輸出ビジネスから外されることが多くなった。第3章における米国市場開拓の後半以降の時期である。

1990年代後半以降，第5段階に入ると，商社と自動車メーカーの関係は劇的に変化した。

第2節　グローバルな経営活動

マツダのホームページの「企業活動の沿革」および海外活動の「フォードとの関係」からその流れを検証してみる。

1993年12月，マツダとフォードの間で，長期的観点から両社間の協力拡大強化を狙った戦略的協力関係の構築に合意している。1996年5月にはフォードの持ち株比率を25％から33.4％に引き上げ，実質的に経営権を掌握して，フォード側からヘンリー・ウォレス氏を社長として派遣するに至った。1997年10月，北米事業の統合。1998年3月，欧州事業を統合強化。2001年，フランスに100％出資の卸販売会社設立。

上記のようなマツダとフォードの事業統合や，マツダの100％出資による現地販売会社の設立などで，今まで住友商事や伊藤忠商事が持っていた商権は，メーカーに返上せざるを得ない事態になった。商社が行っていた自動車のトレード（輸出業務）は急激に縮小したのである。

また，世界経済がEUやNAFTAなど地域共同体化していく中で，メーカーが広域市場（例えば欧州や中南米市場）を一体運営して，効率化と販売力の強化を図ろうとすると，商社は国ごとにアポイントされているので，異なる商社が同じ広域市場の中に混在することになる。各商社の利害も異なるから，メーカーとしてはコントロールが難しい。

例えば，ヨーロッパ市場で年間30万台販売するというような自動車メーカーが立てた目標の実行には，各国別の輸出者・現地販売店は足並みが揃わず障害となって働く場合も想定される。したがって商社や地場資本の販売会社を外して地域統括会社を設立するか，直接現地ディストリビューターと直接取引した

いとの意向が強くなってきた。

　マツダの場合，1997年に北米統合会社，また1998年には欧州統合会社を発足させ，商社を輸出者から外して，メーカー自ら市場経営を統合・調整していった。1999年7月にはコロンビア・ヴェネズエラで車両の相互OEM供給を開始している。これは中南米の広域経済運営も1つの要因となっている。このため住友商事が保有していたコロンビアの組立会社の株式はマツダが買い上げている。これはマツダとフォードという2社が提携関係を強化したので起こった事態である。

　この結果，商社が今まで持っていた完成車の輸出商権は，自らが現地でディストリビューターやディーラーの株式と経営権を持って行っている地域か，リスクが非常に大きくてメーカーが自ら輸出することをためらっている地域（主に中国・中東・ロシア・CISなど）に限定されてきた。商社が自ら資本を投下して販売店の事業経営を行っていたり，明らかなリスクマネジメント機能を果たしていたりする場合にのみ，商権が維持できている。

　三菱自動車も欧州および北米の自動車事業会社を2002年にそれぞれの事業統括会社に統合している。

　トヨタ・日産・ホンダなどの場合，メーカー自身が以前からそのような直貿中心の経営方針で海外展開してきているため，商社はほとんどのマーケットでは起用されずにきている。

　同じ流れが部品メーカーと商社の間のトレードにも現れてきている。部品メーカーも海外メーカーへのOEM部品の売り込みおよび輸出業務を自力でこなせる実力をつけてきて，商社のOEM部品ビジネスにおけるトレードの部分は急速になくなってきた。

　また商社側もOEM部品の供給のために，自動車メーカーの企画検討の段階から，クルマが量産されて市場に出るまでの間，数年にわたってフォローすることは，コスト的にも難しくなって，方針を転換しつつあることもその原因の1つである。

第3節　海外での川下分野への進出

　商社としては「自動車」という商品のトレードの中で，これに対応するため，川下の海外でディストリビューターとなるか，ディーラーを買収して直接，消費者に食い込むかしか生き残る道はなくなった。また，自動車関連ビジネスで自動車メーカーとの関係を保つためには，海外でも川下（小売領域）に強い商社という実力と評判を保つことが非常に重要な要件になってきた。

　自動車メーカーは国内・海外を問わず，自社ブランドの自動車の拡販に貢献するディーラー経営を必要として，優良な業態の企業がディーラー経営に参入することを原則として歓迎し評価している。販売力の弱い地域について，商社にその地域でのディーラー経営の要請が出てくることもある。

　住友商事の場合，世界で150の自動車販売チャネルを開拓，自ら投資してディストリビューター（卸販売会社）を24ヶ国で10ブランドを23社，またディーラー（小売店）を世界の19ヶ国で25ブランドを83店，経営している。海外でのディーラー経営は，国や地域を絞って英国・米国・豪州・タイ・ベトナムなどで積極的に投資を行い実績とノウハウの獲得に努めている。

　川下に入り込むことで，次に述べるように金融やオートリースなどのビジネスチャンスにつながっていくことが通常である。もちろん世界中のどこでも日本の商社がディーラー経営を簡単にできるわけではない。

　最近，市場がオープンになったところ（中東ヨーロッパ・ロシア・ＣＩＳ諸国など），成熟市場でディーラー権の販売がオープンな地域（米国・英国・フランスなど），市場の発展の著しい市場（タイ・ベトナムなど）に集中して展開している。

第4節　海外での金融ビジネスへの進出

　アメリカのディーラーのビジネスの大きな収益源は，本来の修理・部品販売に加え，割賦販売のクレジット機能，ディーラーリース，それに自動車保険の取り扱いなどである。

第I部 商社機能ライフサイクルの変化

　現在，住友商事は世界10ヶ国で自動車販売金融会社12社を経営している。当初，社内の金融事業部のサポートを得てスタートした事業で，いまや自動車事業本部の大きな柱に育ってきている。

　アジアでもモータリゼーションが発達し始め，自動車が庶民の足となり始めると，この購入を助けるファイナンスが大きなビジネスとなった。

　住友商事は，タイやインドネシアなどでファイナンス会社を立ち上げた。これは，タイではディーラービジネスを行っているので，そのシナジー効果が期待できる分野として，また自動車販売が大きく伸びる中で，収益性の良い分野である。

　インドネシアでもディストリビューターとして経営を行ってきたので，その周辺のファイナンス事業にスムーズに進出を果たしている。インドネシアの自動車関連のファイナンス会社は自動車のファイナンスに加え，二輪車のファイナンスにも力を入れ，順調に業績を伸ばしている。二輪車の販売が毎年100万台以上純増する中で大きく融資残高を増やしてビジネスの柱となってきている。今後，それらの販売金融に加え，オートリース事業を展開して行くことが予測され，タイでは住商オートリースと共同出資でオートリース事業を2001年から開始している。

　東欧（ハンガリー・チェコ・スロヴェニアなど）でも，モータリゼーションの急激な進展にともない，資本を投下してのディストリビューターの設立が相次いでいる。

　それらの会社の周辺事業としての割賦ファイナンスや自動車リース会社の設立が盛んである。金融ビジネスを海外で展開する場合，カントリーリスクも当然あるので，その対応が常に求められる。また，個人に対する与信（信用供与）が発生するので，信用リスクの判断や回収に関するノウハウとそれに対応するための組織づくりが重要である。

　ただ，これらの事業に国を越えて共通するノウハウは共用でき，多くの国で経営すればするほど，競争力があり，またカントリーリスクに対応できるビジネスモデルとして成長させていくことが可能である。

第5節　再度自動車産業の川上への進出

　以前は川中に位置する商社としては，川上の自動車メーカーに完成車や部品の輸出取り扱いをさせてくれるように食い込んでいた。そして輸出者として果たしてきた機能を，自動車メーカーが内在化した結果，商社はその役割を終え，多くの商権を失った。同じように部品メーカーに食い込んでその部品の輸出者として（ある場合は日本の自動車メーカーへ海外から輸入して納入する輸入者として）役割を果たしてきた。しかし，この分野でも部品メーカーがその機能を持ち始めたので，役割を終えつつある。

　そのような中で，商社はファンドが買収して保有していた部品メーカーを，ファンドから買収して部品生産の分野に進出したりし始めている（住友商事は世界中で12ケ国30社の部品サプライヤーに出資している）。

　住友商事の部品会社キリウの買収のケースを見てみる。

　「キリウはブレーキディスク・ドラムを中心とした自動車部品製造会社である。もともと日産自動車の系列であったけれども，2001年12月にユニゾンが現経営陣とともに公開買付けを通じMBO（マネジメント・バイ・アウト）を実施し経営権を取得した。

　以降，ユニゾンの支援の下，現経営陣による積極的な開発力の強化，事業内容・生産効率の改善，海外展開等によって，着実に業績を拡大してきた。独自の製品開発・設計能力をベースに，日産自動車のみならず，自動車メーカー各社，ブレーキシステムメーカー各社との取引も拡大している。今後，住友商事の有するネットワーク，マーケティング力などの総合力も活用し，さらなる発展を図っていく。

　住友商事の自動車事業は，伝統的な完成車の輸出から，より川下に軸足を移し小売，金融などの流通・サービスの領域でバリューチェーンを構築することを戦略に掲げ，会社業績を牽引している。

　一方で，従来から自動車製造用部品・設備といった領域についても自動車会

社,部品会社との長年にわたる幅広い取引をベースに知見を有していた。

住友商事ではさらなる自動車事業の成長を目指していく上で,次なる戦略分野として自動車産業の川上領域である部品製造領域における事業に着目していた。今回のキリウ買収は,こうした戦略の延長線上に位置づけられる。

住友商事は,自動車流通・サービス領域での事業経験や自動車製造用部品・設備領域での取引で蓄積したナレッジを,自動車業界各社や同業界に関わりを持つ投資ファンド等に外販するコンサルティング部門として,昨年住商アビーム自動車総合研究所を設立している。同社がユニゾンと住友商事の間のパイプ役となって今回のディールが成立した(2004年6月21日付同社プレスリリース)。」

これは今までの自動車部品の取り扱いの中で,アイテムごとの部品の重要性や部品メーカーの業界における技術力などの実力を評価できる能力を身に付けているからできることである。買収した部品メーカーとともに中国に進出して中国で部品を生産したり,ベンチャーキャピタル的に,実力のある部品メーカーを育てていったりということも始めている。

商社として自動車生産の川上にその存在を確保し続けるために,今後ますます部品メーカーの買収や,共同で海外進出という事例が増えていくものと思われる。現在,オーストラリア・中国・メキシコ・日本で部品生産を行っている。メキシコでは日本の部品メーカーと共同で,ドアや蓋物パネルなどの製造販売会社を経営していて,アメリカのビッグ・スリーを始め自動車会社に納入している。

第6節 国内での本格的な周辺事業(川下)への進出

2000年頃から,住友商事はIT,中古車輸送,中古車入札会,中古車買取り販売,中古車のインターネットオークションなどの分野に,新会社設立,資本参加,M&A等の手法で積極的に参入していった。

Eコマース（電子商取引）関連では，2000年に「カーズ・イット」という受発注グループウエアのASP（アプリケーション・サービス・プロバイダー）としての子会社を設立して，ビジネスを開始している。

2001年には以前，日産自動車の子会社であった日産陸送の株式（一部）を取得して，中古車の輸送とリース満了車の入札会ビジネスに参入している。日産陸送は社名をゼロと変更し，2005年に上場を果たした。

住友商事は同社とともに中国で自動車の陸送会社を設立し事業を開始している。

2003年からは，消費者金融の分野に近い，中古車売却にともなう残債をローンするための「住商ポケットファイナンス」を消費者金融の三洋信販とともに設立している。

住友商事は国内第2位，商社系では第1位のオートリース会社，住商オートリースを2005年8月に上場廃止して完全子会社化した。

このことによって，自動車に関連する種々のビジネスをその自動車のバリューチェーンの中で，住商オートリースをコアにして手がけていく体制を強化した。この経緯を同社のプレスリリースから見てみる。

＜株式交換の目的＞

「住友商事は，連結子会社である住商オートリースを国内自動車関連事業におけるコア事業と位置付け，予てより事業拡大のためのあらゆる方策を両社間で検討して参りました。

また，住商オートリースでは，具体的な施策として，平成12年4月のアポロサービス株式会社の自動車リース事業取得，平成15年2月の川商ラビエ株式会社の買収（平成16年4月住商オートリースに吸収合併），平成15年4月のクボタリース株式会社の買収，平成17年1月の株式会社マツダレンタカーへの出資などを実施し，着実に事業規模の拡大を図って参りました。

日本の自動車リース市場は，成熟期に差し掛かり，上位会社による市場寡占化，規模の利益追求の傾向が今後益々顕著になってくると予想されます。

このような市場環境の中、住友商事と住商オートリースは、今後ともサービス内容の高度化及び差別化、並びに、業務効率の改善によるコスト削減に努めるとともに、M＆Aの推進により更なる事業規模の拡大と効率性を追求することが、お客様の満足向上のために一層重要になってくると考えております。

このため、両社はこの株式交換を実現したうえ、住友商事グループとして総合力と機動力を発揮することが、必要かつ最も適切であると判断いたしました（住友商事の株式交換契約締結のプレスリリース）。」

オリックスもオリックスオートリースをコアに、オリックス自動車という子会社に組織替えして、自動車の販売から廃棄に至るまでのあらゆるビジネスに対応する組織をつくっており、両社の今後の展開が注目される。

オリックスの場合、当初からオリックスオートリースを分社化しておらず、オリックス自動車も完全子会社であって、住友商事の住商オートリース完全子会社化で、両者が同じ組織形態で（親会社・完全子会社）今後競争することになる。

オートリース会社が果たしている自動車のバリューチェーンでの機能・役割には次のようなものがある。

① オーガナイザー機能…オートリース（車両管理業）のグローバルネットワーク構築。

　住商オートリースは1999年に世界の最大手の一社であるPHH Arval（米国メリーランド州）と業務提携した。同グループで全世界のグローバル企業の車両管理業務に対応できるようにするためである。住商オートリース自身では2003年にタイでメンテナンス付きのオートリース事業を立ち上げている。今後は住友商事の自動車事業本部が海外で経営しているオートリース会社と一体化した事業展開を拡大していくものと思われる。

② 情報調査機能…ＩＴ分野では、車両管理について顧客にウェブ上でリアルタイムにまたインタラクティブ（双方向）に情報提供および顧客からの発

注に応じられるシステムを構築している。このノウハウは今後，個人向けのあらゆるサービスやビジネスにも応用可能である。いいかえれば，すでに20万台以上，自動車を使用する顧客群との間にプラットフォームは築かれていて，それにどんなコンテンツ（ビジネスモデル）を載せるかによって大きな可能性が生まれるのである。

③ 市場開拓機能…レンタカーとオートリースの融合サービス。

オリックスはグループ内にオリックスレンタカーとレンタカージャパンを持っている。これによって短期間契約のレンタカーと3年以上の長期契約のオートリースを組み合わせ，顧客にとって最適の車両使用形態を提案できる。住商オートリースもマツダレンタカーに出資していて，今後両分野の融合は進んでいくものと思われる。オリックスも住商オートリースもそれぞれ20万台以上の顧客ベースを持っていて，その母集団を対象としつつ新規ビジネス開拓のためのインキュベーターはいつでも使用可能である。ここから何が生み出されるか大いに注目されるところである。

④ オーガナイザー機能・金融機能…ガソリンカード，高速道路通行用ETCカードの開発。

オリックスも住商オートリースも，石油販売会社と提携してガソリンカードを開発発行している。オートリースの顧客は法人が主で，使用台数も大きくガソリン使用量も1社当たり大きい。したがって，ガソリンカードでこの種法人顧客を囲い込むことは，石油販売会社にとってもオートリース会社にとってもメリットがある。法人顧客にとっては，社員との経費精算の効率化やガソリン使用量の管理に役立つ。また高速道路のプリペイドカードや別納制度が廃止されたことから，法人顧客が割引を受けるためにはETCカードを使うしか方法はなく，トヨタレンタリースを含めETC機能付のカードを発行している。

⑤ 物流機能・資源再利用…中古車処分・入札会の開催。

オートリースやレンタカーの契約（使用）期限満了の自動車を，オートリース会社は自社の主催する入札会で処分しているケースが多い。未だ十

分使用に耐える車が多く，適切な流通ルートに乗せることは，リソースの有効利用の観点からも望ましい。オートリース会社の入札会で処分される自動車の3割くらいは海外に輸出され，そのライフを全うしている。

自動車の管理業務一切をアウトソーシングで引き受けるオートリースは，企業の資産圧縮，管理業務の外注化の流れにのって大きく成長している。

全国車両総台数7,550万台のうち271万台はリース車両で，10台以上保有するフリート顧客が使用する700万台のうち28%の198万台がリース車両である。新車販売台数で見ると2004年，585万台中61万台がリース新車の登録で新車登録の10台に1台はリース車両となっている（オリックス自動車のホームページによる）。したがって独立系のオートリース会社オリックス自動車や住商オートリースに加え，メーカー系のトヨタレンタリースや日産フィナンシャル，三菱オートクレジットなどもこの分野に非常に力を入れ始めている。

この辺の流れが住友商事の住商オートリース完全子会社化の底辺にあるといえる。

第7節　究極の自動車ビジネスとしての　　　　コンサルティング

2003年に住友商事は，アメリカのアビームコンサルティング（旧デトロイトトーマツコンサルティング）と共同で，住商アビーム自動車総合研究所を設立した。社員構成は自動車事業本部，アビームコンサルティング，日本の自動車業界に強い経済研究所，自動車部品メーカー等の出身者から成り立っている（住友商事が80%出資，残り20%はアビームコンサルティングが出資）。自動車輸出ビジネスを始めて40年，周辺分野を含めて今までの経験の集大成としてのビジネスである。

すでに述べてきたように，海外での自動車販売会社の設立・経営に自動車事業本部の担当者は一巡・二巡して経験している。また，自動車輸出ビジネスで

は世界で可能性のある市場はほとんど開拓し尽くしてきている。

このような状況下，先に述べたように国内で川下への進出として，2000年頃からITを使った電子商取引のビジネスモデルの構築等，すべて自力で企画・開発を行い始めてきた。しかしこのようなニッチで専門的な分野を自力で開拓するにはマンパワーとスピードの問題もあることがだんだんわかってきた。したがって，外部の既存の会社が保有するノウハウや人的リソースの活用や，外部に新しくベンチャービジネスを育成していくという方向を取り始めている。

以上のような中で，商社として新しい機能を発揮するために選択された進路が，この自動車総研構想である。自身で生産設備を持たない商社が（一部部品製造会社や組立会社を保有するが），部品メーカーの経営指導やM＆A，その他，あらゆるニーズに応えようという意図から，自動車業界のホームドクターを標榜してのスタートである。

確かに住友商事の自動車事業のへの取り組みで，他商社と異なるのは，①川上分野（製造設備・資材）を取り扱う専門部隊を本部内に持っている唯一の総合商社，②小売に対する取り組みの深さ（19か国で83店舗のディーラーを経営していること）などである。

今までの40年以上の歴史と，そのグローバルに展開してきた広がり，部品から生産機材にまでの奥行から蓄積された自動車産業に関するノウハウとナレッジの集積は巨大なものである。住商アビーム自動車総研は従来の商社活動のアプローチとは違った新しい手法を打ち出している。

その特徴のは以下の通りである。

(1) プル型マーケティング手法

自動車事業本部は引き続き従来の商社のスタイルで営業活動を行っているけれども，それに比べ少ない陣容で営業を行う同社は効率的な顧客開拓が必要となる。したがって「自動車ニュース＆フォーラム」というメールマガジンを発行していて登録者は3万5,000人に達している。この手法で自動車部品メーカーや今後ベンチャー事業を起こそうとしている顧客に情

報発信を行っている。

(2) 自身がファンドとしてベンチャー事業の育成

上記メーリングリストで情報ネットワークを構築している顧客層の中から，技術力のある未上場の企業を育成して，自動車メーカーとの取引を仲立ちするための会員制の組織を結成している。

会員に対してはセミナー，情報提供，形成相談・診断などを行う。その中で有望な会員に対しては経営戦略や技術・ビジネスモデルの精緻化の支援を行う。そして自動車産業参入の糸口をつかんだ会員には，資金ニーズが発生するので，そのサポートをしようというものである。

ユニークな点は，トヨタ自動車・日産自動車・GMなどの自動車メーカーやサプライヤー，アフターマーケット関連企業や金融機関をサポーターとして組織化していることである。そしてこれらのサポーターからベンチャー企業設立の候補者がアドバイスを受けられる道を作っていることである。

商社の中小企業育成サポート等は，決して目新しいことではないが，それをあたかも大学院に通うような感覚で，また非常にオープンなかたちでクライアントと自動車メーカー・金融機関とのリンク作りをサポートする点にある。そしてそのオーガナイザーである住商アビーム自動車総研が，自らファンドを用意して企業化をサポートしようとしている点にある。

住商アビーム自動車総研は自動車の川上から川下まで一貫して取り組んできて，自動車メーカーから部品メーカーまで幅広いネットワークを持つ住友商事の自動車事業本部ゆえにできる試みであって他に例を見ない。

今後このコンサルティング機能およびベンチャー事業育成機能が商社の自動車ビジネスの中で確立された機能となるのか，結果が出るにはもう少し時間が必要と思われる。

第8節 「総合性」と生き残ることができる商社

　今まで総合商社の中で，自動車という商品を取り上げ，国内海外でどのようなビジネス展開がされてきたか見てきた。

　川上から川下まで商社が関与してきた領域は，製造・輸出・海外卸売・海外小売・海外および国内での小売金融と自動車の生産から顧客の手に渡るまでのバリューチェーンを一貫して垂直に，また水平的な地域的展開では全世界という広い範囲にわたっていることは明らかである。その中で商社機能として商取引機能はもちろん，情報調査・市場開拓・事業経営・リスクマネジメント・物流・金融・オーガナイザー・すべての機能を自動車事業に対し商社は発揮してきた。これは商社の取り扱い商品の中でも個人消費者に直結している自動車という商品の特性が大きい。

　時系列的には，商社が果たしてきた商取引・市場開拓・物流などの機能を自動車メーカーが社内に持つようになって，完成車のトレードの部分から商社は排除される段階が訪れた。

　この状況に対して商社は，自動車ビジネスの分野での生き残りのために，川上・川下両方で新たにその存在を確立して，新たな機能や役割を発揮し始めている。つまり川上の部品製造の分野では事業経営・オーガナイザー機能の発揮，川下では個人への金融・リスクマネジメント・市場開拓などの機能の発揮である。

　生き残ることのできる商社というのは，業界や社会，経済構造の変化に対して，活動の分野を見つけて，必要とされる役割・機能を発揮できる商社のことをいう。

　機能のライフサイクルはあるけれども，顧客の中にニーズや問題（トラブル：落差）がある限り，トラブルシューティングや商社の新しいビジネスモデル構築のチャンスと，その存在価値が続く。

　総合商社の自動車取り扱いの歴史において，メーカーが商社機能を内部に持ち商社を経由しなくなる傾向が強まってから，自動車ビジネスはノンコアであ

ると注力度を下げた商社もある。その場合，自動車ビジネスにおける総合性は低下して，自動車本部のリソース（人員）も削減され，メーカーからの評価・実力（影響力）もますます下がって，縮小傾向となる。

　一方，自動車産業は技術的には，ハイブリッド車・燃料電池車等の開発・普及が本格化して，メーカーの部品供給やアフターサービス面での守備範囲がさらに拡大する可能性はある。自動車の修理はメーカー系のディーラーしか技術的にできなくなる，という時代が来るかもしれない。

　またこれと並行して，メーカーの周辺事業（自動車バリューチェーン）への取り組みもトヨタや日産のごとく，クレジットカードビジネス・オートリースなど，今まで以上のマーケットシェアを獲得し大きく広がることが予想される。

　現在，多くの総合商社で，自動車取り扱いのプライオリティが下がってきている中で，住友商事自動車事業本部は生き残りをかけ，川上の部品製造分野への進出や川下の販売金融の分野に依然としてリソースを割いている。

　取り扱い商品（自動車）という単位で見た場合の総合性の維持と生き残りの可能性への挑戦は続いている。この将来の鍵を握るのは，自動車という商品が，今後どのような技術的進展を遂げ，どんな形態で流通・販売されて，人類がどのように自動車を使った生活様式を維持していくかに大きくかかっているといえよう。

第Ⅱ部

20世紀末からの商社転身

- 第5章　商社の成長戦略と組織能力
- 第6章　総合商社の「総合性」
- 第7章　存続可能な総合商社とは？

第5章

商社の成長戦略と組織能力*

第1節　リソースベースで見る商社

　一般に，多国籍企業を見る場合，そのビジネスの規模や範囲を重視しがちになる。しかし多国籍企業が，国境を越えてリソース（人的，物的，資本的なものから技術や組織，企業家精神，文化に至るものまで）をパッケージして支配し続けることに注目すれば，実際には，その機能に特色がある。

　この機能の保持には「活動力のコスト」[1]を多大に投入する必要がある。多国籍企業は，こうしたコストを削減するために，より安価な原材料や資金，技術などのリソースを世界中から求める。その場合の効率性は，全世界的な見地から事業展開を行うことや，グローバルな統合のための活動力と，各国での差異化を図るための活動力とを持ち合わすことで得られる。

　このように，集権化とマルチドメスティックな組織化を同時に達成するには，現地の環境的な圧力に向かい合うことと，その環境条件に対応することの双方が欠かせない。多国籍化の程度とバランスが，その企業のあらゆる組織のサブユニットにとって重要となる。

　現在，こうした多国籍企業の新たなモデル（理想型）は，次の5つの特徴を持つものとして捉えられている[2]。

　① 分散化 (dispersion)…主要な市場にサブユニットを持っていることなど。

＊　本章は，岩谷昌樹「総合商社の成長戦略と組織能力」『立命館経営学』第39巻第3号，2000年9月をベースにしている。

② 相互依存性 (interdependence)…サブユニットの連結が統合的なネットワーク組織を創り出すことなど。

③ サブユニット間のタイトな連結 (tight coupling of subunits)…緊密なコミュニケーション・リンケージや，綿密に調整された戦略システムの形成など。

④ ユニット間での相互学習 (cross-unit learning)…絶えざるイノベーションを創出する能力の形成など。

⑤ 組織構造の柔軟性 (structural flexibility)…組織プロセスの重要さなど。

これらは，いまや多国籍企業が首尾良く競争するためには不可欠な要素である。さらに，それには企業内の人員それぞれが，将来を見通す感覚を発展させるために，自らの視野を拡大することが求められる。これは，ネルソン＆ウィンターなどの組織進化論において示される，企業のダイナミックな組織能力を形成する源泉そのものである[3]。日本の多国籍企業を代表して，日本企業の国際化を推進してきた商社にとっては，その成長戦略の適応力と経営管理の効率性が決め手となる。

成長戦略とは，競争的な環境の下で多様な市場活動を行う商社が，独自に有する「リソースの束」(見える資産，見えざる資産，さらには組織能力を加えたもの)をいかに配置して，調整を図った上で活用することで価値を創造するかという方法であって，それを実現させる組織構造の形成をともなうものである。

このような企業戦略では，①価値創造，②配置，③調整の３つが重要な側面となる[4]。

価値創造は企業戦略の基本的な目的を示して，配置は製品や地域，垂直統合などを含む複数市場の範囲に焦点を当て，調整はいかに企業が事業活動を管理するかを重視するものである。現在では，こうしたロジックを説明するものとして「リソース・ベースト・ビュー」(企業のリソースを基礎にした見解)[5]が登場している。

この見解では，物的資産ないし目に見えない資産や能力は，企業によって大きく異なるものとして捉えられる。同じような一連の経験をしたり，同じ資産

やスキルを得たり,同様の組織文化を築いている企業は存在しない,ということである。したがって,企業が有する独自の資産や能力によって,その企業がいかに自らの機能的な活動を能率的に,そして効果的に行えるかが決定することになる[6]。

リソース・ベースト・ビューによると,企業の貴重な性質をより幅広く,そして正確に示して,さらには戦略的なマネジメントの分野において,卓越した視点がもたらされるといわれる。

さらに,この見解は戦略的なマネジメントの分野だけでなく,組織の経済学(取引コストの経済学を含むもの)や産業組織の分析などとの対話を刺激するともいわれる。その点から「良質の経営科学」[7]であると見なされる場合もある。それは,より広範囲な一連のリソースとして企業を観察するアイデアの優越さによるものである。その出発点はペンローズの「発展性ある研究」[8]に見出される。

これによれば,商社の総合化の理由を,未利用の状態にあるリソースを活用できる商社の超過能力や独自の経営的才能に見出すことができる。

本章では,ペンローズ理論から派生するリソースベースの見方から,現存する商社の成長戦略を見ていく。それに続いて,その担い手となる商社マネジャーの志向性と,求められる商社組織の構築について取り上げることにしたい。

第2節　総合商社の成長戦略

1　ビジネス・ネットワークの構築

(1)　リソースの積極的活用

企業を能力ベースで捉えると,効果的な企業戦略とは,①リソース,②ビジネス,③構造ないしシステムやプロセスからなるトライアングルが基盤となる。そこに,ビジョンと目標が立てられることで,そのシステムは,企業の優位性(企業の存在を正当化するもの)を創り出せる[9]。これらの要素がひとそろいした

ときに，経済的な価値が創造される。

このフレームワークでは，それらの要素は次のように関連づけられる。

まずビジョンは，主に野心的なものであってもよい。しかし，それにもとづく目標には，具体的な達成目標とともに，質的な意向（例えば新たな組織能力を開発することやグローバルな組織に変化していくことなど）が組み込まれる必要がある。

その際に，活用できるリソースが熟慮される。企業が所有する資産やスキル，能力といったリソースによって，その企業は何をできるかが定まって，市場機会も限られてくる。その意味で，リソースは企業戦略の「建築ブロック」であって，企業活動の範囲に大きなインパクトを与える。

このように，リソースがビジネス（その企業が経営している各産業）の内外における価値創造の根本的な源泉となるため，有益なリソースの特定と確立，そして配置が企業戦略の決定的な側面となる。

これは同時に，複数事業部への分権化や，組織的な振る舞いを管理する一連の正式な政策やルーティン，非公式な組織活動の調整などの問題を呼び起こす。これらは構造やシステム，プロセスに関する課題である。

その部分が解決されていくと，複数の市場活動を通じた価値の創造が，企業の優位性に変わる。

トライアングル（リソース・ビジネス・構造ないしシステム，プロセス）間の調和としては，リソースがビジネス上の競争優位を創り出すこと，ビジネスが企業の組織構造のもとで密着した監視と管理を受けること，構造やシステム，プロセスが効果的なリソース配置を促進することが企業の成長戦略の骨格となる。現在では，こうしたリソースの特質（いわばリソースが戦略の原子になるという性質）にもとづき，自社以外のリソースを積極的に活用する手段として，提携が盛んに行われている。

提携は2社かそれ以上の企業のビジネス上，特殊な側面をつなぎ合わせるものである。通常，提携によって企業は，その子会社の内的ネットワークも巻き込みながら，リソースの方向づけを行い直せたり，コアコンピタンス（中核能

力）を築くことに専念できたりするようになる。提携は，そうした能力形成により集中して取り組めるように，リソースを自由にして各企業の子会社をより効率良く使えるようにさせる。

このような提携によって企業が互いに結び合うことで，新たな競争のユニットが現れて，市場における勢力が大きく変化していく。それは提携が「建築ブロック」としてのリソースをモルタル[10]で接合する役割を担い，リソースの結合を促すからである。そうしたすり合わせによって，次第に企業と市場との間の幅広い隔たりが埋まってくる。このことから提携は，パートナー間で意思決定や調整が行われたり，信頼が築かれる点で企業の特徴を持つとともに，各パートナーがそのままの形態であり続ける点で市場の特徴も併せ持つのである。ただ，この提携が効果的なものになるかどうかは，パートナー間の関係の構造とその関係の歴史によって決まることになる。

というのも，パートナーとの長期的な関係は，成功を固定化させたり，より統一したやり方を行えたり，責任回避や機会主義を減らすからである。こうした主観的な経験は，コラボレーションを容易にする一連の理解と技量といった「関係資本」（リレーションシップ・キャピタル）[11]を形成する。

例えば相手企業とのつながりの深さや，その経営方法や企業文化の熟知，過去からの教訓や相互信頼などである。これらを基盤とした提携では，グループとしての運営の仕方を把握しているため「グループに基づく優位性」（グループ・ベースト・アドバンテージ）を獲得できる。さらには，プール化した各企業の能力を差異的に活用して，シナジー的な相互作用効果を生み出すことができる。「企業に基づく優位性」（ファーム・ベースト・アドバンテージ）が，グループの競争優位を後押しするのである。

市場のグローバル化にともなって，提携が広がっているということは，グループ対グループといった競争の新たな形態が浸透してきていることを示している。例えば，三菱商事が日本ＩＢＭとの提携を始めたのは1983年であった。これは高度情報化社会への明確な意思表示と，三菱商事がグループ外で独自の展開をした点で注目された。

この時期,日本ＩＢＭは日本電信電話公社(現NTT)との間で,ＩＮＳ(Information Network System)に関する業務提携を進めていた。そこで三菱商事は,この分野の将来性を捉えた高次元の展開を目的として,日本ＩＢＭとの提携関係を結んだのである[12]。

当時は三菱商事に先がけて兼松が日本ＩＢＭの製品販売を開始していた(1982年)。これは日本ＩＢＭにとって,初めて直販体制を崩して採用した特約店制度であった。

この制度を利用して,兼松が将来性を見通した上での生産的サービスを発揮できたなら,より包括的な提携に進んだ可能性も潜んでいた。その点では,三菱商事の企業能力が優っていたと見ることができる。

この時期の三菱商事は,三菱電機などの三菱グループとの「共同路線」(通信衛星を使った放送事業など)と,日本ＩＢＭなどの外部企業との提携という「独自路線」とを使い分けることで,先端技術分野の市場機会に対応していった。ここに,三菱商事の組織形成能力の優位性があった。

現在のように,世界規模の競争と激しい環境変化に対応するには,こうしたグループ単位の経済的な活力が不可欠なものとなる。そのような活力を生み出すこと,つまり企業単体では獲得できないような競争優位を支配するために,商社は提携ネットワークを創り出さなければならない。それはネットワークというものが,とりわけ次の3種類の明確な優位性を持っているからである[13]。

① ネットワーク競争が技術的なスタンダードをめぐる競争において成長をとげているため。つまり,そのような新興産業(エマージング・インダストリー)における多様な技術を用いて,市場シェアを競い合える機会が存在しているのである。そこで提携ネットワークは,競争優位の源泉となる技術の促進と活用を助けることになる。

② グローバルに活動が広がっていることが,提携ネットワークの肥沃な基盤を創り出しているため。つまり,様々な市場における現地企業との結びつきは,規模の経済性によるコスト優位や,他国のスキルや資産へと近づくことを容易にするのである。

③ マルチメディア分野に見るように，新たな技術が以前は分離していた産業間で創造的に連結しているため。そこでは提携ネットワークが，各分野の産業が共同してより早く新たな機会に対応することを可能にする。

そこで次には，これらに関する商社の事例を挙げてみたい。

① **技術的なスタンダード獲得のためのネットワーク形成**

三菱商事は，ピープル・ワールド（日本ＩＢＭとの共同出資による国内大手のパソコン通信会社）と，ワールズ社（米ソフト大手）のバーチャルリアリティー技術を活用して，パソコン通信で「仮想都市」を創り出した（1996年）。

この仮想の商店街で，例えば自動車メーカーは，新車発表の際にユーザーに車の各部を立体的に確認してもらうことが可能になった。

ワールズ社の三次元画像のオンライン技術が，米国のディファクト・スタンダードになりつつある頃だった。米シリコン・グラフィックスやＩＢＭなどの大企業がワールズ社と応用技術の共同開発をしたり，映画監督のスティーブン・スピルバーグが同社との共同事業をしたりしていた。したがって，三菱商事がワールズ社と提携して，その技術を実用化することは，優位な市場競争をもたらすことになった。三菱商事はさらに，その仮想都市において，代金決済や物品搬送などを代行する事業機会を持つことができた。

一方，三井物産はインドネシアで，現地財閥のラジャワリ・グループとの合弁で同国全土に及ぶ衛星利用の広域ポケットベルサービス事業を始めた（1996年）。その際，グレネア・エレクトロニクス社（加ポケベルシステム大手）から地上系機器を導入することで「フレックス方式」と呼ばれる大容量・高速サービスを展開した。この方式は，同じ周波数帯で従来の２倍の加入者を収容して，投資効率を大幅に高められるものだった。これは米モトローラ社が開発した方式であるけれども，この技術の活用による能率的な事業展開は，アジア通信市場への進出機会の拡大を呼び起こすもので

あった。

　これと並行して、三井物産は日本が独自開発したPHS（簡易型携帯電話）も国際標準方式に育てるために、NECとともに、テレコムアジアから公衆PHSシステムを受注した。これは、日本と同様のサービス用システムを海外に販売する初めてのケースとなった。

　技術獲得に関して見れば、丸紅が自社グループ（丸紅エレクトロニクス、丸紅インターナショナルエレクトロニクス）とともに、ケンブリッジ・テクノロジー（米ベンチャーキャピタル）と包括提携を行った（1997年）。これは、ケンブリッジ社が出資するハイテクベンチャーの製品販売や事業展開に協力していくことを主な事業内容とするものだった。こうした活動を通じて丸紅はグループとして、ネットワーク関連事業の業容拡大や、イントラネットの需要に対応できるようになった。ケンブリッジ社は、MIT（マサチューセッツ工科大学）の教授が主宰しているベンチャーキャピタルであるため、こうした産学協同の事業ノウハウも、丸紅が獲得することにつながった。

　また、米穀物メジャーのカーギルの技術獲得について見てみると、モンサント（米国生命科学最大手）とともに、バイオ農産物の開発会社を設立した（1999年）。カーギルは、世界規模で活動する企業の中でも数少ない非上場企業であるため、その戦略は容易には見えてこない。しかし現在、同社が流通拠点や加工工場の買収を積極的に進めていることから、少なくともいえることは、穀物というカテゴリーの中では、世界戦略的に完全な垂直統合を推進し続けているということである。近年では、このモンサントと共同で設立した「レネセン」で、バイオテクノロジーを活用したハイブリッドな穀物（栄養分を多く含んだ、もしくは加工しやすいトウモロコシや飼料など）の開発・販売を進めている。

　「キャッシュ・フローの90％を再投資に回す」といわれるカーギルであるけれども、こうした見えざる同社の技術戦略は、確実な提携ネットワークを構築しつつある。

日本の商社が現在,進めている事業の再構築には,このカーギルの市場支配の在り方にも注目する必要がある。カーギルこそ,確かな長期的価値や視点で事業を展開するための「総合化した機能」を持つ商社だからである。

② **様々な市場における現地企業とのネットワーク形成**

これに関してはまず住友商事が,他の日本大手商社に先がけてサニーベール(米国カリフォルニア州シリコンバレー地区の中心部)に駐在員事務所を設立した(1983年)。それはIC関連(IC製造装置)やコンピュータ関連機器などに関する商権ネットワークを同地域から獲得するためのものであった。これによって現地の有力なハイテク企業各社の有する高度先端技術製品の輸入が促進されることになった[14]。

ここでの商権は,同地域で顧客を獲得した一番手企業に与えられる利益を享受できる仕組みを創り出す。

また,住友商事は新たな生産的サービスとして,東南アジアに進出している日系企業へのサポーティングインダストリー事業を開始した(1996年)。こうした工場操業が円滑に進むための支援サービスを行うことで,日系企業とのネットワークができあがっていく。それにもとづいて,住友商事は製品や設備の物流事業が効率良く行えるようになる。

ここで重要となるのは,こうした物流網形成の能力が,商社の事業展開を容易にするという点である。

例えば,ライオンが中国で日用品流通市場の開拓を本格的に行う際に,三菱グループ(菱食など)がすでに確立している情報・物流網を活用するために,三菱商事との連携を強化したことが挙げられる(1997年)。

物流サービスが他の商社機能とワンセットで提供できるほどのグループ力(あるいはネットワーク網)を有している商社に,メーカーは,その機能を活用していこうという誘因を持つ。

さらに三菱商事は,三菱倉庫やケリーグループ(東南アジアの有力華僑)

とともに，上海に外資100％による総合物流センターの建設を始めることで，物流機能を強化した（1997年）。この総合物流センターの設立は，現在の商社に共通して見られる事業の1つとして見出せる。

同じ中国では北京に，日商岩井とセンコーが中国電子物資総公司と合弁で，総合物流会社を設立した（1997年）。ここでは，現地企業が参加することで，その企業がすでに構築している中国国内拠点を活用することができる。この事業では，国際貨物の取り扱いと国内輸送に加えて，多機能倉庫による倉庫業を行うといった，一貫した輸送サービスに付加価値が生じることになる。

また，三菱商事は中国以外でも，フィリピンのアヤラグループなどと合弁で，同国に物流センターの運営会社と輸送・通関会社を設立した（1998年）。三菱商事は，すでにシンガポールやマレーシアにも物流拠点を持っていて，それらをネットワーキングさせて，物流機能のハイブリッド化を図ることのできる体制が整いつつある。

一方で最近では，日本の商社と現地国との包括提携による結びつきも多く見られる。これが特に顕著なのは，丸紅である。

同社は，中国・大連市糧食局と食品加工全般で協力する包括提携を結んだ（1996年）。これは，同地域におけるニーズに密着した事業活動を進めていく上で，有効なネットワークとなる。

まずは同年，丸紅は大連で日本企業として初めての大型製粉工場を設立した。この事業は，生産される小麦粉のユーザーとなる日本のパンメーカーや菓子メーカーなどの大連進出を促すことや，製粉を中心とした食品加工事業を幅広く展開することへの基盤となる。

また，丸紅は同年に，ウズベキスタン政府と同国の繊維産業育成に関して包括提携を結んだ。その手始めとして，カネボウシルクエレガンスとともに，日本企業として初めての合弁となる絹紡績会社を設立した（この他，ウズベキスタン国営の絹織物会社や日本国際協力機構が出資している）。

この合弁によって，綿紡績工場の近代化や，養蚕，製糸，織布などの分

第5章 商社の成長戦略と組織能力

野で協力していける関係が創り出されることになった。これは商社が元来,率先して行ってきた商権フロンティアの拡大を示す好例である。この他,丸紅はミャンマー政府とも共同で,米の生産事業にも着手した (1997年)。

このように各国政府と結びついて,事業をともに推進していくことは,かつてのナショナリズムの問題を和らげる効果も持つ。それだけでなく,商社が現地で利益をもたらすという,いわば「ローカル・ウェア」としての認識が高まることにつながっていく。政府以外でも,丸紅は中国最大級の流通企業である,中国上海一百集団とも包括的に提携をしている (1997年)。

こうした企業集団との提携で特筆すべきは,三菱商事がタイの消費財企業集団である,サハ・パタナピブン・グループと業務・資本提携を結んだことである (1999年)。ここでは,物流の効率化のためのサプライチェーンマネジメントの導入や,取引先や消費者との決済の電子化などへの支援が行われる。

これは今後,商社が行える「ユニークなサービス活動」であるため,商社提携の効果は極めて大きい。

一方,住友商事はロシアの有力商業銀行である,オネクシム銀行 (新興企業グループ,インターロスの中核企業) と包括協力協定を結んだ (1998年)。市場経済に移行しているロシアとのビジネスは,これからの商社の取り組み次第で大きく変わってくる。そのためには,オネクシム銀行のように安定した経営基盤を持つ現地企業の保証を活用しながら,貿易や投資活動を進めていく必要がある。また,そうした目的から,現地財閥とのつながりを持つことも積極的に行われている。

日商岩井はフィリピンの財閥である,ソリアノグループと包括提携を結び,情報・通信や鉱山開発などで共同事業を進めた (1997年)。

また日商岩井はウクライナの産業政策省とも包括提携を結んで,宇宙産業や製鉄,石油化学工業などの分野で,設備投融資や原材料輸入などを行った。これによって,現地企業との独自の協力関係が築かれることになる。

さらには、住友商事がフィリピン財閥のロペスグループと包括提携を結んで、工業団地の建設や都市開発（オフィス・住宅建設など）を進めた（1996年）。また、伊藤忠商事は、ロシアの財閥である、ロスプロム・グループと石油関連分野を中心に包括提携を結んだ（1997年）。

このように、現地の有力財閥や、各国政府、そして現地の企業集団との間で提携が進むと、商社ネットワークは、ますます多様性を帯びることになる。これは、現地志向の商社活動を連鎖的に展開することをもたらす。

これらに加えて、地域的なものとして、イスラエルについて見ておきたい。同国には、ハイテク関連のベンチャー企業との関係を深めるために、トーメンが日本大手商社では初めて同国に駐在員事務所を開設した（1995年）。そこでトーメンは、イスラエル水資源公司と海水淡水化プラントの建設も始めた。これに続いて日商岩井も翌年、イスラエルに駐在員事務所を設けて、有望なベンチャー企業への投資を進めた。

さらに同社は、日本商社として初めて本格的な対イスラエル貿易を開始した（1997年）。まずは、同国最大の企業グループであるクラール傘下の繊維メーカー（ポルガット社）の製品を取り扱って、以後、同グループのメーカーとの取引を進めた。これに続いて、三井物産も同国のベンチャー企業と提携して、情報通信関連の機器を輸入した（1998年）。

こうした商権ネットワークは今後、イスラエル企業の創造性と日本メーカーの投資事業との結合を促すことになる。

③ マルチメディア分野におけるネットワーク形成

この分野では、三井物産が、独ベルテルスマン（欧州大手の複合メディアグループ）のマルチメディア関連（放送、出版、パソコンソフトなど）のあらゆる事業を協力するという提携を結び、日本企業として初めて欧州の放送事業に乗り出した（1996年）。これによって三井物産は、ベルテルスマンが欧州で行っている会員制書籍販売サービスを展開でき、一方のベルテルスマンは、三井物産の通販ノウハウからテレビショッピング事業に進出でき

ることになった。

　この提携では，マルチメディア事業で有力な企業とネットワークを形成したいという三井物産の意向と，アジアへの事業展開を資金面も含めて協力してくれるパートナーを求めていたベルテルスマンの意向とが一致した。

　また，マルチメディアが「放送と通信の融合」である点に着目して，丸紅は日立製作所とともに，ＮＴＴの光ファイバー回線を利用した放送と通信の相乗り型のＣＡＴＶサービスを横浜市でいち早く始めた（1997年）。ここでは，少ない初期投資で高性能のネットワークを利用したい丸紅や日立製作所と，大容量の光回線を電話以外にも活用したいＮＴＴとの意向とが一致した。

　一方で伊藤忠商事は，マルチメディア時代では，そのコンテンツが重要になると捉えて「アート・ネット」という統括の持ち株会社を設立した（1999年）。

　このように，情報の発信体制と，その内容とを同時に整えていくことは，同分野でのシナジーを獲得する上で欠かせなくなる。そのためにはやはり，こうしたコンテンツの制作会社との関係づくりも必要となる。

(2) 総合商社間提携

　上記のようなネットワーク形成に見られるように，現代企業の経済的な活力は，コラボレーションを通じた「建設的なネットワーク効果」[15]からももたらされている。しかし，これは同時に企業ネットワークの全体的なデザインという経営的に重要な問題を呼び起こすことになる。

　例えば，パートナーと行う経済活動をどこまで統合して組織化し，調整するか，あるいは信頼や協力を促進させるために企業間関係をどう管理するか，組織学習をいかに奨励するかといったものである。その意味で提携は，グループ的な能力を管理統制する特殊なシステムとなる。

　そこで最も良い提携の構造とは，パートナー間でコラボレーションする誘因を創り出すものである。提携に適したパートナーは，補完的な能力と共通の目

標を有する企業となる。したがって，その方向で提携を形成できるなら，提携のメンバーシップとして加わる意義が出てくる。メンバーシップの混合は，リソースのハイブリッドな活用によって，範囲の経済性やシナジー効果を生じさせるためにも重要である。

こうしたリソース活用の問題に応じて，近年では商社間で提携するという，新たなネットワーキングが行われた。商社が星座 (constellations)[16] のようにつながって，経済力の新たな単位として成長の源泉となる戦略である。

これは，ダニングが示した主な提携の種類のうち，コスト削減戦略に通じる「市場地位のための提携反応」(market-positioning alliance response)[17] と呼べるものである。それは，グローバル化した経済活動（もしくは供給と需要の結合）において，よりダイナミックに競争するために商社が，付加価値的な活動を行う範囲と組織の双方を考え直す段階にきたことを示す。商社間提携は，そうした次なる国際経営の課題に挑戦する「グローバル・ネットワーク・コーポレーション」[18] の姿を見せ始めていた。

例えば三井物産と三菱商事は鉄鋼部門での広範囲な提携を始めた（1998年）。ここでは，鋼材流通（コイルセンターの統廃合や共同配送など），電炉事業，資源開発の3分野での協力が行われた。これは，三井グループと三菱グループという，日本経済を代表するグループを支えてきた，それぞれの商社が，主要な産業分野で包括提携を行う初めてのケースとなった。その意味では，日本経済の高度成長の仕組みであった，企業グループという領域を乗り越えたかたちの提携が登場したことを示す事例である。

さらに，伊藤忠商事と丸紅の間でも同様に，鉄鋼事業での提携が行われることになった（1999年）。これは中国での鉄鋼加工会社を統合するものであって，包括的なものではなく，部門提携である。しかし，この事例もグループ力強化のために，他のグループとの提携を活用する必要性を示すものとなった。

また一方では，日韓商社間での提携も見られ始めた。これには，丸紅がタイに所有するコイルセンターに大宇が資本参加して，東南アジア市場における鋼材の加工と販売で提携した例がある（1996年）。

この資本提携によって同センターでは，日本製だけでなく，韓国製の鋼材も取り扱えることになって，調達先の多様化が図られた。これは大宇にとって，タイへの進出が進む韓国系企業へのサービス（素材や部品の調達コストの削減など）の強化と，浦項総合製鉄の鋼材の販売強化につながった。丸紅にとっても，この日韓提携は，現地における韓国系企業とのネットワーク強化となって，その後の鋼材販売先の拡大や設備稼働率の向上につなげることができた。

　こうした他国における同業種企業との戦略的提携は，石油メジャーでも見られた。

　モービル（1999年11月にエクソンモービルとして統合）は，1997年に過去最高の経常利益（34億3,000万ドル）を出した。その1つの要因として，英ブリティッシュ・ペトロリアム（BP）と，欧州において石油の前方統合（精製・販売）で提携したことが挙げられる。石油メジャーでは，ロイヤル・ダッチ・シェルによる市場支配力が強く，その売上高は，モービルの倍以上であった。そうした中で，モービルは潤滑油事業を強化する戦略のために，相互補完性を持つBPとの提携を行ったのである。ただ，モービルは長期的にBPと提携して，それを拡大する計画は打ち出していなかった。

　ここに，提携ネットワークの大きな性質を見出せる。それは，提携ネットワークが決して絶対的で排他的なものではないということである。一度，提携を結んだからといって，長期間にわたって行われる必要はなく，その関係は他社の企業能力との比較で常に見直される。

　例えばデュポンはアジア・太平洋の事業展開では三井物産と広範囲な提携を結んでいたけれども，中国でポリエステル繊維の生産を開始する際には，その原料調達力の優位性から三菱商事を，その合弁事業のパートナーに選んだ（1995年）。これは商社にとって「ビジネス・ネットワーク」[19]という組織的な構造が，成長戦略への決定的な意味を持つことを示している。

　商社は水平的な企業間関係を「複雑な網状」(the intricate web) に有することで知られる。その状況においては，ビジネス・ネットワークにもとづいて事業提携が行われない限り，国境を越えて商社が有する組織や，商社の行う貿易や

投資を資本化して（資本として利用して），グローバルな戦略を考え出して，実行することができなくなる。ビジネス・ネットワークは所有するだけでなく，絶えず，それを他社に利用されるような誘因を商社が提示する必要がある。

この点では，インドネシア財閥のシナルマス・グループの製紙メーカーである，アジア・パルプ・アンド・ペーパー（APP）の事例が象徴的である。同社は伊藤忠商事と提携して日本で紙製品を販売してきたが，製紙機械などの調達面では日商岩井との提携を結んだ（1998年）。これは，日商岩井のほうに機械事業と紙・パルプ事業のシナジー効果をもたらせる商社機能があると，APPが見なしたからである。

ビジネス・ネットワークは，もはや形成よりも活用によって有益なものとなる。また，以上のように，商社が様々な相手と提携を行う際には，多くの分野（技術やマーケティング，流通チャネルなど）で組織的な柔軟性を持つことや，増加する市場の不確実性，人的にも物的にも限りあるリソース問題などと向かい合っていくことも必要となる。

柔軟な組織能力を開発することは，企業家精神の中心にあるものであって，戦略的提携の論理の核ともなるものである[20]。したがって，今後の商社の成長戦略には，企業家活動と企業家精神の双方のグローバル化と，多国籍な知力（メンタリティ）を持つこと，そして外的なネットワークに志向することなどによって，スキルの結合を図ることが決定的要因となる。

2　国際ビジネスにおける成長戦略

(1)　商社金融を活用したサービス戦略

これまで見てきたように，商社は，ビジネス・ネットワークを基盤として「混成した様式」（ハイブリッド・モード）[21]を創り出す活動をしている。しかし，そのためには，様々な商社機能を発揮しなければならない。中でも商社金融は，事業投資に特有なものとして用いられる。

例えば日商岩井は，国際金融公社（IFC），タイ輸出入銀行とともにベトナムで，モーニングスターセメント（現地セメント会社）とプロジェクト・ファイ

ナンス（現地政府の返済保証がない融資）方式の契約を行った（1995年）。これは，新規セメントプラントの建設費にあてられる。日商岩井はそこでの収益性が担保になるというリスクを負担する。それは，外貨が不足するベトナムにとって，リスクの負担をともなう融資が必要だからである。

また，近年では，投資ファンドの設立に商社が参加するケースも多く見られた。丸紅は，ダウ・ケミカル（米化学メーカー），フルーア・ダニエル（同エンジニアリング大手），エール・リキッド（仏工業用ガス大手），中国化工貿易総公司（略称シノケム）と，各社がほぼ均等に出資する，化学・石油事業分野での対中投資ファンド（シノケム・ファンド）を設立した（1996年）。

このように，特定分野を対象にして投資ファンドを設けることは，合弁でも融資でもない外資調達の多様化につながる。さらに，そのファンドに現地企業を含めることで，国有企業の改革や多角化を促すことや，中国での事業機会を拡大できる。特にシノケムは，1950年に設立された中国対外貿易経済協力省傘下の国有企業で，1995年には中国初の「総合商社」に指定されているだけに，商権が連鎖する可能性は十分にある。

この他，三井物産が英ロスチャイルドグループと提携して，日本の未公開企業への投資事業を始めた（1999年）。これによって，過去の多角化によって増え過ぎていた，企業の子会社売却が活性化されることにもなった。

三井物産は，米GEキャピタルやドイツ銀行などとともに，アジアの未公開企業の株式を買い付ける投資ファンドも設立することで，日本を含むアジアの企業が合理化を進めていける制度を創り出した（1998年）。

また，このドイツ銀行は三菱商事とも組んで，東欧やスペインの中小企業向け投資ファンドに出資し始めた（1997年）。

さらに，その三菱商事は同年，こうした海外で蓄積したノウハウや人材を活用するために，日本でのベンチャーキャピタル経営へと進出した。

一方でニチメンも同年には，三和銀行や米ベンチャーキャピタルなどとともに，国内でのベンチャーファンドの買取り業務や，米国のベンチャーファンドへの投資を強化した（同事業には1980年代後半から取り組んでいる）。

第Ⅱ部 20世紀末からの商社転身

このような投資が進むにつれて,各国におけるベンチャー企業との新たな事業機会が生じることになる。その意味で,投資ファンドは,新規ビジネスを呼び起こすための装置としても用いられる。

また,丸紅は伊藤忠商事などとともに,ソフト創造産業の育成のための投資ファンドにも参加した(1997年)。これには他に出版会社やレコード流通会社なども複数参加するため,投資リスクは分散でき,軽減される。これはまた,ソフト開発業者にとっても,資金調達がより容易になる。ここでは,通産省がファンドの投資先を決める評価委員会に参加するため,官民連携で新たな産業を育成していくモデルとなる。

この他,新たな動きとしては,商社による証券業務への参入が行われ出していた。事業会社としては,すでに日立製作所グループなどが証券分野に参入し始めているけれども,日本大手商社の中で,いち早く対応したのは日商岩井であった(1998年)。その主な業務内容は,①日商岩井本体やグループ企業の債権の流動化や資産運用,②海外でのプロジェクト・ファイナンスで発生する債権の流動化,③ベンチャー企業などの取引先企業の資金調達支援,となる。

これらの業務からも明らかなように,一般投資家への株式仲介ではなく,まずは資産運用業務のコスト削減や業務の多角化のために特化した証券経営から始めていることに特徴がある。これに先がけて同社は,投資顧問会社を設立して,投資コンサルタント業務にも進出することで,金融ビッグバンに対応できる体制づくりを進めた(1997年)。さらに翌年には,米国で中小企業向けの金融業務にも進出することで,国内証券業務のためのノウハウ形成に努めた。

この日商岩井に続いて,伊藤忠商事も証券業務へと本格的に参入し始めた(1998年)。これは,海外金融商品の販売や資産を担保にした証券の発行などを行うもので,金融サービスを多角的に提供できる体制へのシフトを意味した。同社はすでに米国に資産運用会社(50%出資のもの)を持っていて,欧米の運用ビジネスに関する情報も豊富に有している。したがって,これまでに蓄積してきた,そうしたリソースを有効に活用する形での事業展開となった。そのため,同社はこれに続いて,個人投資家に投資信託を販売するといった,リテール

(小口取引)分野への参入計画も容易に立てられる。

　伊藤忠商事は、さらに進んで、ネット証券にも進出し始めた(1999年、こうした異業種のネット証券参入には、ソフトバンクなどの例がある)。伊藤忠商事と第一勧業銀行は、米マイクロソフトとともに、インターネットで株式売買を仲介するオンラインブローカー業務を開始した。伊藤忠商事と第一勧銀は共同で、損害保険市場にも参入しているため(1997年)、グループ的な提携活動の経験が、この分野でも活かされることになった。

　ここで注目すべき点は、ネット証券のように、金融ビジネス(特に企業投資)がインターネットと融合した事業が、新たな連結の経済性を呼び起こせることである。

　このネット証券には、三菱商事が伊藤忠商事と同時期に進出していて、ウィット・キャピタル(米インターネット専門の証券会社)などとともに、ブローカー業務や新規株式公開の引き受けなどを始めていた。この三菱商事もやはり、剰余した資金力と未活用な金融ノウハウを活用するために、証券業務へと全面的に参入した(1999年)。

　同社はまず、バッテリーマーチ(GMなど米有力企業の年金運用を請け負っている会社)と提携して、その株式ファンドを機関投資家に販売し始めた。この「独自路線」的な提携が進めば、いわゆる金融商品の種類の幅が広がる。さらに、三菱商事は自らのグループ(東京三菱証券、東京三菱銀行など)とも投資信託や年金分野での「共同路線」での提携を進めた。

　こうした「路線」ごとの提携は、三菱商事が培ってきた組織能力の産物そのものである。

　これとともに三菱商事は、投資銀行業務にも参入した(1999年)。これは、取引先企業へのM&Aの仲介や、資本市場からの資金調達支援などを行うものである。

　このように、多様な財務方法を情報機能と結びつけて提供することで、取引関係を深めることや、資金調達の手段を確保できるようになる。しかし、そうした業務を行うには、組織的な革新も必要となる。そのため、同社は新たな事

業部門となる「金融サービスグループ」を創り出して，社外からの人材採用も含めた，組織的な取り組みを行った。こうした取り組みは，三菱商事がホールセール（大口取引）分野で総合的な金融サービス戦略をとる上で，同時に行われなければならない組織上の変革であった。

さて，以上のような例に見るように，金融機能を活用したサービス戦略（マーチャントバンクとインベストメントバンクとの複合化戦略）は，商社が「価値を付加するパートナーシップ」（全体の付加価値連鎖に沿って財・サービスの流れを管理するために密接してともに働く一連の個別企業）[22]の一員となることを大きく後押しする。

このパートナーシップによって企業は，垂直統合による優位性を獲得できたり，情報や知識，洞察力を商社との共同事業から共有できたりする。

一般に，金融をともなう組織的な調整は，リソースの開発と，その生産的な活用を確実にする。このような組織調整が市場での調整に取って代わってきていることは，ラゾニックによっても主張されるところである[23]。計画的に調整を行えるパートナーシップからなる，グループ的な組織構造の重要性が増してきている。

企業が「革新的な投資戦略」を首尾良く実行するには，金融的な能力が大きく求められる[24]。こうした資金調達面の解決には，名声（レピュテーション）や関係（コネクション）を頼りにすることになる。そこで企業は，商社の金融機能という外部サービスを得ることで，投資戦略を迅速に，かつ経済的に行える。それは商社の金融機能が，強力な生産的要因の1つとなって，それにともなう調整（オーガナイズ）機能が，企業にとって集団的な合理性を呼ぶからである。

しかし一方で商社が，こうしたサービス活動を行う際に問題となる点も幾つかある。

例えば商社は，国境を越えたリソースの移転を促進する。それを現地リソースや国際的なリソースと結びつけるには，多くの内部的制約に直面する。その制約は主に，その商社の現在でのリソースの配置や，伝統的な責任の分配，そして歴史的な基準，価値，経営スタイルなどによるものである。これに，現地

の環境に適応させるという外部的な制約も加わることになる。長い企業家活動の歴史を持つ日本商社にとって、こうした「経営管理の遺産」[25]は、企業成長を大きく制約する。

ただ、そこでは、この遺産が保護されるべき資産であると同時に、乗り越えるべき制限であるという双方の面で重要となることを、トップ・マネジャーは自覚する必要がある。

さらに、インターナショナルな機会への対応は、その商社が成し遂げている多国籍化の程度(マネジメントに対する世界的な見通しや、企業が有する、もしくは気づいている強みと弱さ、企業の組織構造の開発とその他の内部的要因)[26]によって決まってくる。

特に日本商社のように、様々な国において付加価値を創造する事業活動を行う企業にとって、その管理と調整には相当な経営のスキルが求められる。それは商社が、自ら有する各種機能を事業の性格に応じて柔軟に組み合わせるという、高度な技術を生産的サービスとして販売しているからである。

それでは次には、こうした商社の行う国際ビジネスの戦略上のコンセプトについて探ってみたい。

(2) 国際ビジネス戦略の性質

かつて、ロボック&シモンズは、国際ビジネスのパターンを説明でき、なおかつ予想できるための包括的なフレームワークとして「ジオビジネス・モデル」(geobusiness model)を提示した[27]。

このモデルでの国際ビジネスは、企業成長のために競争的に行っている事業を、現地各国の環境変化に対応して調整することによって形成される。そのため、このモデルの変数は、①調節(conditioning)、②誘因(motivation)、③管理(control)の3つの側面から考えられることになる。

① 国際ビジネスにおける調節の問題

調節の変数は、国境を越えてビジネス活動を行える機会が存在するかど

うかを示すものである。

その機会には，製品やサービスの特性，本国と現地国の特性，国際的な変化が関係する。例えば石油事業の場合，原油の発見から精製，販売には，技術や資本，マーケティング・ネットワークへの接近が，企業にとって競争優位の基礎となる。

特に日本は天然的リソースに恵まれておらず，海外貿易に依存するか，必要なリソースへのＦＤＩを積極的に行わなければならなかった。しかしそこでは，事業プロセスや物流形成などにかかるコストや，油田の成果や価格の変動，政治的な不安定性などに関するリスク，事業期間などの不確実性が大きな問題となっていた。

こうした環境では，商社によるリスク負担機能が，事業戦略を立てる際の基本的な要素となった。ただし，その場合には，現地国の政策的な環境を十分に考慮することが必然的に求められる。

現地国の経済政策は，再生不能な（元の形では１回限り使用されるだけの）天然的リソースが外国企業の行う垂直統合によって搾取されるという，資源ナショナリズムと密接に関連する。これによって，リソースの所有と最適な開発をめぐる問題が引き起こされてしまうことになる。そうした競争においては「自国の国民所得に分配される資源地代を最大化することに当然に心を傾ける受入れ国政府との間での敵意に充ちた交渉」[28]を少しでも緩めるためにも，現地国の特性をより正確に理解しなければならない。

その上で，現地で獲得できる人員の才能（calibre）をもとに「攻撃的な戦略」[29]を立てていくことも必要となる。なぜなら，そうした人員の中に，事業機会に近づけるアイデアの源泉が多く含まれているからである。

現地人の専門的な知識（言語から現地市場，異文化に至るまでのあらゆる知識）自体が，現地国の特性や，さらには国際的な変化を察知する源泉であって，コストを削減したり，リスクや不確実性を回避したりするための最も基本的な要素になる。

② 国際ビジネスにおける誘因の問題

　以上のような調節の変数が相互作用することによって，国際ビジネスを行う誘因は創り出される。

　誘因の変数は，事業を認め，そこでの純益を現実のものにするための動機づけを持つかどうかを示すものである。それは，地理上の範囲や必要なリソース（金融的，経営的リソース）を得るために，そこへ接近することや，競争的な地位の獲得などといった企業の特殊要因を含んでいる。一般に，企業が現地国に進出する際には，その立地要因が考慮される。

　そうした意思決定にインパクトを与えるのは，外資の誘致政策といった現地国政府の方針や，その現地国市場の特質（市場規模，成長率，発展段階など），安価な労働力の入手可能性，獲得すべき天然的リソースの空間的分布などである。

　一方では，進出時の競争優位の源泉が考えられる。それは主に，卓越した技術や情報・知識・ノウハウへのアクセス，より安価な資本へのアクセス，原材料への優先的なアクセス，規模の経済性にもとづく市場支配力，マネジメントの優越さ，などである。こうした優位性は，製品に特殊な能力や知識を与え，また国際的な付加価値の創造活動を調整する企業家的能力の形成につながる。この能力はさらに，経営各機能（研究開発やマーケティング，財務など）の集権化や，共通の統治による優位性をもたらして，事業活動の柔軟性を強化することや，リスク分散の能力を備えさせる。

　これら一連の企業成長は，いわゆる能力ベースの成長である。その実現には，企業が地理的な知覚能力を持ち，それにもとづいて体系的に戦略を形成することが求められる。

③ 国際ビジネスにおける管理の問題

　こうして調節と誘因の変数が決定した上で取りかかる事業では，さらに管理の変数がかかってくる。それは国際ビジネスのパターンに影響を与える，現地での活動の制限や奨励によって示される。

どんなに必要な状況が整い，企業がそこに誘因を見つけ出したとしても，その事業は現地国の行動によっては，打ち消されたり，再検討を余儀なくさせられたりすることがある。それは，何よりも企業の外国性（foreignness）が，現地国にとっての大きな政策問題になるからである。

日本商社も，こうした問題に取り組みながら，日本経済の発展のために，貿易の流れを促進させたり，貿易を可能にするインフラを建設したり，投資を行えるための確実な情報を他企業とのネットワーク関係の構築から獲得してきた。これらのサービスは，商社が「対外的な関係を共有していく能力」を有することから生じるものである。

その点をゴシャールは「日本の商社は，その顧客が示す様々な要求を満たすことを通じて，新たなビジネスを開拓してきている」[30] と見なした。これは，範囲の経済性の追求方法を示している。

商社は，事業活動において対外的な調和を図ることで，経済性を獲得する。さらにシナジーを得るために，その事業活動を通じて，企業ネットワークを拡大し続けている。このような商社ネットワーキングにもとづいて，顧客である企業は，調査・交渉・取引などのコストを削減でき，事業に対するリスクや不確実性をより回避できるようになった[31]。この点から，商社の規模や範囲の経済性は，単に多様な活動を行うことで得られるのではなく，むしろその機能やユニットを横断するかたちでコストを節約することから確立されていることを指摘できる。

こうした商社活動が顧客企業の戦略構築，つまり市場やリソース，生産の能率（水平的・垂直的統合など），技術（研究開発事業や優秀な人材の獲得など），多角化（市場のバスケットにおいて操業することで，より安定した需要を得ること）などの戦略形成に大きく貢献した。それは商社が，リスクを負担できる程度に応じて，企業の能力（潜在的なものを含む）と事業機会とを釣り合わせることで可能になる。その結果，生じる戦略的な代替案が，その企業にとって「経済的な戦略」[32] となる。

第5章 商社の成長戦略と組織能力

　商社の生産的サービスは，それが企業に対して実質的な優位性へと置き換えられる場合に初めて価値を創造する。企業を知識の在庫であると捉える進化論的な立場からいえば，価値創造のために知識を獲得して組み合わせることのできる「結合能力」[33]が商社に求められる。その際，リソースベースの見方は，商社の有するリソースのうち，どれが競争優位の基礎（コーナーストーン）[34]となるかへの理解を容易にする。

　こうした見方の始まりとされるペンローズ理論（企業を「リソースのプール」とする見方）に立ち返ると，リソースの異質性が戦略に決定的な影響を及ぼすことに注目しなければならない。特に，企業家精神や経営管理のスキル，研究開発の能力を含む人材のケイパビリティは，その企業に固有のもので，リソースの種類や余剰の程度，さらにその結合は他社との大きな相違点となる。

　そこで，こうしたリソースを活用して，新たな成長に必要な能力を形成できる商社が，競争優位を獲得していくことになる。したがって，もしリソースの付加価値的な結合に対して先制した統制を得ることができるのならば，その商社は「戦略的な策略能力」(strategic maneuverability)[35]を高められる。この能力は，富を創出して獲得する源泉という意味では，企業のダイナミックな能力（急速に変化する環境に話しかけるために内的および外的な能力を統合し，築き上げ，再配置する企業能力）[36]である。

　このような企業能力を確実なものにするためには，さらに「経営の策略能力」(management maneuverability) が問われる。それは特に，①世界中において利益になりそうな事柄から必要な情報を得ること，②その事柄にトップ・マネジメントがすばやく行動できるために，そうした情報に対応することに求められる[37]。

　企業の策略能力の形成と活用は，情報の獲得と管理を首尾良く行えるトップ・マネジメントの機能（経営の策略能力）に大きく依存する。

　したがって次には，こうした組織のダイナミックな能力の形成を指揮する商社マネジャーの志向性の問題や，挑戦すべき課題について取り上げてみたい。

第3節　商社マネジャーの姿勢

1　トップ・マネジメントの志向性

(1)　パールミュッターの企業像からの示唆

多国籍企業の組織開発について社会工学的アプローチ[38]をとったパールミュッターの考察によると，そこではまず企業の革新性（viability）と適合性（legitimacy）との区別が行われる[39]。

革新性とは，企業が達成しようとしている，もしくは実現した財務目標（収益，売上高，市場占有率，投資収益率など）の程度を意味する。このため多国籍企業は，資金調達をどう行うか，あるいは必要なリソース，技術の供給者を誰にするか，さらにはプラント建設の立地をどこにするかなどの問題の解決を迫られる。このことで企業にとっての革新性は，リソースの入手可能性と，その活用に依存することになる。

一方で適合性は，その制度の存続価値に対する利害関係者の評価（例えば，現地国政府が自国の社会経済の促進にとって，多国籍企業が不可欠であると見なすことなど）と関連する。そのため，ほとんどの多国籍企業のサバイバルは，その革新性よりも，むしろ適合性にもとづく原因によって定められる。

真に世界的な（もしくは後述する世界志向の）企業が築かれる見込みがあるのは，世界のどこにおいても企業が機能することができる場合に限られる[40]。こうした世界志向の企業になるためには，単に現地国に対して輸出を行うのではなく，FDIをともなって，現地国で経済的な活動を推進することが求められる。

こうして企業の適合性が重視されると，そのマネジャーは，主要な外部の利害関係者（現地国政府，供給業者，その他近代的経営に不可欠な協力者など）と良好な関係を築き上げる必要がある。多国籍企業は，グローバルに競争していくに従って，ますますグローバルに協力しなければならないのである。その点をパールミュッターは「グローバル・ストラテジック・パートナーシップス」が，企業にとっての未来の波となると示した。

これは，次の5つの特徴を持つ提携であるとされる[41]。

①2社ないしそれ以上の企業が共通の長期的な戦略を開発する，②関係が相互補完的である，③パートナーの努力がグローバルになされる，④関係が水平的に形成される，⑤関係する企業が自らのアイデンティティを保っている。

そのため，こうしたパートナーシップを形成するマネジャーは，調和した関係を保つことへの働きかけと，協力的な活動の価値を高めることに責任を持つ。この協力関係が築かれるにつれて企業は，世界規模で相互に依存する商業と産業，金融の活動に全一性を帯びることになる。

パールミュッターは，このような企業の生成過程を「グローバル・インダストリアル・システム」の構築として捉えた。そのシステムは2000年までは密着力があって，比較的まとまっていて，大いに調整可能なネットワークとして仮定された[42]。さらに2000年以降では，このシステムが世界志向性を確立できるなら「インダストリアル・システム・コンステレーションズ」という，多国籍企業と国内企業との連合（リンケージ）が生じると予想された[43]。

この連合には合弁事業が含まれ，それは企業にとって重要な変化を呼び起こすと見なされた。なぜなら，合弁事業での製品やサービス，施設の多国籍化が，連合のグローバル化や地域ごとの戦略を可能にするからである。その上，この組織パターンは，サービス産業にも広がることが想定された。

こうしたフレームワークは，現在における商社活動を捉える上で，有力な検討材料を提供することになる。

例えば伊藤忠商事は，NTT，英ケーブル・アンド・ワイヤレス（C&W），香港テレコムとPHSの国際展開のための合弁会社を設立した（1995年）。その新会社（PHSインターナショナル）の拠点は香港に置かれ，中国や東南アジア地域を中心にPHSが販売される。C&Wはすでにアジアで通信事業を推進しているため，PHSを国際標準方式の1つとして育成できる機会がある。ただ，この産業では，①米AT&Tと国際電信電話（KDD），②英ブリティシュ・テレコム（BT）と日本テレコム，③フランステレコムとドイツテレコム，といった3グループからなる企業連合を競争相手にしなければならない（1995年時点）。その点，伊藤忠商事の合弁相手は，いずれも各国を代表する通信事業会社であ

る。

　この企業連合が第4の国際通信企業連合の勢力（ニューウェーブ）となるためには，伊藤忠商事のオーガナイズ機能によって連合が組織化することが求められる。

　また，伊藤忠商事はアサヒビールとともに，中国の大手ビール会社2社（北京ビール，煙台ビール）を買収して，中国最大のビールグループを形成することで，アサヒブランドの現地生産を開始した（1995年）。ここでは伊藤忠商事による物流の確保（特に中国全土にわたるトラック物流網の形成）や，中国各地への販売能力が必要となる。

　これに対して，丸紅はサッポロビールとともに，江蘇省のビールメーカー2社（南通ビール，五星ビール）との合弁で，サッポロブランドのビールの生産を開始した（1996年）。この合弁によって，中国のビールメーカーの工場は，サッポロの生産技術が導入されて設備が刷新される。また，このサッポロブランドと並行して，既存のビールメーカーブランドの生産販売も引き継ぐため，丸紅には，原材料の調達と中国国内での販売活動の機能が求められる。

　中国には他に，キリンビールが委託生産をしていて，サントリーが合弁生産しているため，それぞれの自社ブランドの生産販売競争が，グループ単位で行われ始めている。

　一方で，丸紅はダイエーと味の素とともに，中国・寧波で食品（冷凍野菜）加工事業を開始した（1996年）。この3社は，すでにPB（プライベート・ブランド）商品の開発輸入などで業務提携を行っているため，この事業進出では，さらに各社の能力が組み合わされて活用される。

　また，中国には，三井物産が通信分野で進出していた。同社は中国連合通信（中国の新電電）の子会社との合弁で，北京に通信設備のエンジニアリング会社を設立した（1996年）。この事業では，携帯電話やポケットベルなどの無線通信に関する端末調達や設備保守業務が行われる。したがって，三井物産には中国全土から通信インフラ整備に必要な設備を納入したり，建設へのコンサルタント機能を発揮したりすることが求められる。ここで，三井物産が確実な生産的

第5章 商社の成長戦略と組織能力

サービスを提供できれば,外資開放政策の進む中国で商社活動を行う際の実績と信頼を得ることになる。

さらには,中国で総合商社を設立しようとする試みもなされ始めていた。

まず三菱商事がコンチネンタル・グレイン(米穀物メジャー)と東方国際集団公司との合弁で開始した(1996年)。これは上海・浦東開発地域に建てられるもので,米国からの穀物輸入や現地からの家電製品輸出が行われる。これは「東菱貿易公司」として中国が認可した,初めての合弁商社となった(1997年)。

一方,ニチメンも中国糧油食品進出口総公司とともに,中国での総合商社設立を進めた(1997年)。これは,中国における輸入内販や中国産品の直接買付け,日本や第三国向け輸出を行うもので,取り扱い製品も,食料品やプラント,機械,電気製品などと多品種となる。中国は,この合弁商社を「中糧天鼎国際貿易」として認可した(1998年)。

こうした多国籍商社連合の合弁によって設立される新たな商社は,さらなる地域志向的な活動の推進や,ハイブリッドな事業の創出を可能にさせる。

このように「インダストリアル・システム・コンステレーションズ」が進展すると,商社のトップ・マネジメントに求められてくるものは何であろうか。

ここで,パールミュッターによる企業像に立ち返ると,企業組織が円滑に変革を進めるためには,それに先立ってマネジャーの経営視野に対する意識的な変革が優先される必要があるという[44]。つまり企業組織は,そのマネジャーの基本的な態度を投影させなければならないのである。

このようなマネジャーの明確な姿勢は,以下で触れるEPRGプロファイルを登場させることになる。特に海外での人事決定や,市場機会への対応,合弁事業や戦略的提携でのパートナー選択などといった主な意思決定には,企業内外のリソース(とりわけ,本国人と外国人の比較で,どの人材やアイデアが適切で,信頼できるかということ)に対するマネジャーの態度や信念が横たわる。

(2) 真の世界志向型マネジャーへの移行

パールミュッターの示した未来の企業像の性質を有している商社は,グロー

バルにビジネス活動を行うことで，企業環境の側面から，加速度的な無数の変化に直面することになる。

それらは例えば，①法律や習慣，文化によって規定される新しい規律，②新しい価値観，③外力との間の新たな矛盾や相互作用，バランス，④不確実性と同時に生じる新たな市場機会，などである[45]。こうした環境の多様性は，商社が国際的な活動範囲を広げれば広げるほど大きくなる。

この不断の変化の中，商社は進出先の各国で，多様性を推進する力の肯定的な側面と否定的な側面とを特定して，理解して，さらには予期することで，利用可能な代替案の中から合理的な選択を行わなければならない。

現在の商社は，統合力と分散力とがともに作用する環境において，そこから発生する組織上と行動上の反応の仕方を模索する段階にきている。

そこで，商社のマネジャーにとってとりわけ重要となるのは，外国人雇用者や，彼らの有しているアイデア，また本社と子会社のリソース，他社のリソース，さらには現地や本国の環境などに対する態度である。中でも特に外国人雇用者は，次の3つの点で有益であると考えられる[46]。

①マネジャーの態度のために役立つ才能のプールを拡大できる，②国際化へのトップ・マネジメントの関わり合いをはっきり示すことができる，③才能のある人材に「かけがえのない開発機会」を与えることができる。

こうした人材に対する態度は例えば，伊藤忠商事が当時「国際総合企業」をめざした「Plan-88」の中で，重点目標の1つとした，人事体系・職務権限の見直しにも示されていた。この計画の主導者であった当時の米倉功社長は「組織の土着化とともに，意識の土着化が必要である」[47] という明確な認識の下で，人材の積極的な活用をともなう組織変革を行った。

このように，多国籍に人材が必要となるのは，多様な商社活動によって形成される環境が，多次元性と異質性を呼び起こすためでもある。多次元性は，各地域の市場で複数の製品を取り扱うため，商社機能を複合的に発揮する際に，多次元間のインターフェイスをどうやって構成するかという問題と関連する。さらには，異質性という各国ごとの経済的ないし政治的特性が，各事業に多様

な影響を及ぼしてくる。

　商社の行う事業によっては，その機能はグローバルに発揮すべきであったり，ローカルに発揮すべきところであったりする。グローバリゼーションのメリットを優先するか，もしくは現地に適応した活動を選択するかは，その事業の性格や国の志向性などによって異なる。これは，商社の多国籍化の程度とバランスの重要性を示すものとなる。

　このように，企業組織の多国籍化をいかに進めるかについて，1970年代前半，多国籍企業本社の海外子会社に対する志向性を研究したパールミュッターは，インタビューを行ったマネジャーたちの間に，世界志向型の態度が生じていることを発見した[48]。その時点では，人材の活用については，以下に挙げる4つの志向性（EPRG）が，企業ごとに異なって，独自に混ざり合っていることが明らかになった。

　しかし，どの企業も共通して，子会社を世界的な目標に焦点を合わすための「全体の一部」として見なしていた[49]。

　そこで見出されることになった世界志向型マネジャーは，現地国の方法と自国の観点，そして世界事業の目標という，3つのバランスの取れた見方のできる者と定義された。

　このように，バランス感覚のあるマネジャーへの移行は，パールミュッターによって提示されたEPRG（Ethnocentrism, Polycentrism, Regiocentrism, Geocentrism）プロファイルから示されることになる。

　これらの志向性からの違いのうち，人材活用に関するものを比べると「本国志向」（Ethnocentrism）は，世界中のどこにおいても本国人を中心的な地位に置くことを好み「現地志向」（Polycentrism）では，現地の主要な地位には現地人を採用して，彼らに要員配置や人材開発を委ねる。

　また「地域志向」（Regiocentrism）では，そうした人事政策を地域単位で行うことで，職能上の合理化の促進を試みる。そして「世界志向」（Geocentrism）では，世界中から人材の能力を用いていく姿勢へとシフトされる。

　こうした志向性の違いは，パールミュッターが社会工学から導いた概念であ

るため、実際の組織設計にとって極めて有用なものとなる。したがって、その組織設計者にあたるマネジャーが世界志向になるということは、国籍に関係なく、豊富で優れたアイデアを企業内で相互依存的に活用していけることを示す。これによって、その組織の目標は、進出先国において世界市場への輸出企業のリーダーとなることや、外貨と交換可能な通貨の供給量の増大、新たな技能や先端技術に関する知識などに関して現地国に貢献することに置かれる[50]。

その場合のマネジャーは、企業に持ち込まれる情報の組織内流通に責任を持つことや、現地国における政策についての自らの見解が正しいかどうかを確かめること、海外子会社に対する的確な指示と支援、評価を行うことなどを通じて、連続的に学習していくことが必要となる。

こうして企業の協力と競争は、世界志向の傾向を取り入れた戦略下で受け入れられることになる。これはトップ・マネジメントにとって挑戦にほかならない。

2 トップ・マネジメントの挑戦

(1) 国籍の混合する商社組織

前述のパールミュッターによる研究調査から見出された共通点の1つに、人材活用に関する本国志向が、企業のグローバル化にとって最も不利なことであると、世界中のマネジャーが認識したとき、企業の多国籍化はよりいっそう進められるということがあった[51]。

ここでは、マネジャーが認識できるかどうかが大きな論点となる。実際にマネジャーは似たようなバックグラウンドを持つ同国人 (compatriots) を求める傾向にある。そうした調和しやすい関係によって、コミュニケーション上の問題は少なくなるからである。

その一例としてパールミュッターは、日本の大商社のCEO（経営最高責任者）が次のように感じていたことを挙げる。

「20年近く社内で英語を用いることは適当であると考えてきたが、中途半端な英語を話した結果、1億ドルものミスは犯したくない」[52]。

しかし，すでに多国籍的に活動を行ってきている商社にとっては，いまや見せかけではなく，実質的な多国籍化を進めて国際的な成長を図ることが不可欠である。そのためにも，リスクに消極的な態度は，逆に大きな事業機会のロスにつながってしまうことになる。そこでは，語学的な問題も解決できる多国籍な人材を採用することで，彼らの有する能力（潜在的なものも含めたもの）を積極的に活用していくことがトップ・マネジメントの課題となる。

多国籍企業にとっては，より地域志向ないし世界志向への傾向を選んでいけるかどうかが挑戦となる。その点からすると，外国の人材や考え方，リソースをどこまで用いることができるかが，企業の多国籍度を測る上で重要なポイントとなる。

このことに関してパールミュッターは，多国籍企業による人的リソースの管理が，変化をもたらす決定的な要因になると指摘する。そうした管理が首尾良く進むことになれば「マネジャーの適切な態度を育成する能力」[53]が形成されて，多様な経営環境に対応できるようになるからである。

一方で，こうした人的リソースの管理への意識が，商社においても強まってきているのも確かである。

例えば住友商事は，海外支店や現地法人が進出先で現地採用しているナショナル・スタッフの海外転勤制度を始めた（1997年）。同社のナショナル・スタッフは，国際事業の拡大とともに増え続け，1997年には約3,000人（うち管理職が730人）となって，10年前に比べてほぼ倍に増えた。これは，海外を含めた住友商事の従業員のうち，3人に1人がナショナル・スタッフで占めていることになる。したがって，人材のグローバル化を図って，国際展開を優位にしていくためにも，国籍を問わずに，その人材の能力に応じたポストに登用することが，真の多国籍企業の姿へと近づけることになる。

一般に，異なった文化的環境に適応する才能のある人々というのは，他の社会の態度や行動パターンを理解して，それに合わせるように，自らの行動を修正できる人々のことを指す。そうした人々は，柔軟性を追求する上で非常に役立つ。

というのも国際経営では，そのやり方を柔軟にしない限り，現地人の態度を一方では圧迫し，また一方ではそれに順応するといった「複雑な要件」[54]に効果的に適合するのは困難だからである。このために，企業は柔軟性のある人材を採用していくことになる。それは多様な企業家精神を集めることにもなる。

したがって今度は，それを「集合的な企業家精神」[55]として効率良く取り扱うために，トップ・マネジメント自体も柔軟性を持つ必要が出てくる。ただ，いみじくもフェアウェザーが指摘したのは，外国市場での多国籍企業の未来は事実上，国籍の混合したスタッフの不足によって影響されるという点であった[56]。

実際，1996年に日本在外企業協会が行った調査結果でも，日系の海外法人で現地人をトップに起用しているのは約2割で，欧米企業に比べて現地化が遅れている点が明らかにされた。このうち，自動車業界が28.1％，電機が25.8％と製造業が比較的高いのに対して，商社では12.0％，金融では11.6％とサービス業での低さが示された。

これに比べて，他国の多国籍企業はどうであろうか。地元経済と密着する産業である造船大手のクベルネル（ノルウェー）は，グローバル戦略の一環として，ロンドンに本社を移したことで知られる。この会社の6つの事業部門（造船，プラント，石油・ガス機器など）のトップの国籍を見ると，ノルウェー人は1人で，後は英国人が3人に，スウェーデン人とフィンランド人が1人ずつで構成されていた（1998年現在）。さらに，人事担当役員は，ニュージーランド人であった。

また，重電・エンジニアリング大手のアセア・ブラウン・ボベリ（ABB）も，社員の国籍が10数ヶ国であって，役員会の国籍も8ヶ国ほどからなっている。こうした企業は，活動面でも人材活用の面でも真に多国籍企業といえる。

このような人材に関する課題のために，商社マネジャーは，それぞれに異なった文化を持つ，多国籍な人材を積極的に採用して，彼らからの情報に敏感になって，それらを体系的な知識に変えていく姿勢をとらなければならない。ただ，その場合でも，異なる国籍の人々の間に信頼感を育てることに困難があっ

て，世界志向への大きな障害となる。

　しかし，そのマネジャーの積極的な態度は，企業の革新性と適合性とに新たな志向を生み出すことになる。それは，多国籍企業が各国に与えるインパクトを考え，各国別に意思決定を行う「統合世界志向」(integrative geocentrism)[57]と呼べる概念である。

　その構築のためには，地域志向を確実で有益なものにする必要がある。本社と子会社とが協力して現地のリソースを効率的に利用することで，地域的な完結性とバランスが生まれ，それが統合世界志向につながるからである。

　効果的な地域組織の形態と経営管理プロセスは，世界規模の制度（特に前述のインダストリアル・システム・コンステレーションズ）の成功にとっては欠かせないものとなる。

　地域的な組織を開発することは，企業の世界的な視野と効率性を拡大する上で，重要な資産となる。

(2) 企業環境との結びつき

　21世紀に向けて商社は「選択と集中」という方向で，事業を再構築した（これに関しては，次章にて詳しく取り上げている）。その結果として残る事業は，商社の中核的な能力を代表するもの（コアビジネス）となる。

　そうなると次には，その事業を複数抱えることのできる組織構造が選択される。そこでマネジャーは「分散化した複数のチームの焦点と効率を維持する方法を発見すること，そして彼らにとっての新しいリーダーシップのモデルを定義すること」[58]という課題に挑戦することになる。

　スキナーが主張したように，国際経営の大いなる進歩は，まさにその企業本社の管理者集団の能力と働きにかかっている[59]。このためには，商社組織のデザインや政策の在り方が，新たな成長戦略によって形成され，リソースと事業に適合される必要がある。

　能率ある成果をもたらす組織構造と政策のデザイン・センスは「管理的な能力」[60]として見なされる。商社にとって「選択と集中」に見合った組織構造に

変革できるかどうかは，特に組織能力の中でも，こうした管理的な能力に依存する。この管理的な能力は，商社の情報機能（特に情報のフロー）が，グローバル時代での競争力の源泉となるためにも重要である。

競合他社と世界各地のリソースを獲得し合う競争において，その競争力の源泉が，立地的な優位性から企業特殊的な要素（世界のさまざまな地域で生じうる一瞬の機会に対応するために，リソースの利用を調整する総合的な組織能力)[61]にシフトしているからである。

そこでは，アジルで洞察力に富む組織形態を採用して，組織のあらゆるレベルでのサブユニット間のリンケージを持つ必要がある。そうした組織は「自らの情報処理能力（情報の収集，変換，蓄積そして伝達）を，直面している不確実性の量に適合させる組織」[62]となることができる。

このように，組織の異なる部分をリンクさせるために高度な柔軟性を持つことは，バートレット&ゴシャールが示す「トランスナショナル組織」のような能力（グローバルな統合と現地への順応の双方を保ちながら，国境を越えて管理する能力）を求める。あるいは企業全体の情報が，その企業のあらゆるユニットで共有されるホログラフィックな[63]企業である必要もある。

したがってマネジャーは，組織メンバーのメンタリティを変化させ，オープンで柔軟な対人関係を自発的に築き上げていかなければならない。そうした姿勢が，成長戦略を推進する能力の形成や，事業機会をグローバルとローカルの各視点から見通せることにつながるからである。

そのためには，商社マネジャーが「頭の中にマトリックスをつくる」[64]ことも必要とされる。ただ，それには商社組織が，その環境下で共生的な結びつきができるようにデザインされる必要がある。

そうして設計される共生志向型の企業は，パールミュッターによると，次のような本質的な価値が生まれると見なされる[65]。

① 能率や国際的な競争性を個々の人員の利害関係と一致させることができる

② 革新性（富を創出する能力）と適合性（社会的な役割）を調和させることが

第5章　商社の成長戦略と組織能力

できる
③　大企業と中小企業を調和させて中小企業の能力を差異的に大企業が活用できる
④　環境や再生不可能なリソース問題を精練した成長や再生可能なリソースの発見と調和できる
⑤　幅広い技術を創り出して結果をもたらせるように有効に活用できる
⑥　複雑な組織とそこで起きる企業革新を調和して組織の硬直性を減らすことができる
⑦　個人や地域，国家レベルでの独立独行（self-reliance）を集団関係と調和できる
⑧　生活の量と質を成長し続けている世界人口のために調和できる
⑨　権利と機会を責任と結びつけて考えることができる
⑩　主な人的リソースを国や国際的な混乱を減らすために分配することができる

このように見ると，共生できる企業パラダイムとは，自治権と相互依存度，または協力と競争との間でバランスを取っていけることにある。

また，共生のために築いたパートナーシップにもとづいて行う活動は，社会に貢献する企業像でもある。社会貢献できる大きな事業機会に，例えば東アジアの食糧問題がある。

これについて，レスター・ブラウン（米国の環境保護団体ワールド・ウォッチ研究所所長）は，増加する需要に対して食糧を確保することや，中国では人口が増え続けて食糧不足が深刻になることを指摘した（1995年，いわゆる「ブラウン・レポート」において）。そのため，特に食糧自給が困難になる中国では，外資による合弁事業を活用するモデルを作る必要がある。

その1つとして，三井物産がラムスーンフード（香港の華人系食品会社）とともに，中国で穀物（トウモロコシや小麦など）の輸入と貯蔵事業を始めた事例を挙げることができる（1995年）。この事業ではサイロ建設をともなうため，中国政府は食糧管理政策を変更して，初めて外資のサイロ所有を認めることになっ

た。

このように，設備やシステムが自前で有することができると，カーギルのように，農業技術や種子の改良を行って，単位当たりの収量を増やすことができる。

また，中国には伊藤忠商事がシナルマス・グループ（インドネシア財閥）と合弁で，食糧コンビナートを建設している（1998年）。これも穀物サイロの建設を含むもので，さらには埠頭や製油工場を整備することで，輸入穀物の加工と再出荷の能力を上げることに貢献していける。

このように，中国への食糧調達に関する事業には，商社の生産的サービスを提供できる機会が潜んでいる。

一方，ミャンマーでは，丸紅が同国政府とインフラ整備やエネルギー・化学，農林水産分野などで協力する包括協定を結んだ（1995年）。中でも農業に関しては，輸出農産物の選定や，収穫物の加工・流通ルートの検討，加工工場の建設などで協力する。もちろん，それらの事業での作物や加工品の日本への輸入は丸紅が行う。さらに，輸出農産物の開発や地元企業との合弁事業の相手としても，独占的に丸紅が権利を得ることになる。これは，商社本来の商権形成のパターンを社会貢献に適合させたものである。

こうした共生的な事業が商社成長につながるには，商社という企業組織には何が求められるのであろうか。かつてアンゾフが示した「未来で成功する企業」とは，その内外の問題に絶え間なく注意を払っている企業であった[66]。

つまり，連続して組織や環境の問題に対応することによって，マネジメントの構造は，企業革新に貢献できるようになるのである。これに関して取り上げることは，まさに組織能力の議論を呼び込むことになる。

そこで次には，こうした組織能力について考えることで，商社にとってふさわしい組織のあり方を探ってみたい。

第4節　新たな商社組織の構築
1　多国籍企業の組織能力
(1) 「多国籍」がもたらすメリット

　現在において多国籍企業といわれる企業は，ほとんど多国籍化しきった状態にある。実際，多国籍企業は物理的に極めて異なった経済的，社会的，文化的環境へと分散されるため，事業や機能，立地はそれぞれの環境や組織的な違いを反映させて，企業内部で複雑なやり方によって区別されている。

　そこでの競争優位（規模の経済性，範囲の経済性，新たな情報獲得による学習など）は，そうした違いを作用させるように内部組織間で相互に依存する関係を構築して，リソースの配置を繰り返すことから生じることになる。

　このような活動は一般に，企業のグローバル戦略と呼ばれる。それは，組織の枠組みを創り出すことも意味している。なぜならグローバル戦略は，それぞれに異なる価値的な要素を慎重に分けて，最小のコストと最も効率の良い規模で活動できる場所に，それぞれの立地を行った上で，そこからさらに範囲の経済性を獲得できるように，相互依存性を保ちつつ，統合することだからである。

　グローバル戦略とは，現行の操業の能率を最大化する戦略であって，多国籍的な調整とネットワークの柔軟性を求める。

　例えば，すでに取り上げたパールミュッターのEPRGプロファイルという志向性の違いが各子会社間である場合，それらをネットワーキングするマネジャーの認識の程度によって，その企業の活動範囲が決定してくる。それほどまでに環境ごとの明確な差異が利益機会となり得る。

　かつて，このEPRGプロファイルが，国際マーケティング戦略を形成する際のガイドラインとして検討された際には，市場や事業，製品の性格によって，どれに志向するかが決まることが強調された[67]。それは，個々の企業目標やコストと利益の関係，特殊な経営環境などによって，志向性は選択できることを示している。

　多国籍であるということ自体が，優位の源泉となる[68]。この点を考慮すると，

企業が内部ネットワーキングに投資を行うことは，子会社の有する情報のプロセス化（情報のフローを管理して，その理解を容易にさせること）への組織的な仕事であるといえる。

多国籍という状態では，組織内に未活用の人員の能力や資金などといった，余剰リソースのプール（いわゆるスラック）が発生しやすい。

スラックは，子会社間での調整コストや情報プロセスを減らす緩衝を創り出して，また環境変化に対する調整などを可能にする。こうしたスラックが付加価値をもたらすようにするには，企業内の知識のフローを内部化して，スラックを貯めながら，継続的にそれを活用していける循環的な仕組みを創る必要がある。

なぜなら，スラックが多すぎると，グローバル競争の激化においては，逆に非生産的になってしまうからである。このためにも，世界各国に分布している能力を用いて革新を行うことで，十分に価値を創造する可能性を持つ「分化されたネットワーク」として，多国籍企業が組織されていかなければならない。

この「分化されたネットワーク」は，グローバルな学習による利益を操作する1つの方法であって，分散しているリソースを結びつける構造上の関係から構成される。それは，①各国の子会社の現地での結合，②本社と子会社との結合，③子会社どうしの結合である。

これらのネットワークは，コミュニケーション・フローによって活気づけられることになる[69]。このネットワークでは，本社と子会社の関係はいずれも，単一の構造内で行われる「二個数の交換関係」[70]として成り立つ。

こうした関係では，本社が子会社と結合することで発揮できる能力は，子会社組織での人員間の相互作用の密度によって決まってくる[71]。どんな多国籍企業でも，本社による統制は，ある程度必要とする。

しかし，多国籍企業としての効率性は，むしろ現地子会社のリソースと知識の開発と，本社を通じてそれらが統合される能力に依存する。

そこでは，各組織間のコミュニケーション・フローが重要な役割を果たすことになる。コミュニケーション自体が革新や全体的な結果につながる独立変数

となる。

　このメカニズムが，現地リソースの開発と統合による経済性とを同時に達成するためには「首尾一貫した制度的関係」[72]を創り出す必要がある。そうした内部組織の調整と統合を行うためには，価値を共有することが求められる。

　一方で，こうしたネットワークの環境を見ると，そこには顧客や供給業者，競争相手などといった，他の組織とのネットワークが存在する。本章で触れた提携も，これらの外部組織とのネットワーキングそのものを示している。

　このように，多国籍企業に相互作用する外部のつながりを含めると「分化されたネットワーク」は，より大きなものとして捉えることができる。

　世界規模で競争を行うには，企業は知識創造というサービスを行う必要があって，全社的なリソースを，こうした各種のネットワークに流通させることで，よりいっそうの結合を図っていかなければならない。特に商社は，グローバルなビジネス・ネットワークを所有することから，競争優位を獲得している。

　しかし，そのネットワークは所有しているだけでは，優位性は生まれてこない。その優位性は，広範囲なロジスティクス能力と結びついた「国際的に所有する売買組織から得られる新たな情報にすばやく対応できる能力」[73]によって構成される。

　これは，グローバルなビジネス・ネットワークを形成している限り，現在の商社にとっての経済的な潜在力は，手の届く範囲にあるということを示している。したがって，競争優位の中心となる源泉を確立していくことは，世界中に分散した多国籍なリソースを，ネットワークを活用して運営することで経験を集積していけるかどうかにかかってくる。

　一方で，こうした学習活動を効率良く実行するには，組織的な促進が求められる。それは揺るぎもなく，企業の世界規模での組織学習能力が，不可欠な戦略的資産になってきているからである[74]。

(2) バートレット＆ゴシャールの示す組織能力

　バートレット＆ゴシャールは，多国籍企業の組織能力や経営知力に関して

「トランスナショナル組織」という広範囲なコンセプトを提示する。これは，1つの組織形態ではなく，これからの企業組織を形成するにあたって，重要となる特質を明らかにしたものである。

トランスナショナル企業であるかどうかのしるし（ホールマーク）は，柔軟な方法で複数次元（異なったグループが異なる活動のために異なる役割を果たす構造）での組織能力を管理できる力であるとされる[75]。したがって，トランスナショナルの要点は，①統合ネットワークを構築すること，②統制力の重要性を弱めて，各組織単位ごとに役割と責任を整然と分けること，③共同で知識を開発して，全社的に分かち合うこと，に置かれる[76]。

統合ネットワークは，大量で複雑になる情報の連結や，業務を相互依存させるために必要となる。各子会社に役割を分化して，責任を分散させることは，異なる能力や職務，リソースを有して，異なった様式で経営を行う組織を意識的に築いていくために不可欠なものとなる。これらの異質性がネットワークによってつながって，多様な情報が結合されることで，複数のイノベーションの発生と，その同時管理が実現できる。

トランスナショナル組織は，上記3つの特徴が内的に一貫性を持つような組織システムを意味する。しかし，こうした特徴が同時に問題を生じさせることにもなる。

それは，組織が競争的になりすぎることで分散してしまったり，柔軟性を持つために相互依存しすぎてしまったり，学習能力の開発や手段を求めるあまりに組織が複雑になってしまうことなどである。

また，本社と海外子会社との間の経営管理上の取り決めや情報のフローは，国境を越えることで分断されることがある。それは，距離，国籍，文化，環境から生じる4つのコミュニケーション・ギャップが存在するからである[77]。

したがって，トランスナショナルをうまく機能させるには，これらの強力な要因を等しく配置するマネジメント（多様な経営ビジョンや能力を正当化したり，複数の柔軟な調整を行ったり，個人のコミットメントを構築したりすることなど）が必要になってくる。

バートレット＆ゴシャールは，1990年代を通じた企業研究をもとに，このような課題を克服して企業がリニューアルするには，規律，支援，収縮性，信頼の4つの要素からなる，トランスナショナルな行動のコンテクストが必要であることと，それらの統合とバランスが，連続した刷新（継続学習の確保）の鍵となることを明らかにした[78]。特に，規律と支援を確立していくことは，合理化（前線の活動の主導権を築く）段階にある企業経営にとって，そして伸縮性と信頼を組み込ませることは，企業の再活性化（組織単位の関係を整え直すこと）にとって極めて重要となる。

これには，リソースをボトムアップによって様々なかたちで分配することが欠かせない。というのも，組織は「下部からの小さな独立した企業家的単位が拡大して，その後で集合する」[79]という原則に沿って開発され，管理されることを必要とするからである。

ただ，このような新たな組織モデルに従って，自ら柔軟性を持つ刷新的な企業へと移行するのは，パールミュッターもいうように，痛みをともなうものである。変化の過程を導かねばならないマネジャーにとっては，かなりの勇気が要求されることになる。

2　総合商社における組織能力
(1) 本社による2種類の機能

では，以上のような多国籍企業の組織能力に関するコンセプトを前提にして，商社の場合について考えてみたい。

商社は，多様なリソースを選択して，それを知識や経験にもとづいて結合させ，有益なサービス（製品の流れを調整することなど）を提供する「生産的リソースの集合体」である。それと同時に，そうした「リソースを管理する組織体」でもある。したがって，経済的な意思決定を行う社会システムとして，特定の方法でリソースを組織して，再生産する自律的な実体として見ることができる。

そうした経済的主体の主な特質には，①リソースを獲得，配分，コントロー

ルするものとして相対的に自律した存在，②最小限度安定的な何らかの再生産管理システム，③相対的に統合・調整された情報および戦略的意思決定システム，を挙げることができる[80]。

こうした組織のシステムは「組織の戦略的能力」によって支えられることになる。その能力は，①価値創造のための基盤となる知識や技術，②リソースを発生させて獲得する能力，③全般的な経営技術に大別できる[81]。

これらの能力によって，戦略的な商社成長のためのイノベーションが実行され，管理されることになる。そのときには次の2つの分野での変化が求められる。

1つは，管理がそれぞれで異なる革新過程の能率と効率性を高めるようにすること。

そして，いま1つは革新があらゆる異なった過程で同時に起こるような状態を創り出すこと，である[82]。

この2点が，世界規模な組織を有する企業がイノベーションを管理するための要因となってくる。商社が価値創造の可能性を十分に開発するには，イノベーションを創り出して，それを採用して普及できるような子会社の能力を促進しなければならない。

この点からすると，本社の機能は，チャンドラーが見出したように，企業家的なもの（価値の創造）と，経営管理的なもの（損失の予防）の2つが基盤となることを指摘できる[83]。

本社の企業家的な機能とは，その企業の組織的なスキルや能力，資金を維持しながら，それらを長期にわたって活用していけるような戦略を決定することと，そうしたリソース（資金，製品に特化する技術，経営的なスキル）を，その戦略の遂行のために配分することである。

一方で，本社の経営管理的な機能とは，各子会社の運営の成果を監視することと，配分したリソースの活用状況を確認することである。その際には，企業の組織能力が効果的に使われ続けるように，組織構造の輪郭を定め直していくことが必要となる。

第5章 商社の成長戦略と組織能力

このように，絶えず本社が子会社に対して，その独自の優位性を機能できるように働きかけていかない限り，商社の国際事業は競争的なものにはならない。

国際的な環境下にある商社にとって，競争を可能にさせる組織能力は，所有する子会社が必要なスキルの獲得や意思決定の実施を行えるように，組織内のリソースの流れを容易にさせることから発生する。

要するに「本社機能の強化は，輸出入取引の拡大を進めるうえでの布石であり，と同時に専門化（子会社の設立）と総合化（総合的な戦略展開）の統合という，コントロールタワーとしての機能の強化をも意味している」[84]のである。

このような本社による組織能力は，その組織構造によって妨げられることなく形成されなければならない。そのためには，本社能力の発揮を助長できる形で組織構造が構築される必要がある。したがって，本社と子会社とが「分化されたネットワーク」によって結ばれることで，トランスナショナルな行動をとりやすくすることが，効率性のある組織変革となる。

それでは次には，最近の商社の組織構造の改革に関して取り上げることで，成長戦略に従っていく商社組織の現状について触れてみたい。

(2) 現在に見る組織構造の変革

まず注目できるのは，伊藤忠商事がディビジョン・カンパニー制（社内分社制）を導入したことである（1997年）。

同社は，それまでの6つの営業グループを8カンパニー（繊維，機械，宇宙・情報・マルチメディア，金属，エネルギー・化学品，生活産業，建設・不動産，金融・保険・物流）に再編した。その後，この中の「建設・不動産カンパニー」と「金融・保険・物流カンパニー」とが統合され，7カンパニーに再編された（1999年）。

このような社内分社制は，1995年に三菱商事が，いち早く取り入れていて，日商岩井も導入した（2000年）。これは，各カンパニーに資本金や使用資金，人員が割り当てられ，総資産利益率（ＲＯＡ）などの経営目標がたてられる制度である。

これには連結ベースでの収益力強化などの利点があって，マネジメントに関しても，実際の経営状態に応じて，管理のあり方を修正しやすいものとなる。

例えば伊藤忠商事では，経営会議をスリム化するため，各カンパニーのトップをメンバーから外した（1998年）。その代わりに，各カンパニーに投資上限の引き上げなどの権限を委譲した。これによって，経営会議は個別案件を討議する場ではなくなって，各カンパニーの投資効率などを評価する場に変わった。

また，こうした社内分社制では人材の部門間交流が困難なため，人材が流動化できる仕組みを創る必要もある。

そこで伊藤忠商事は，人事異動に「ＦＡ（フリーエージェント）制」を取り入れることで，人員のモラール向上や組織の活性化を図った（1999年）。

さらに同社は同年，取締役員数を3分の1に減らすとともに，執行役員制を導入した。これは，取締役と執行役員の機能と責任を明確にすることと，意思決定を迅速にするための改革である。この執行役員制は，トーメン（1998年）や，ニチメン（1999年）が採用した。

一方で，社内分社制をとる三菱商事での管理的な変化を見ると，情報産業グループから「部長」の役職が消えた（1997年）。同グループでは，部をなくすとともに，それに代わって，ビジネス・ユニットに組み替えられた。これによって，本部長と各ユニットの責任者である，ユニット・マネジャーによる管理が行われることになった。

具体的な数で見ると，それまで2人の本部長と14人の部長，40数人のチームリーダーからなっていた組織を改編して，本部長3人と27人のユニット・マネジャーによる組織体へと変化させた。こうしたビジネス・ユニットへの再編は，化学品部門でも行われた（1999年）。

このように，階層を減らして意思決定を迅速にしたり，採算性や事業性を正確に評価できるようにしたりするための組織変革は，情報産業が進むにつれて，ますます必要な取り組みとなってきている[85]。

この他で，重要となる組織変革を挙げると，三井物産は，情報分野での事業（パーフェクＴＶや日本サテライトシステムズなど）への投資が増えていることに

応じて，基幹産業の1つである機械・情報部門から情報産業本部を分離・独立させて，情報分野の専門組織を新設した（1997年）。これによって，情報関連事業での成長戦略のために必要な関係会社の管理体制が整うことになって，同事業の拡大が可能になった。

この情報部門に関しては，三菱商事も社内の情報システム開発部門を分社化させた（1998年）。同社はすでに間接部門（人事，経理，総務など）を事業会社へと変えていて，また環境関連ビジネスや物流部門を分社化することで，それぞれの事業展開（ごみ発電の事業化や，国内外一貫の輸送体制など）が推進できるようにしていた。このような分社化は，合理化や業務の拡大につながって，グループとしての収益力を高めていける。

三菱商事はさらに，金属部門を機能別に改編して，それまでの4本部制（鉄鋼第一本部，同第二本部，同原料本部，非鉄金属本部）を，金属製品本部（鋼材などの製品を取り扱うところ）と，金属資源本部（鉄鉱石など原材料や非鉄を取り扱うところ）の2本部に統合することで，金属部門を強化した（1998年）。

このような主要取り扱い製品の再編は，伊藤忠商事にも見られる。

同社は，繊維部門の統括機能の海外シフトを進めていて，羊毛部門の本社機能をオーストラリアに，繊維原料（ポリエステル綿など）の取引統括機能を香港に，それぞれ移管した（1998年）。三国間取引の比率が高くなっている繊維事業にとっては，原産地に近い拠点や流通の中心地に統括会社を置くことが最適で，そこに権限委譲することで収益力を強化できる。

こうしたシフトが行われるのは，すでに述べたように，本社の機能に「企業家的なもの」（価値の創造）と「経営管理的なもの」（損失の予防）の2種類があるからである。

特に香港には，東南アジアや中国などの原材料が取引されることで，多くの情報が集まってくる。したがって香港に拠点を移すことが，競争力を高めることになる。

この香港にはすでに，丸紅が羊毛や化合繊，綿花部門の取引統括機能を，またトーメンが短繊維織物の本社機能を，それぞれ移していた。

住友商事の場合では、ロンドンに欧州の現地法人を統括する子会社「欧州住友商事」を設立した (1997年)。これは欧州市場の統合にともなって、イギリスやフランスなど各国に配置する現地法人の経営資源を一括管理するためのものである。

同社はさらに、欧州での自動車事業をブリュッセルに設立する統括会社での一元管理へと再編した (1999年)。それは、欧州の共通通貨となるユーロの導入によって業務統合を行いやすくなったためである。また、こうした現地での事業をトップ・マネジャーが管理する場合、日本に本社があることで、距離的な制約が出てくる。

そこで、三菱商事は、米国に駐在して北米と中南米の事業を統括する「米州担当CEO」を新設した (2000年)。海外に本部を置くことで、将来性のある技術の活用や事業機会へのすばやい対応ができるようになる。こうした組織変革によって、事業が地域志向性を持つために必要な「組織の戦略的能力」を形成することができる。

一方、日商岩井では、国内の支社・支店を再編して、国内6地域法人体制（北海道・東北・東日本・西日本・四国・九州）をとった (1999年)。

こうした国内体制の再編に関しては、住友商事も「ブロック長制（各地区で支社・支店を一括管理する体制)」を導入した (1999年)。これにはニチメンも、長期的に取り組んできた (1997年)。それは、国内の全12支店を分社化して、5つの広域ブロックに対応させるかたちで統合しようとするものである。これによって日商岩井や住友商事と同様に、権限委譲による意思決定の迅速化や、地元の人材を活用した地域密着型ビジネスを進めていける。

ニチメンはさらに、現在の営業6部門を4部門に統合して、営業部門の19本部も14に減らした (1998年)。この組織再編は、主に仕入れ別にされていた営業組織を、機能別・売り別に再編成することで、成長分野に人員を再配置するためである。ただ、この再編では、社名の由来である「綿花課」も廃止されることになって、同事業は縮小されることになってしまった。

また、こうして連続して組織構造が変革する中で、商社のアジア戦略を考え

ると，中国市場の将来性を見逃すことはできない。

本章で取り上げた事例でも，中国に進出するものは数多く見られた。そのように商社活動を積極的に展開するためには，現地で事業活動を統括する「中国本社」が必要となる。それは，持ち株会社を創ることで，中国企業と直接取引して製品を輸出したり，傘下企業間で外貨と人民元の交換ができたりするからである。

これに最も早く対応したのが，伊藤忠商事であった（1993年）。それに続いて三菱商事などが進出して，大手商社では最後に三井物産が進出した（1995年）。

その所在地は，北京（伊藤忠商事，住友商事，三井物産）と上海（三菱商事，丸紅）に分かれていて，中国市場戦略の取り方にも違いが見られ始めている。実際に，商社の中国向け取引高を見ても，1996年度では大手商社9社（兼松を含む）の取引高合計額（第三国経由を含む）は2兆3,099億円となっていて，前年度実績比で21％増加した。特に，中国本社をいち早く設立した伊藤忠商事が最も多く，前年度比で27％増の6,700億円となっている。この増加率は，大手商社で最後に進出した三井物産の13％増（3,985億円）を大きく上回ることになった。

こうした数値も示すように，組織構造の変革をともなった，市場へのすばやい対応は商社競争にとって大きな要因となってくる。

一方で，ビジネス上の情報伝達やコミュニケーションのツールが変化したことにも注目しなければならない。

パソコンの普及によって，これまで商社の国際ビジネスを支えてきたテレックスに変わって，電子メールによる情報伝達が促進された。これによって，新たな次元でのスピードの経済性，さらには情報の経済性とも呼べるものが生まれることになった。

例えばニチメンではインターネットを，暗号技術で仮想的な社内LAN（構内情報通信網）に見立てる，バーチャル・プライベート・ネットワークの構築を進めた（1997年）。これによって，日本語で電子メールができたり，顧客リストなどの取引情報もグループで共有できたりするようになる。

こうしたイントラネット化への取り組みは，組織における通信コストの削減

につながっていく。

　こうした動向にいち早く対応していたのは，三菱商事であった。同社では，トップ（槙原稔当時社長）自らがＣＩＯ（Chief Information Officer）となって，情報の統括に責任を持って取り組んできた[86]。同時期には，三井物産も新たな社内情報システムとなる，ＭＩＳＡ（三井インフォメーション・システム・アーキテクチャー）を稼働させ始めていた（1996年）。

　このシステムは，社内の届け出作業の電子化も促進することになる。一連の社内処理がパソコンで作業されることで，時間の短縮や管理コストの削減が図られる。これは，インターネット技術によって創り出されるネットワーク（イントラネット）がもたらす大きな成果である。この他，トーメンでも全社員を対象にしたグループウェアを導入し始めていた（1999年）。

　このように，商社が内部ネットワーキングに投資することは，すでに述べたように，子会社所有の情報をプロセス化するためには不可欠な組織の仕事である。

　ただ，それによって情報の社内流通が進む中で，さらに重要となるのは，三菱商事や三井物産などが行っているような，ＣＩＯによる情報管理である。ＩＴの活用が進むにつれ，こうした情報の戦略化に責任を持つことが，今後の商社のトップ・マネジメントにとって，大きな仕事となってくる。

　これに関して例えば当時，日商岩井の草道昌武社長は，本部長から毎週，社内メールによって提出される業務報告書での情報を管理職全体にオープンにしたり，自らのコメントを加えたりすることで，社員のモラル向上に努めていた（1997年）。

　このような情報の共有化は，イントラネットが進むにつれて，事業機会につながる重要な意味を持つ。

第5節　21世紀に向けた転身

　本章で残った検討課題として，商社の今後を左右することになる「事業の選択とリソース集中」の問題について取り上げることがある。

　これまで，行われてきたリストラクチャリングによる子会社削減や，事業の強化・縮小・統合・撤退によるビジネスの選別が「総合化した機能」を残すかたちで進められたかどうかで，商社サバイバルは決定的なものになる。

　例えば近年，アメリカの流通業界において，1世紀以上の歴史の持つベネター・グループ（旧ウールワース）が，総合小売業からスポーツ用品専門店へと転換した。これは総合路線から専門路線へと移った点では，兼松と同じ専門化戦略へのシフトである。

　こうした過渡期において，総合性を保つには，各商社が強みとする事業での競争優位の確立と，多国籍な人材の活用がキー・ファクターとなる。さらには，サプライチェーンマネジメントなど，これまで商社が培ってきた事業経験やビジネス・ネットワークの活用によって行うことのできるタイプの事業を進める必要もある。そうした「ユニークなサービスのアーキテクチャ（仕掛け）」が，今後の商社機能の高度化をもたらすからである。

　21世紀に変わる前に，商社トップが相次いで交代した。三井物産では上島重二氏から清水慎次郎氏へ，三菱商事では槙原稔氏から佐々木幹夫氏へ，伊藤忠商事では室伏稔氏から丹羽宇一郎氏へ，丸紅では鳥海巌氏から辻亨氏へ，トーメンでは辻明弘氏から田代守彦氏に変わった。

　新たな世紀を迎えようとしていた商社にとって，こうしたニュー・トップ・マネジメントは，現在の経営目標の達成や，リスク管理などのための最大のファンクションとならなければならなかったはずである。

　そこで次には，この商社のトップ・マネジャーが行う事業選択とリソース集中によって創り出されることになる，近未来の商社像にアプローチにしてみたい。

〔注〕
1) John Garland and Richard Farmer, *International Dimensions of Business Policy and Strategy*, Kent Publishing Company, 1986, p. 192.
2) Sumantra Ghoshal and D. Eleanor Westney "Introduction and Overview" in *Organization Theory and the Multinational Corporation*, Edited by Sumantra Ghoshal & D. Eleanor Westney; St. Martin's Press, 1993, pp. 4－5. 桑名義晴訳「序言と本書の概要」, 江夏健一監訳『組織理論と多国籍企業』文眞堂, 1998年, 5～6ページ。
3) こうした進化論的な見方からすると, 企業の多様な変化は, 経済的な前進を創り出す過程の本質的な側面となる (Richard R. Nelson "Why Do Firms Differ, and How Does It Matter ? ", *Strategic Management Journal*, Volume. 12, 1991, p. 72.)。
4) David J. Collis and Cynthia A. Montgomery, *Corporate Strategy: Resources and the Scope of the Firm*, Irwin, 1997, p. 5.
5) Grantによれば, この「リソースベースの理論」は, 経営戦略にとっては, 単一の統一したフレームワークに欠如していて, 理論の実用もあまり行われていないとされる (Robert M. Grant "The Resource-Based Theory of Competitive Advantage: Implications for Strategy Formation", *California Management Review*, Spring 1991, p. 115.)。
6) David J. Collis and Cynthia A. Montgomery "Competing on Resources : Strategy in the 1990s", *Harvard Business Review*, July-August 1995, p. 119.
7) Joseph T. Mahoney and J. Rajendran Pandian "The Resource-based View within the Conversation of Strategic Management", *Strategic Management Journal*, Volume. 13, 1992, p. 363.
8) Birger Wernerfelt "A Resource-based View of the Firm", *Strategic Management Journal*, Volume. 5, 1984, p. 171.
9) David J. Collis and Cynthia A. Montgomery, *op. cit.*, 1997, p. 7.
10) Benjamin Gomes-Cassers, *The Alliance Revolution*, Harvard University Press, 1996, p. 35.
11) *Ibid.*, p. 87.
12) 三菱商事と日本ＩＢＭは, コスモ・エイティ (石川島播磨重工業のコンピュータソフト外販部門のスタッフによって発足された企業) の仲介を通じて, 3社でエイ・エス・ティ (Advanced Systems Technology) 総研とエイ・エス・ティの2社を合弁で設立した (1983年)。前者はコンピュータ端末装置などの製品開発, 後者は開発された製品の商品化・システム化を主な業務内容とした (『総合商社年鑑1984年版』87ページ)。
13) Benjamin Gomes-Cassers "Group Versus Group: How Alliance Networks Compete", *Harvard Business Review*, July-August 1994, p. 63.
14) これは「新しい概念, 新しい技術に基づいた画期的な商品の出現は, 米国がもっと

第5章　商社の成長戦略と組織能力

も高い可能性を秘めている」という住友商事の経験による認識からの行動であるとされる（前掲『総合商社年鑑1984年版』122ページ）。
15) Benjamin Gomes-Cassers, *op. cit.*, 1996, p. 110.
16) *Ibid.*, p. 3 .
17) John H. Dunning, *Alliance Capitalism and Global Business,* Routledge, 1997, p. 76.
18) Michael Y. Yoshino and U. Srinivasa Rangan, *Strategic Alliance,* Harvard Business School Press, 1995, pp. 193−206.
19) Joseph R. D'Cruz and Alan M. Rugman "Business Network Theory and the Canadian Telecommunications Industry", *International Business Review,* Volume. 3 , No. 3 , 1994, p. 286.
20) Michael Y. Yoshino and U. Srinivasa Rangan, *op. cit.*, 1995, p. 51.
21) Oliver E. Williamson "The Logic of Economic Organization"in *The Nature of the Firm,* Edited by Oliver E. Williamson and Sidney G. Winter;Oxford University Press, 1993, p. 96.
22) Russell Johnston and Paul R. Lawrence"Beyond Vertical Integration-the Rise of the Value-Adding Partnership", *Harvard Business Review,* July-August 1988, p. 94. ここでは，日本商社は付加価値創造への立派な（venerable）パートナーであって，日本経済の成功の中心に位置すると見なされる（*Ibid.*, p. 98.）。
23) William Lazonick "Controlling the Market for Corporate Control:The Historical Significance of Managerial Capitalism", *Industrial and Corporate Change,* Volume. 1 , No. 3 , 1992, p. 445.
24) Lazonickは，この企業能力を'financial commitment'と称する。それは'organizational commitment'が必要とするものであると指摘する（*Ibid.*, p. 457, 485.）。
25) Christopher A. Bartlett and Sumantra Ghoshal "Organizing for Worldwide Effectiveness:The Transnational Solution", *California Management Review,* Volume. 31, No. 1 , Fall 1988, p. 56.
26) William A. Dymsza, *Multinational Business Strategy,* McGraw-Hill Book Company, 1972, p. 13. 荒川孝訳『多国籍企業の経営戦略』日本生産性本部，1974年，17ページ。
27) Stefan H. Robock and Kenneth Simmonds, *International Business and Multinational Enterprises,* Richard D. Irwin, Inc. , 1983, Third Edition, pp. 50−56.
28) Richard E. Caves, *Multinational Enterprise and Economic Analysis,* Cambridge University Press, 1996, Second Edition, p. 109. この初版の訳書に，岡本康雄・周佐喜和・長瀬勝彦・姉川知史・白石弘幸訳『多国籍企業と経済分析』（千倉書房，1992年）がある。ここでは，141ページ。
29) Michael Z. Brooke and H. Lee Remmers, *The Strategy of Multinational Enterprise,* Pitman, 1978, Second Edition, p. 171. この初版の訳書に，海保正喜子訳『多国籍企業の戦略』（産業能率短期大学出版部, 1975年）がある。ここでは，329ページ。
30) Sumantra Ghoshal "Global Strategy:An Organizing Framework", *Strategic*

Management Journal, Volume. 8 , 1987, p. 434.
31) この点に関して，ジョーンズは「貿易商社が存在しなかったとしたら，海外市場に関する知識を獲得する高いコストは避けられなかったであろうし，それは個々の輸出企業に全面的に降りかかってきたであろう」と捉えている（Geoffrey Jones（桑原哲也・安室憲一・川辺信雄・榎本悟・梅野巨利訳）『国際ビジネスの進化』有斐閣，1998年，187ページ）。
32) Kenneth R. Andrews, *The Concept of Corporate Strategy,* Richard D. Irwin, Inc., 1980, Revised Edition, p. 25. この初版の訳書に，山田一郎訳『経営戦略論』（産業能率短期大学出版部，1976年）がある。ここでは，64ページ。
33) Bruce Kogut and Udo Zander "Knowledge of the Firm and the Evolutionary Theory of the Multinational Corporation", *Journal of International Business Studies,* Volume. 24, No. 4 , Fourth Quarter, 1993, p. 640.
34) Margaret A. Peteraf "The Cornerstones of Competitive Advantage : A Resource-based View", *Strategic Management Journal,* Volume. 14, 1993, p. 179. ここでも，ペンローズの業績は，リソースベースの研究に大きな影響力を与えたと見なされる。それは，彼女が企業を能力とリソースが複雑で構造的に結合したものと捉えたからである。また組織と経営者的な能力を強調しながら，制約はあるが累積的な発展過程を経験するものとして企業を理解したからである。また，これと同様なアイデアが，Chandlerの権威ある業績（magisterial studies）に横わたっているとされる（Geoffrey M. Hodgson, *Evolution and Institutions,* Edward Elgar, 1999, p. 268.）。
35) Richard N. Langlois and Paul L. Robertson, *Firms, Markets and Economic Change,* Routledge, 1995, p. 19. ここでは，Penroseの重要なアイデアの多くは，リチャードソン（企業が有するスキルや経験，知識に適用できる「能力」という有用な用語を導入した），ティース（それらの余剰能力が企業の範囲を決定すると示した），ネルソン＆ウィンター（組織のスキルとしてルーティンが存在することを明らかにした）などの研究によって精緻化されたと指摘されている（*Ibid.*, pp. 14-16.）。
36) David J. Teece, Gary Pisano and Amy Shuen "Dynamic Capabilities and Strategic Management", *Strategic Management Journal,* Volume. 18, 1997, p. 516.
37) Gilbert H. Clee and Alfred di Scipio "Creating a World Enterprise", *Harvard Business Review,* Volume. 37, No. 6 , November-December 1959, p. 82.
38) このアプローチから組織を見ると，①企業の主要な意思決定に利害関係を持つ行為者の多様性，②事業運営に関わる多様な内的および外的な利害関係者との一連の企業環境，③より幅の広い多国籍な，そして社会的，政治的，経済的，技術的，文化的な環境によってもたらされる組織デザイン問題への近づき方に関して，幾らかのガイドラインを提供するものとされる（Yoram Wind and Howard V. Perlmutter "On The Identification of Frontier Issues in Multinational Marketing", *Columbia Journal of World Business,* Volume. 12, No. 4 , Winter 1977, p. 137.）。
39) David A. Heenan and Howard V. Perlmutter, *Multinational Organization Development,* Addison-Wesley Publishment Company, 1979, p. 12. 江夏健一監訳，有沢孝

義・重里俊行訳『多国籍企業-国際化のための組織開発-』文眞堂，1982年，14~15ページ。

40) Howard V. Perlmutter "Emerging East-West Ventures:The Transideological Enterprise", *Columbia Journal of World Business,* Volume. 4, No. 5, Sept.-Oct. 1969, p.40.

41) Howard V. Perlmutter and David A. Heenan "Thinking Ahead:Cooperate to Compete Globally", *Harvard Business Review,* Volume.64, No. 2, March-April 1986, p. 137.

42) Howard V. Perlmutter "A View of the Future"in *The New Sovereigns,* Edited by Abdul A. Said and Luiz R. Simmons;Prentice-Hall, Inc, 1975, p. 168.

43) Howard V. Perlmutter "The Multinational Firm and the Future", *The Annals of The American Academy of Political and Social Science,* Volume. 403, September 1972, p. 141. ここでは，そうした連合がより発展すると「グローバル・インダストリアル・システム・コンステレーションズ」や「リージョナル・インダストリアル・システム・コンステレーションズ」が生じると指摘される (*Ibid.*, pp. 141-142.)。

44) このように「意識」が重要視されるのは，パールミュッターが「未来社会の設計は，事実現象の推移に任せ，それらの変化に適応して人々が考え方を変えるばかりではなく，むしろ人々は，より積極的にその英知と意志力を発揮して，意識革命によって事実現象の推移に大きな方向づけをするべきだ」と主張する点に求められる（江夏健一『多国籍企業要論』文眞堂，1984年，51ページ）。こうした思考パターンは，他の多国籍企業研究者では，あまり見られず，その所論はユニークであると捉えられる（同上書，59ページ）。

45) Endel J. Kolde "Business Enterprise in a Global Context", *California Management Review,* Summer 1966, Volume. 8, No. 4, p.31. 中村元一訳「現代企業の世界的背景」Richard N. Farmer編，TEST研究センター訳『国際経営管理』好学社，1970年，12ページ。

46) George S. Yip, Pierre M. Loewe and Michael Y. Yoshino "How to Take Your Company to the Global Market"in *Readings in International Business:A Decision Approach,* Edited by Robert Z. Aliber and Reid W. Click;The MIT Press, 1993, p. 132. 彼らは，こうした人材は，企業がグローバル化をする際に重要な役割を果たす，4つの組織内部要因の1つ（他には，構造，経営プロセス，文化）と見なす（*Ibid.*, p. 134.）。

47) 奥村昭博・加藤幹雄著者代表『日本の組織［第15巻］多国籍企業と国際組織』第一法規出版，1989年，184ページ参照。

48) その調査結果は，Howard V. Perlmutter and David A. Heenan "How Multinational Should Your Top Managers Be?", *Harvard Business Review,* November-December 1974, pp. 121-132. に詳しく記されている。

49) このように親会社が，子会社を「有機的な世界統一体」（organic world entity）の一部と考えることを見出した点で，パールミュッターは「世界をひとつの大きな同質

の市場のようにして行動する,企業の現象を最初に検討した学者」であるとされる (Kjell A. Nordstrom, *The Internationalization Process of the Firm,* Institute of International Business, 1991, p. 29.)。

50) Howard V. Perlmutter（江夏健一訳）「苦難に満ちた多国籍企業への進展過程」中島潤・首藤信彦・安室憲一・鈴木典比古・江夏健一監訳『国際ビジネス・クラシックス』文眞堂,1990年,586ページ。

51) David A. Heenan and Howard V. Perlmutter, *op. cit.*, 1979, p. 28. 前掲訳書,33ページ。

52) *Ibid.*, p. 36. 同上書,43ページ。

53) Balaji S. Chakravarthy and Howard V. Perlmutter "Strategic Planning for A Global Business", *Columbia Journal of World Business,* Volume. 20, No. 2, Summer 1985, p. 10.

54) John Fayerweather, *International Business Management,* McGraw-Hill, Inc., 1969, p. 203. 戸田忠一訳『国際経営論』ダイヤモンド社,1975年,300ページ。

55) Robert A. Burgelman "Corporate Entrepreneurship and Strategic Management: Insights from a Process Study", *Management Science,* Volume. 29, No. 12, December 1983, p. 1362.

56) John Fayerweather, *International Business Strategy and Administration,* Ballinger Publishing Company, 1982, Second Edition, p. 490.

57) David A. Heenan and Howard V. Perlmutter, *op. cit.*, 1979, p. 67. 前掲訳書,86ページ。

58) Joseph L. Badaracco, Jr., *The Knowledge Link,* Harvard Business School Press, 1991, p. 153. 中村元一・黒田哲彦訳『知識の連鎖』ダイヤモンド社,1991年,218ページ。

59) C. Wickham Skinner（木下昭・石和田四郎・清水克彦・高橋健一郎訳）『国際経営戦略』新東洋出版社,1978年,294ページ。

60) David J. Teece, Richard Rumelt, Giovanni Dosi and Sidney Winter "Understanding Corporate Coherence", *Journal of Economic Behavior and Organization,* Volume. 23, 1994, p. 19.

61) Yves Doz and C. K. Prahalad "Managing DMNCs: A Search for a New Paradigm" in *op. cit.*, 1993, Edited by Sumantra Ghoshal and D. Eleanor Westney, p. 26. 斎藤泰浩訳「多角化した多国籍企業のマネジメント:新しいパラダイムの探究」前掲『組織理論と多国籍企業』31ページ。

62) William Egelhoff "Information Processing Theory and the Multinational Corporation" in *ibid.*, p. 185. 高井透訳「情報処理理論と多国籍企業」,同上書,230ページ。また,ここでいう適合とは,優れた組織業績および存続と同じで,不適合とは,業績不振および失敗と同じであるとされる (*Ibid.*, p. 188. 同上書,234ページ)。

63) Gunnar Hedlund "Assumptions of Hierarchy and Heterarchy, with Applications to Management of the Multinational Corporation" in *ibid.*, p. 214. 門田清訳「ヒエ

ラルキーの諸仮定とヘテラルキー：多国籍企業マネジメントへのその応用」，同上書，266ページ。こうしたホログラフィックな企業は，基本とする戦略や行動指針原則，そして詳細な情報への接近が，組織内で幅広く共有されることになる。ただ，そこでは情報技術が極めて重要なものとなってくる（Gunnar Hedlund and Dag Rolander "Action in Heterachies-New Approaches to Managing the MNC"in *Managing the Global Firm,* Edited by Christpher A. Bartlett, Yves Doz and Gunnar Hedlund ; Routledge, 1990, p. 26.)。

64) Christopher A. Bartlett and Sumantra Ghoshal, *Managing Across Borders,* Harvard Business School Press, 1989, p. 212. 吉原英樹監訳『地球市場時代の企業戦略』日本経済新聞社，1990年，293ページ。

65) Howard V. Perlmutter "Building the Symbiotic Societal Enterprise：A Social Architecture for the Future", *World Futures,* Volume. 19, 1984, p. 281.

66) H. Igor Ansoff "The Firm of the Future", *Harvard Business Review,* Volume. 43, No. 5, September-October 1965, p. 176.

67) Yoram Wind, Susan P. Douglas and Howard V. Perlmutter "Guidelines for Development International Marketing Strategies", *Journal of Marketing,* Volume. 37, No. 2, April 1973, pp. 14−23.

68) Bruce Kogut "International Sequential Advantages and Network Flexibity"in *op. cit.,* 1990, Edited by Christpher A. Bartlett, Yves Doz and Gunnar Hedlund, p. 48.

69) Nitin Nohria and Sumantra Ghoshal, *The Differentiated Network,* Jossey−Bass Publishes, 1997, p. 4, 15. この関係における主な構造的な特徴は，リソースの配置，本社－子会社関係の公式な構造，標準的な統合の程度，水平的ないし垂直的なコミュニケーションの4点にある（*Ibid.,* p. 196.）。この内的なネットワークに，外的なネットワークが加わると，異なる組織単位間の交換関係ネットワークとして，多国籍企業を概念化できる（*Ibid.,* p. 19.）。また，このように，企業が世界中から様々な知識やリソース，能力を集めて，移転して統合して，新たな価値を創造することに存在理由を求める見方は「市場の失敗」を踏まえた，多国籍企業に対する肯定的な理論でもある（*Ibid.,* p. 194.）。

70) Sumantra Ghoshal and Nitin Nohria "Internal Differentiation within Multinational Corporation", *Strategic Management Journal,* Volume. 10, 1989, p. 325.

71) Sumantra Ghoshal and Christopher A. Bartlett "The Multinational Corporation as an Interorganizational Network", *The Academy of Management Review,* Volume. 15, No. 4, 1990, p. 615.

72) Nitin Nohria and Sumantra Ghoshal, *op. cit.,* 1997, p. 129.

73) Bruce Kogut "Designing Global Strategies：Profiting from Operational Flexibility"in *op. cit.,* 1993, Edited by Robert Z. Aliber and Reid W. Click, pp. 209−210.

74) Christopher A. Bartlett and Sumantra Ghoshal "Managing across Borders：New Strategic Requirements", *Sloan Management Review,* Summer 1987, p. 11.

75) Christopher A. Bartlett and Sumantra Ghoshal "Managing across Borders：New

Organizational Responses", *Sloan Management Review,* Fall 1987, p.51.
76) Christopher A. Bartlett and Sumantra Ghoshal, *op. cit.*, 1989, pp.59-66. 前掲訳書, 80～89ページ。
77) John Fayerweather, *op. cit.*, 1969, p.174. 前掲訳書, 254ページ。
78) Christopher A. Bartlett and Sumantra Ghoshal, *Managing Across Borders,* Harvard Business School Press, 1998, Second Edition, p.259.
79) Christopher A. Bartlett and Sumantra Ghoshal "Beyond the M-Form:Toward a Managerial Theory of the Firm", *Strategic Management Journal,* Volume.14, 1993, p.42.
80) S.G.Redding（小林麻里訳）「ビューロクラシーを超えて」, Durhane Wong-Rieger and Fritz Rieger編（江夏健一監訳）『国際経営12の課題』黎明出版, 1995年, 100ページ。
81) R.T. Lenz "Strategic Capability:A Concept and Framework for Analysis", *The Academy of Management Review,* Volume. 5, No. 2, 1980, p.233.
82) Christopher A. Bartlett and Sumantra Ghoshal "Managing Innovative in the Transnational Corporation"in *op. cit.*, 1990, Edited by Christpher A. Bartlett, Yves Doz and Gunnar Hedlund, p.240.
83) Alfred D. Chandler, Jr. "The Functions of the HQ Unit in the Multibusiness Firm", *Strategic Management Journal,* Volume.12, 1991, p.33.
84) 前掲『総合商社年鑑1984年版』85ページ。
85) 丸紅も, 営業本部の削減とともに, 統括役員制を廃止して, 複数部門を管理する管掌役員を新設した（2000年）。
86) これに関しては, 岩谷昌樹「総合商社の基本機能の特徴と課題」日本経営管理協会『経営管理』（第477号, 1999年6月）8～9ページ参照。

第6章

総合商社の「総合性」

　本書第4章でも捉えたように商社機能ライフサイクルは衰退期を迎え，総合商社はニッチを求める活動（リース業務など）を見せ始めた。それならば商社成長の新機軸となる事業，地域に転換して「第2のライフサイクル」を始めるべきである。

　1990年代後半はミレニアムと騒がれた2000年に向かい，また来るべき21世紀に向けたビジョンを総合商社は各社，立てた時期だった。そのビジョンには未来商社のコンセプトを見つけ出すことができる。各商社がアクセントを置く事業の違いを見ることもできる。

　本章では，この時期における総合商社の動きを押さえることで，次世代型商社ビジネスのスタート地点を確認する。ここで取り上げる部分は今後の商社成長について考えるための素材になる。

第1節　総合商社はグローバルウェアとなり得るか

　総合商社にとって1990年代は，1989年を頂点にして売上高が次第に減少した期間であった。また1990年代には，総合商社を中心に構成される日本貿易会が特別委員会や研究会を開き，その問題の性質や解決策を模索した。

　例えば1998年，日本貿易会は「商社の未来像」委員会で検討した「未来商社のコンセプト」を公表した。そこでは今後の総合商社は「グローバルビジネ

ス・クリエーター」(世界に広がる様々な潜在的ビジネス機会を発掘し,その価値を分析し,さらにそのビジネスを立ち上げるために世界中の経営資源を動員し,それを社会的に価値のあるビジネスとして結合する「ビジネスの創造者」)[1]へと変わらなければならないことが示された。

そのために必要となる次の6つの基本戦略は以下の通りである。
① 経営資源の配分を自社の強みを活かせる分野に特化しながら,同時に全体としてはシナジーや総合性を発揮できる事業を構築すること。
② グローバル・ビジネス・クリエーションをコア機能とするために,リスク管理や事業アーキテクトの能力を高めること。
③ 商社の人材が企業家精神を持ち,新たな競争領域に独創的な競争ルールを発想し,展開できるグループになるように育成し,支援すること。
④ 情報にすばやく対応できるネットワーク型組織で,ビジネス創造の追求を促すこと。
⑤ 地球市民企業としてふさわしいグローバル企業となるために,国際的に通用する普遍的な価値観にもとづく経営理念を確立すること。
⑥ トップ・マネジメントの戦略構想能力によって,商社構造の改革を進めること。

これに続いて日本貿易会は「アジアと商社」特別研究会を発足させ,現地での調査活動などを行った。その研究成果である報告書には,いくつもの将来への見通しが明らかにされた。特に注目すべき点は次の2つであろう。

1つは,21世紀では従来のハード面(資金や製品など)に加え,ソフト面(技術や人材など)で日本がアジアを支援して,そのポテンシャルを引き出すことが重要となる点である。

いま1つは,そこで商社が「マルチ・アプローチ」「マルチ・インボルブメント」をしていく点である[2]。これらの報告書からは,①未来商社がめざすポジション(グローバルビジネスの創造者),②重点を置く地域(アジア)が確認できる。その方向性を見ると,未来商社にはサービス活動のソフト化にともなって,いわば「グローバルウェア」としての機能を備える必要がある。

第6章　総合商社の「総合性」

　日本貿易会の指針にもとづいて，これまで進められてきた総合商社の事業選択とそこへのリソース集中はどのようなものであったかをここでは見ていく。

　事業選択については，新たなビジネスコンセプトはどのようなものか，市場地位をどうやって保っていくか，事業活動の進むアジアにおけるビジネスモデル構築の可能性はどうかなどを取り上げる。

　一方でリソース集中については，商社マネジャーのビジョンを中心に組織の変容性などについて見ていく。

第2節　20世紀末に行われた商社事業選択

1　フォーフォルド・テクノロジーによるサービス革新

(1) 未来商社のコアコンピタンス

　4半世紀以上に及ぶ日本経済の低成長時代には，産業構造のサービス化や，円高を契機にしたさらなる国際化，ネットワークの発達による情報化，価値観の多様化など様々な変化がもたらされた。

　こうした外部環境の推移にともなって，企業も成長戦略を大きく変えることになった。総合商社にとっては利用できる社内リソースの限界や，コアとしてきた取引事業の業際化による他業種との競争，それによる新規事業の模索やビジネスコンセプトの捉え直し，組織構造の再整備など，多くの経営課題を抱えることになった。

　これら社内外の変化は本来，顧客への問題解決（ソリューション）型事業を展開してきた総合商社に，商社機能を集中させて一体化を図っていくことを求めた。20世紀末に総合商社は幅広く手がけてきた事業を選択していき，他社との差異化を図りながら，コアコンピタンス・ビジネス（中核的な競争力のある事業）を強化する動きを見せた。

　具体的には，①生産・物流・販売の拠点構築（工業団地建設事業，民活インフラ事業など），②技術革新がもたらす新しいニーズに対応した市場創造（インターネット分野など），③環境変化に即応したニュービジネスの創造（サプライチェー

ンマネジメント，金融工学を用いる分野など)への重視である[3]。こうしたコアコンピタンス・ビジネスへのシフトに関して，総合商社にはメーカーと比べてフレキシビリティがあるため「重点的に取り組むべき産業を自らの意思で選択できる」[4]と見ることもできる。

ただし事業選択という手法が，総合性という総合商社の比較優位を損なわせることになる恐れもある。特色のある製品やサービスを競合他社とは異なる方法で提供して，独自の市場地位を打ち出して競争することが「戦略」であるとされる[5]。

競争戦略では顧客に付加価値を与えるために，活動をトレードオフする必要がある。「何をしないか」という選択を迫られる。

この選択によって特化される製品やサービスは，単なる比較優位から確かな競争優位を呼ぶ源泉となる。戦略として行う事業のトレードオフは，あらゆる方面に多角化してきた総合商社にとって全社的な課題となった。

(2) 三菱商事のニュービジネス・コンセプト「ドット・コマース」

事業選択に総合商社が特に強い意識を持ち始めたのは1980年代後半からだった。総合商社がそれぞれに経営計画を打ち出した時期であった。

当時の計画では共通して戦略的マネジメントへの転換や前方統合の推進，分社化などに重点が置かれた。中でも三菱商事による「K-PLAN」は，事業選択とリソース集中の点で卓越した部分があった。

1980年代，商社業界は金融や情報関連といった第3次産業の領域で成長を図った。そのため，これまでのような売上高を競うかたちの多角化戦略よりも，投資に対する収益性の確保へと志向が変わることになった。そこで三菱商事は商権構造を再構築して，成長分野へシフトするために「K-PLAN」を創り出した。これには3つのポイントがあった。

1つは，商社機能を活用できる新興産業の分野を中心に事業ドメインを見直して，ビジネス活動のポリシーを明らかにしようとしたことである。これは総合商社が自らのコアコンピタンスを確立するためには欠かせない，事業選択へ

第6章　総合商社の「総合性」

の取り組みである。

　三菱商事は新たな活動指針として「グローバルエンタープライズ」(リソースや製品の取引のみならず，事業の総合企画や投資会社としての機能をも合わせ持つ企業)へ変貌することを掲げ，次の5つを目標とした。

　①グローバルな視点で事業を展開する，②既存の枠を超えてビジネスチャンスを発掘する，③最終ユーザーまで視野に入れてマーケティング力を高める，④各機能を複合化してトータルアプローチを行う，⑤外部エキスパーティーズを積極的に活用する。

　ポイントとなった，もう1つの点は，選択された事業を相互に関連づけ，それを方向づけられる組織(例えば本社と子会社・関連会社とが有機的に結びついて活動を展開するサテライト組織など)を創ろうとしたことである。

　いま1つは，そうした事業選択と組織づくりによるリソースを集中するトップ・マネジメントの意思決定が迅速に作用して，この計画を早期に実現させたことである。その際には三菱商事が築いてきた組織能力が，トップ・マネジャーがすぐに用いることのできる有効なツールとして作用した。

　こうした内容の「K-PLAN」には，三菱商事当時社長・近藤健男独自の商社論が横たわっていた。それは，企業成長のためには成長産業分野に身を置く必要があるとしたこと，そして情報産業グループを新たに発足させ，それに対応しようとしたことであった。

　さらには，取引先の多角化にともなって総合商社の専門機能を高度化させたり，ビジネス・ネットワークにもとづく提携によって総合力を発揮したりする必要があった。専門性と総合性を戦略的に連合させるための「演出力」[6]が決め手となるのだった。

　演出力は商社機能に付加価値を与える。さらなる高付加価値化には，①質の高い情報量，②豊かな人的ネットワーク，③豊かな想像力にもとづいた企画力が必要になる[7]。もはや「ノー・インフォメーション取引」(情報の付加価値がつかない商品だけの取引)[8]ではなく，情報を基盤とした取引のシステム化が総合商社には問われていた。メーカーが技術革新によってパリティブレイク(拮

第Ⅱ部　20世紀末からの商社転身

抗状態の破壊)をするように，総合商社にはこれまでの総合性をさらに追求したかたちでのサービス革新を行うことが迫られていた。

「K－PLAN」での選別経営と戦略分野の強化へのシフトは「MC2000」(1998年10月公表)という新たな経営方針において，ブラッシュアップされた。この中期経営計画では企業環境がより重要視され，環境に応じてリソースの配分を決めていくことが強調された。その点で「MC2000」には，環境の変化にすばやく対応できるように自己革新していくことへの指針が示された。

その指針は，①収益を高めるための施策と，②収益を高めるための仕組み・制度の施策の2つに大別できる。

収益を高めるための施策としては，三菱商事がコアビジネスとする「情報産業」「エネルギー・資源」「食糧・食品」「プロジェクト開発」へのリソースの積極的な投入によって，優位性の拡大が図られる。同時に従来の総合商社としての機能も，情報・金融・物流・マーケティングそれぞれの技術革新によって強化しなければならない。

こうした各技術の向上には，他企業とのコラボレーションが欠かせない。そこで「グループに基づく優位性」(グループ活動による付加価値)を形成していく必要がある。

総合商社は情報技術(IT)，金融技術(FT)，物流技術(LT)からなるトリプル・テクノロジーを活用する戦略を打ち出して，自らのミッション(顧客の問題解決)に最もふさわしいテクノロジーの組み合わせを模索する。そうしたなか，三菱商事は，この3つの技術にマーケティング技術(MT)も取り入れ，フォーフォルド・テクノロジーとして用いることで，サービス革新を図っている。この点が他社との比較優位を生み出す部分となる。

このような機能の強化(収益を高めるための施策)は，経営体制の変革(収益を高めるための仕組み・制度の施策)をともなう。

三菱商事はこれを，①全社経営機能の強化，②リスクマネジメントの強化，③高コスト体質の変革，④人事制度の変革，⑤コーポレートガバナンスの強化，から促進する。

これらの施策は「企業による優位性」(企業としてのサポート)の獲得につながる。企業による優位性は収益を高めるための施策を大きく後押しする。

こうした双方(グループ活動による付加価値,企業としてのサポート)の支持のもと,三菱商事は自らの企業ミッションとする「ドット・コマース(．Commerce)宣言」を現実のものにしようとした。「ドット・コマース」とは,通常のビジネス(オフラインなもの)と「ドット・コム」(．com)というオンラインのビジネスとを融合させた,新たなビジネス・モデルを意味する。単に電子商取引に移行するのでなく,それまでのトラディショナルな取引を進める上で,顧客の問題点となる部分(物流,決済,在庫など)を解決するためにも,オンラインを活用するということである。

三菱商事は,こうしたソリューションを推進していくために2000年に「新機能事業グループ」を形成して,情報や金融,物流,消費者向けサービスを担う部門を集約した。同年には「経営企画部」も設置して,連結ベースでの経営戦略の企画立案や,ポートフォリオの入れ替え,投資家への情報開示(ＩＲ活動)などを行っている。

2　新たな商社機能ライフサイクルは生まれるか

(1) 機能の総合化

三菱商事が「Ｋ－ＰＬＡＮ」を策定していた時期,伊藤忠商事は「総合商社」に代わるコンセプトとして「国際総合企業」を打ち出して,総合情報サービス提供業へと転換を図った[9]。

こうした企業ミッションの明確化にサービス革新への強い意識を見出すことができる。伊藤忠商事は「情報産業」「金融業務」「生活・消費」「資源開発」に主な活動分野を移した。そうした事業エリアの中で「国際総合企業」となることをめざした。

ここでポイントとなるのは,伊藤忠商事が「総合」という言葉を残したことである。これまで「総合商社」という場合,一般には,①多数のまとまった中間的サービスを特殊に提供すること,②幅広い情報チャネルの利用によるリス

クの減少,③重要な金融機能による促進[10]といった主要なサービス(取引,情報,金融機能によるサービス)を顧客(特に日本メーカー)に供給するものとして捉えられることが多かった。それは,総合商社が取り扱い製品や活動地域の幅の広さから世界規模のビジネス・ネットワークを構築していて,それを活用して複数の機能を発揮して,様々な事業において内的な協力や調整を行い,シナジーを生じさせたからである。つまり「多数の製品を取り扱ったり,様々な地域に浸透していたり,多様な機能によって事業を促進することで,国内のメーカーに国際ビジネス活動の専門的知識を提供する能力」[11]を持つところに総合商社の存在意義があったのである。

この能力を用いて総合商社は取引に関する寡占・独占状態をつくり上げ,そこから規模や範囲の経済性を獲得できた。しかし現在,問題となるのは,昨今の事業選択によって,総合商社がそれまでの総合性を保持したり,新しいタイプの総合性を獲得したりしていけるかどうかという点である[12]。

総合商社は,次の4つの側面で総合性があるから比較優位を持てる[13]。

①国内外市場それぞれでの「地域の知識」(テリトリアル・ナレッジ),②取引コストの削減につながる規模の経済性,③リスクを分散できる大きな内部市場,④取引コストやリスクを吸収する金融サービス。

これらの側面から導き出される総合性は,製品・地域・機能のいずれかでも特化してしまうと,発揮することは難しくなる。取り扱い製品を特定のものだけにすると,製品に関する知識が限られてしまう。活動地域を定めてしまうならば,マネジャーの世界観が狭くなって,グローバルな事業展開への理解が不足してしまう。

一方で機能を縮小することは,取引に関連する付随的なサービスを減らすことになって,総合商社の比較優位を失うことにつながる。さらには垂直統合による情報へのアクセスも少なくさせてしまう。

事業の選択を進める総合商社にとっては,確かに製品の面(取り扱い製品の幅や事業分野の数)での総合性は今後,競争原理にもとづく市場のメカニズムに沿ったかたちで絞り込まれていく。

しかし，選択によって残る事業はマーケットニーズにもとづいたものである。そこに従来以上にリソースの集中がなされ，商社機能の基本となる取引や金融，投資，情報機能がハイブリッドなかたちで連鎖されるならば「機能の総合化」が徹底される。限られた数と幅の取り扱い製品ではあるが，その中での関連性を追求できる[14]。

このような機能の総合化の過程では，取り扱うことを決定した製品に対する先行投資やそれに関連する事業投資が必要である。さらに，それらの投資を取引活動と結びつけていき，投資と取引との「二重構造的比較優位」[15]を確立することが欠かせない。

総合商社の取り扱い製品の選択は，事業的な広がりを止めることを意味しても，機能的な総合力を失うということにはつながらない。投資や取引といった基本的な商社機能が集中的に統合されることで，総合商社はこれからの時代に適した機能のライフサイクルを新しく生み出せる。

(2) 鈴木商店・木下産商・安宅産業の教えるもの

すでに総合商社には，その活動地域の広さから，企業や現地国との間で築き上げてきたビジネス・ネットワークがある。これを活用することで「商品・市場・機能の総合性」[16]をコアコンピタンスとして，新機軸となるビジネスを創り出せるならば，それが総合商社の付加価値活動となる。

しかし，外部から入ってくる情報をいかに組織内で流通させていくかという商社内での連携や，それによってリソースの価値をどれだけ高められるかという組織能力の問題がある。

こうした問題を克服しつつ，ニューマーケットを創造して，その市場において商社機能を発揮していくためには「知識（その企業が集合的に蓄積してきた技術，知識－ノウハウ，プロトコル）[17]の集合体」として商社組織を用いなければならない。

これまでの商社史は，自らの事業と組織を外部との関係から絶えず見直して，改めてその組み合わせを考えることで，リソースに新たな関係づけをしてきた

歴史でもあった。総合商社は，市場原理に即して活動しているため，独自のマーケットを創り出して，そこに明確なビジネスコンセプトを確立できた。この確立が早いか遅いかによって，総合商社間での経営体質の格差が生まれた。

現在，過渡期にある総合商社にとって必要なのは，自らのマネジメントの基本原理に立ち返って，過去の教訓に学び，その成長要因を応用していくことである。総合商社は，そのユニークな経済的制度としての歴史の中で，取引や金融，情報，オーガナイズなどの「機能的優位」[18]を確立してきた。

一方で，こうした多機能性を管理するために重要だったのは優れた組織能力であった。ここでいう組織能力とは，総合商社がサバイバルしていく上で求められる「何か他への重大な移行を管理できる企業自らの能力」[19]である。

かつて鈴木商店は昭和金融恐慌によって崩壊した。それは組織的に計画を持った商社活動をとらずに，生産事業への投資拡大という成長戦略を続けていたからであった。

必要だったのは，状況の変化を見極めた上での事業の選択と，投資済みの事業分野で産業的な基盤づくりを行える組織能力であった。組織の利点（調整機能，責任の明確化など）を確保できずに鈴木商店は，その未来像を不確実なままにしてしまい，変化する経営環境の中で選択肢を誤って，共生的な行動をとることができなかった。

このことから得られる教訓は，社内リソースを商社活動の基盤づくりにだけ集中させるのではなく，組織づくりというマネジメントの近代化のためにも振り分けなければならないという点である。

総合商社は，生産的リソースをプールさせる企業体である。しかし，それと同時に，そのリソースのストックやスラックを管理しなければならない組織体でもある。鈴木商店の失敗は，生産的リソースのプールであるだけでは総合商社として生き残れないことを示す。

一方で木下産商や安宅産業の残した教訓は，確かな事業機会に対応しなければならないという点であった。木下産商は自らの活動基盤が固まらず，資金面の計画も明確にできないままに，直面したビジネスの機会に次々と応じた。鉄

鋼の不振を理由に木下産商は1962年から多角化を始めた。これは単に取り扱い製品の量と種類を増やすだけの結果となった。それを扱える人材や，組織的な管理体制を欠くものとなった。

木下産商は顧客ニーズに応じるには十分な外的機会と出会っていた。しかし，それに対応しきれるほどの社内リソースを有していなかった。そうした社内リソースからの生産的サービスが行えない状態での多角化は，木下産商に総合商社へのメタモルフォーゼをできなくさせた。「何か他への重大な移行を管理できる企業自らの能力」が欠如していた。

木下産商の多角化は鉄鋼市場に依存しながら続けられたため，鉄鋼市場の停滞と，その需要の減退は木下産商を崩壊へと導いた。

また，安宅産業も事業機会へのミスが失敗の原因であった。安宅産業の崩壊した理由は，海外現地法人の安宅アメリカ会社がNRC（加石油精製会社）との取引で，多額の不良債権を発生させたことによる。事業化への事前調査（フィージビリティ・スタディ）が不十分であった。

当時の石油市場は，セブン・シスターズといった石油メジャーの市場支配が強く，NRCの市場開拓の事業機会は限られていた。さらに時代背景は石油ショック下にあった。

これらの崩壊商社からの教訓は「戦略に対応できる組織づくり」「市場での地位の確立」が総合商社には欠かせないことを示している。

第3節　変革期の商社転身

1　総合商社と専門商社を分かつもの——「総合性」——

(1)　ソリューション・プロバイダー

これまでの総合商社の強みの1つに，幅広く多角化した「事業の多様性」があった。バラエティな活動は，あらゆる業種の企業とのビジネス・ネットワーク形成をもたらした。今後，総合商社が事業の数を絞り込んでいったとしても，そうしたビジネス・ネットワークは残る。

第Ⅱ部　20世紀末からの商社転身

　ネットワークは，より顧客の問題解決ができ，より市場原理に近いかたちの事業を展開していける源泉となる。ビジネス・ネットワークを活用することができるため，総合商社が今後，それぞれが得意とする事業活動に重点を置くことは，総合化する前の専門商社に戻ることを意味しない。「総合性を帯びた上での専門化」は，単なる専門商社の機能とは異なるものである。

　戦後，専門商社だった関西五綿（伊藤忠商事，丸紅，トーメン，ニチメン，兼松）や日商岩井などの鉄鋼商社は，日本経済の高度成長に見合った役割を担うために事業活動を多角化した。その際，形成された企業グループに総合商社はそれぞれ，効果的な情報収集や製品販売網の拡大というサービスを提供した。その見返りに総合商社は，各グループにおける多数の企業の製品を取り扱う権利を獲得した。さらには新たなビジネス機会を発見して，そこにグループとしての初期投資をしたり，その事業を共同で展開できたりした。

　こうして総合商社は企業成長のための堅固な基盤を築くことで，総合化をとげた。しかし，それは一方で商社経営を「経済成長・インフレ経済対応型」[20]の高コスト体質へと定着させてしまった。

　総合商社は日本経済が成長して土地や物の値段が上がっているときに，期間収益と資産の含み益を用いて，取引コストを削減したり，リスクを回避してきたりした。こうした機能は総合商社の主要な取引相手である日本メーカーのために発揮された。これは，いわば前近代的な日本企業の成長パターンである。

　一方で日本メーカーは，世界経済の一体化やグローバリゼーションが進展する中で，自らが国際ビジネスを遂行できる能力を高めた。これによって総合商社の役割は限られ，その機能も縮小することを余儀なくされた。

　この点が「商社不要」と呼ばれることにつながった。それは従来の商社成長方式では，日本メーカーの国際化に対応できる仕組みが十分に整っていないことを意味した。

　そこで総合商社は差異化を図ることが難しくなった情報の質を上げて，よりインテリジェンスな情報を提供したり，リスクを負担するかたちでのベンチャーキャピタルを行ったりする活動へとシフトした。

第6章　総合商社の「総合性」

　総合商社がリストラクチャリング（人材削減，不採算事業や取引の整理・縮小・撤退，関連会社の統廃合，分社化による事業の独立性の向上など）を進めながら模索したのは，次なる成長の基盤となるような足場の構築だった。これは近代的な商社成長パターン確立のための動きである。

　新たな商社成長には，これまでの商社成長を可能にした方法の高度化，つまり「顧客ネットワーク形成の強化」「マーケティング機能のハイブリッド化」「垂直統合による商品システムの確立」などが事業投資をともなって試みられた。

　付加価値を生み出せるビジネス・モデルの創造によって，総合商社は時代に適した「ソリューション・プロバイダー」（様々な情報をグローバルに収集・蓄積し，これらを顧客ニーズに合致するように総合化し，提供する存在）[21]となることができる。ソリューション・プロバイダーになるには，商社機能の強化（総合化）という成長メソッドが必要である。

　この方法で成長することに対する意識は，下位商社になればなるほど強くなる。なぜなら下位商社にとって，大幅に活動範囲を縮小して総合性を帯びるのをやめることは，兼松に見られるような専門商社化という消極的な路線転換を意味するからである。

　商社業界で上位5社におさまりきれない地位にある日商岩井（現在はニチメンと合併して「双日HD」となっている）は「総合性」にこだわりを示していた。同社は「中期経営計画－2002」において，収益構造と財務体質の改革を基本方針に掲げ，自社の強みとなっている好採算事業（情報通信，エネルギー，プラントなど）に活動をシフトしながら，バランスシートの改善を図った。

　日商岩井は低採算の事業までを抱えた意味での「総合」ではなく，戦略的に事業分野を選び，そこにリソースを集中させることで「優良コアビジネスの複合体」となることを目指した[22]。産業のサービス化にともなって，自らの企業ミッションを適応させていこうとしたのである。

　また，さらに下位商社では「グループに基づく優位性」や，他社では撤退するような事業に重点を置くことで，自社のオリジナリティを示そうとする試み

が行われていた。

　ニチメンは「NC-2000」という中期経営計画（1998～2000年度）の中で，グループとして企業価値を最大化することを経営課題にした。総合商社のトリプル・テクノロジー（情報・金融・物流技術）を，より顧客に密接したかたちで用いて，付加価値（トレーディング，事業投資，財務・金融の融合によるハイブリッドな機能）の創出や，リスクの管理をしていくためだった。

　この計画にもとづいて同社は，グループ活動の重点分野を「機械」「情報通信」「化工」「建設」「木材」「ソフト関連」に移しつつ，海外での営業収益の拡大を進めた。その際，上位商社が採用している社内資本金制度（事業部別に資本金を分配するもの）を導入することで，独立採算性を高める試みをした。

　一方でトーメンは「Act-21st計画」という10年間（2000年度で終了）の経営計画の中で「グローバルな高機能総合企業」（新生トーメン）への変容を目指した。その最終段階にあった2年間では特に「構造改革プラン」が打ち出され，前近代（戦後システム）的な経営体質から，コアビジネスにもとづく高収益の企業体への進化が試みられた。この変革は経営計画の最終年（1999年）において「構造改革プランバージョンアップ」として加速された。

　この結果，トーメンのコアビジネスは，①発電事業，②農・医・動物薬などの化学品事業，③穀物などの食糧事業，④繊維事業，⑤メディア・通信事業に定められた。これらの市場において，トーメンの商社としての地位が固められていくことになった。

　この中で注目したいのは，繊維事業がトーメンのコアビジネスとしてとどまった点である。トーメンはもともと，三井物産の綿花部が分離独立した商社（東洋綿花）であった。繊維は同社本来のコアビジネスである。こうした繊維事業の強化とともに，トーメンは本社の鉄鋼関連の本部を部に格下げて，段階的に事業を収縮した。

　これとは正反対方向にあるのが，鉄鋼の専門商社であった日商岩井である。同社は上記に見たような事業選択の結果，2001年4月，日商岩井アパレル（繊維子会社）を帝人商事（帝人の子会社）と合併させた。

これまで日商岩井は，衣料品を中心に繊維事業も行ってきた。その繊維分野から撤退することで，その分の余剰リソースを鉄鋼や情報通信へとシフトできる。

　このように，自らが得意としてきたビジネスに活動力を集めようとしたことが，20世紀末の商社事業選択の特徴として挙がる。

(2) 三井物産に見る持続可能な商社成長

　もともと総合商社は，顧客とする日本メーカーが原材料調達や製品販売を効率よくできるためのサービスを，次々に追加していくことで成長した企業体である。

　この成長戦略の源流は，三井物産の初代マネジャー・益田孝の「商社は売りと買いとの組み合わせ商売でなければならない」[23]というビジョンにまで，さかのぼることができる。益田孝は，メーカーに生産的なサービスをすることが，三井物産の存在意義となると考えた。取り扱い製品に関する追加的なサービスをできる技量を高めていくことで，三井物産を経済的制度（メーカーにサービスを実用品として販売できる企業）にした。

　この付加価値活動が，商社オリジナルな戦略となった。20世紀末，三井物産は経営計画づくりに2年間を費やして，それを「長期業態ビジョン」（2010年までを視野に入れたもの）として1999年4月に公表した。これは21世紀における戦略と，それに対する自社の意識を明確なものにして示したものである。

　そこでは，顧客に長期にわたり安定した付加価値を与えて信頼を深めることが，経済的制度としての三井物産の持続可能な成長の原点に置かれる。こうした顧客志向の事業を展開するには，付加価値創造のような企業家的戦略にともなって，経営体制の効率化という管理面での戦略から，業務ユニットの再編と強化が促されなければならない。三井物産が1999年10月に「ＩＴ推進部」を設立したことは，そうした組織変革の具体策の1つだった。

　この組織は，取引先との電子商取引やサプライチェーンマネジメントの構築といった新たなサービスの提供や，外部との情報システムとの結合によるビジ

ネスインフラを整備しやすくさせるためにつくられた。ＩＴ推進部は，ビジネスを創造するためのツールを開発する組織である。社内で未活用になっている情報技術に精通した人材のプールを集中させ，そうした無形リソースを活用する役割を果たす。

その役割に責任を持つ存在として，ＣＩＯと部門ＣＩＯのファンクションが重要なものとなる。三井物産の島田精一ＣＩＯは「ＣＩＯ表彰」を実行して，人員が情報化のためのアイデアを積極的に出すことを奨励した[24]。これは社員のモラル（士気）向上へとつながる仕組みを創り出す効果を持つ。

また，三井物産は設立以来，事業部別での独立採算制を採用している。各営業本部の部門長が，そのビジネスユニットのＣＯＯ（最高執行責任者）としての役割を担う。これは同社に，マネジメントの迅速さと責任体制が整っていることを示している。

このように歴史的産物として組織能力が備わっていることで，持続可能な成長は確かなものになる。

2　アジアビジネス・モデルの構築

(1)　中国における商社活動の拡大

これまで総合商社が日本経済のみならず，世界経済に果たしてきた大きな役割として次の３つが挙がる。

１つは，単なる貿易の中間業者にとどまらず，貿易の流れを積極的に創ってきた点である。商社は世界各地のリソースに投融資することで，新たな産業の成長を促進した。

また１つは，そうして自らが成長させた各産業における企業とのネットワークにもとづき，ビッグプロジェクト（プラント輸出など）を組織化していった点である。

いま１つは，そのような商社活動が原材料や製品のフローや，各国の産業発展上のボトル・ネックを取り払っていったという点である。総合商社による貿易活動や現地国の経済成長へのアシストは，まさに顧客の問題解決型の事業で

第6章　総合商社の「総合性」

あった。

　これらの点から，総合商社は問題志向（プログラム・オリエンテッド）で「問題は機会へと変わりうるという原理で活動してきた」[25]ということを指摘できる。

　この商社活動の原理は主に，19世紀終わりから始まった日本経済の近代化において有効に作用した。しかし国際化の進んだ次の段階では，他国の経済発展の過程で，この原理をより意識的に作動させて，持続可能な成長を他国でも果たしていくことが求められる。

　総合商社が現在，重点を置く事業には，①情報，通信，放送分野での事業展開（マルチメディア関連），②海外プロジェクト分野（海外市場開拓，海外インフラ整備関連，三国間取引），③地域開発分野，④ソフトサービス分野，⑤地球環境ビジネス分野などがある[26]。

　こうした主要事業を推進するには，次の5つのグローバル化戦略が必要となる。

　①分社化による海外子会社群の育成，②素材産業（鉄鋼など）への潜在需要が莫大なアジア市場への取り組み，③パートナーとして，そしてリスクマネーとしての投融資力の強化，④日本への高度技術製品の輸入拡大，⑤経営力を持った人材の育成[27]。

　近年，これらの対応策に向けたFDIが増加したことで，総合商社のビジネスの場と，その収益の基盤は海外へとシフトし始めた。中でもアジアで，こうした商社活動は活発で，特に中国は今後の商社成長を決定づけるほどの地域になっている。

　中国では1996年までに8大商社が外資系傘下型企業（持ち株会社形態をとる中国の現地法人）の認可を取得して，貿易のみならず，製造業から卸売業，小売業まで地域志向の活動をしていて，事業投資も拡大させている。持ち株会社は傘下企業と中国企業との直接取引や，製品の対日輸出ができるなどのメリットがある。

　さらに，三井物産などが中国から輸出貿易権（中国国内で調達したあらゆる製品を輸出できる権利）を取得したことで，日本商社による原材料や製品の調達先

の多様化や，海外市場への進出が可能になった。

商社組織についても，営業拠点である事務所の設立が沿岸の主要都市だけにとどまらず，内陸にも広がっている。その一部を現地法人や株式会社にして，投資した事業の支援と管理を行える体制を整え始めている[28]。

例えば雲南省の省都・昆明には，三井物産や丸紅，日商岩井などが早期に連絡所をつくって，インドシナと雲南省を中心とする「拡大メコン地域」の経済発展や国際貿易により迅速に取り組めるようにしている。これは商社活動の地場化につながる戦略的な組織づくりといえる。

こうした地場に密着した事業では，日本商社の中で最も早く（1993年9月），傘型企業の認可を得た伊藤忠商事が積極的に取り組んでいる。同社はイトーヨーカ堂などとともに，北京でGMS (General Merchandise Store) の華糖洋華堂（華糖商場）や西都ヨーカ堂を運営する。

これらの地場型事業は「中国の人々と直接に接点を求めることができ，中国の人々の生活動向，消費動向など中国理解をさらに深めることのできる」[29]ものである。

この伊藤忠商事や，三菱商事などは中国での繊維部門を強化するため，繊維専門の現地法人を設置し，日本市場向けの中国製素材の開発を進めている[30]。法人化することで，現地の素材産業やアパレルメーカーとの直接取引や，日本のアパレルメーカーへの素材（生地など）の開発ができ，これに関する商品知識をストックすることができる。こうした現地活動を統括する中国本社も，その所在地は総合商社によって北京と上海に二分され，地域ごとの市場戦略が展開される。

また，日中商社の合弁による商社（東菱貿易公司，中糧天鼎国際貿易など）を設立していることも特徴である。これらの多国籍商社連合によるニューカンパニーによって，より地域志向の活動が展開できる。

このように，総合商社にとって今後の主な活動地域が明確になってきたことから見出せる路線は，それぞれの総合商社のコアコンピタンスを，中国を中心としたアジアという領域の中で「問題志向型のビジネスモデル」として確立さ

第6章　総合商社の「総合性」

せていくという戦略である。

　このビジネスモデルの構築に欠かせないものは，これまで商社が形成してきた独自の機能（物流網の形成・産業の組織化など）をアジアでの事業に結合していける能力である。これによって総合商社の適合性が決定づけられる。

　すでに各総合商社は中国全土規模での物流サービス（伊藤忠商事）や，沿海部での物流網整備（丸紅），上海への総合物流センター設立（三菱商事），北京への総合物流会社設立（日商岩井）などを行い，各地域での物流インフラを整備している。これは日本企業が中国を入り口とするアジア戦略や，現地企業との提携などを促す基盤となる。

　自らが築いた物流ネットワークを用いて，いかに事業を進めていくことができるかが重要となる。

(2)　「商社ビジネスの場」のシステム化

　世界経済がグローバル化へと移行しているとはいえ，総合商社が持続的な競争優位を得るには，極めてローカルな要素（専門化の進んだスキルや知識，各種機関，競合企業，関連ビジネス，洗練された顧客など)[31]を，1国ないし1地域に集中させなければならない。総合商社にとっては，一箇所で得なければならないクリティカル・マス（十分な量）や生産性が成長要因となる。特に現在のように，市場や企業環境の変化が極めて早い時期には，無形資産（アイデアや情報，能力など）への投資によって得る利益が重要となる。

　このため総合商社は，これからのアジア市場を自らが囲い込んで活動していける「ビジネスの場」として構築していかなければならない。1つのモデルになるのは，穀物メジャー（カーギルやコンチネンタル・グレイン社など）に見られるような，タテ型に市場を支配していくメソッドである。

　穀物メジャーは共通して，一貫した垂直統合を行い，ハブ&スポーク型の輸送体制をつくり上げ，取り扱い製品のストリームを順応的なものにしている。取引ルートを確実に支配していくことを，そのまま自らのマーケットパワーにつなげている。市場でのパワーシステムがあると，製品の生産から販売，さら

には資金面での調整が行いやすい。

　総合商社にとって，このような生産的な産業メカニズム（コスト，リスク，不確実性の回避を行える企業体制）の構築は，自らがビジネスの計画単位（プラニング・ユニット）となることを容易にする。

　このメカニズムをより機能的にするには，情報機能の高度化が求められる。総合商社の有する差異的な情報をもとに，知識やスキル，技術をつなぎ合わせて新規事業を創出していくことで，商社独自のビジネスの場は展開できる。

　今後は，アジア地域での人材（アイデア）と，情報（事業機会，製品性質）へのアクセスがキーファクターとなってくる。人材や情報などの無形資産の活用によって，関連する活動を整然と並べることで，商社方式のアジア・ビジネスは確立する。次々と追加的なサービスを行えるイノベーションも登場しやすくなる。

　ビジネスモデルが構築され始めると，次にはそれが定着性と関係性を持つことが求められる。企業間ないし地域的なリレーションシップが定着することで，有益な情報や知識がどこにあるのかがわかるようになる。それが総合商社の情報機能の優位性を呼ぶ源泉となる。

　これにもとづいて総合商社は，事業機会に敏感な行動をとれる。正確な情報をどこで求めるかを理解することが，知識の連鎖さらには商権の連鎖をもたらす。

　重要なのは，こうした機能を持つ総合商社が参加することで，スピル・オーバー（非金銭的相互作用効果）がより多く期待できるビジネスモデルが創り出されていると，相手側（メーカーや現地国など）に理解されることである。

　そのために総合商社は次の3つの局面での戦略を持たなければならない[32]。

　①エンジニアリング会社の関与するプロジェクトの立ち上げ・コンソーシアム（または合弁事業）組成での戦略，②金融機関が中心となって行われるプロジェクト・ファイナンスの組成での戦略，③プロジェクトが立ち上がって稼働を開始した後のプロジェクトの操業での戦略。

　総合商社がこうした戦略的な意義を示して，アジアのようにエネルギー供給

や情報分野などの市場潜在能力が大きい地域，あるいは環境事業やインフラ整備といった非競争的な領域を「商社ビジネスの場」としてシステム化させることができるのなら，それに対する評価は商社有用論の基礎となる。

　総合商社が現地において自律的で建設的な関与を行えるようになってくると，商社本部の役割も変化する。事業のキャピタルを提供する者（本社）と事業の活動を実行する者（現地）との関係に似たかたちとなる。商社本部は，地域ごとで異なる事業の性格にもとづいて，ビジネス活動の展開を考えられるようになる。

　日本では現在の経済体質（情報化，産業のサービス化）に見合ったかたちで投資戦略を立てる一方で，アジアにおいては日本経済の高度成長期で果たした役割（重工業への介在，インフラ整備など）から形成したオーガナイズ機能を発揮していくということである。

　こうしたダブル・ロールによって，日本では商社の新たな成長システムの構築を試みることができ，またアジアでは，これまでの知識や経験を活かした従来の商社成長システムを追求できる。新旧の成長システムが混合した「二重の商社機能ライフサイクル」を創り出せるかどうかが，総合商社の新たな特徴として浮かび上がる。

　その解決への一助となるのは，国籍を問わない人材の活用である。人材の育成と活用に関して三菱商事では，1996年から「インターナショナル・スタッフ制度」「ナショナル・コア・スタッフ制度」を設置して，優秀者の全社的認知度の向上に取り組んでいる。

　今後の総合商社の多国籍度を測るには，こういった外国の人材や考え方，資源をどこまで用いることができるかという点が重視されなければならない。

第4節 20世紀末に行われた商社リソース集中
1 商社組織の変容性の保持
(1) 商社リストラクチャリング

事業の選択が進み，個々の活動が自律的に行われていく中で，総合商社が総合力を保持するには，その組織が水平的なシナジーを獲得していかなければならない。平たくいえば「ヨコのシナジー」[33]（単位組織はそれぞれのビジネスに特化しつつ，情報面では自在に結びついて，新たなビジネスの機会を，全社的に与え合うこと）での獲得である。

ヨコのシナジーを持つ組織へと変わるために総合商社は，その多く抱える人材や事業を減らすことから着手した。いわゆるリストラクチャリングである。

総合商社は共通して自らの事業や組織，人材活用，財務などの在り方を見直して，それらの近代的なマネジメントをシステム化した。丸紅は「ビジョン2000」という3年間（1998～2000年度）の経営指針を示した上で「ビジョン2000リストラクチャリング・プラン」を打ち出した。次の4つの側面でのリストラクチャリングを進めた。

① 事業面…コアビジネス（リーテルサービス，情報通信・ユーティリティサービス，資源の開発とトレーディング，付加価値の高い素材の加工・販売）以外の事業投資先の整理，売却，撤退の促進など
② 組織面…よりカスタマー・オリエンテッドなビジネスラインを目指した営業組織の再編など
③ 人事面…人員のスリム化の徹底と，環境変化に沿った人員再配置の促進など
④ 財務面…総資産の圧縮と有利子負債の削減のさらなる徹底による，バランスシートの改善など

住友商事は「中期経営計画」（1998～2001年度）の中で，具体的な施策をまとめた「改革パッケージ」による事業と組織を再編した。コアビジネス（消費者直結型ビジネス，情報通信関連ビジネス）の拡充による収益増加と，資産の優良化

による体質改善とともに，効率経営の追求とコスト競争力の強化がなされた。この効率経営は，社内のイントラネットを活用した勤務時間管理や小口経費の事務処理システムの導入などによって追求される。

同社はさらに管理部門の分社化を進めることで，定型的な業務の効率化とコスト削減にも積極的に取り組んだ。住商アカウティングに経理業務，住商財務マネジメントに出納・外為業務をアウトソーシングした。

ニチメンも，ニチメンビジネスサポートや，ニチメンキャッシュマネージメントを設立して，職能部門業務を分社化した。これによって職能部門の人員は，ほぼ半減（1998年9月；425人から，1999年4月；238人に）された。同社は1999年，さらに小規模な利益グループ会社を統合・合併して，中規模な利益グループ会社へと再編したり「財務・金融サービス本部」を新設して，プロフィットセンター機能を強めたりした。

トーメンは1999年，それまで部門（鉄鋼，機械など）ごとに分散していた物流業務を統合するティーエムロジスティックスを設立した。こうした集約によって物流コストの削減や，今後の成長ビジネス（再利用可能な梱包材事業，社外物流受け渡し事業など）の強化がなされる。

このように組織内の流れを統合化することで総合商社は，これまでも管理の能率を高め，自社の生産性を上げることに取り組んできた。管理の能率というのは，選択した事業にリソースを集中させていく場合に特に求められる。

この管理の能率は商社連合でも追求される。三井物産，三菱商事，住友商事の3社はともに，総務や人事，経理，情報システムといった管理部門の業務を統合した。そこでは通信コスト削減のために，電話やファクシミリ，データ通信などで，それぞれが個別に引いている専用線を，通信会社から共同で借りることでインフラを共有することから始められた。

こうした統合が各社の有するアウトソーシング子会社（人材派遣業務や施設管理事業など）の合併までに及ぶと，オペレーション効率はより高まって，近代的な商社組織システムの構築が促される。

商社提携は管理業務だけでなく，情報関連の事業面でも行われた。日商岩井

は情報通信部門を分社化させて，ＩＴＸを設立して，ベンチャー企業の支援や育成を開始した。このＩＴＸにニチメンが資本参加（10％出資）して，電子商取引事業などを日商岩井と共同で進め，後に本社自体も合併した。

これらの傾向から明らかになるのは，組織面でのリストラクチャリングは，商社変革に向けた初期段階の手法であることと，その改革を前提にして，事業面で積極的に活動を展開することが商社成長には欠かせないということである。そのためには三菱商事の「ドット・コマース」のように，明確な商社ビジョンを持つ必要がある。

丸紅では「グローバル・ネットワーク企業」を目標に，次の４つの事業分野での収益力強化を図る。①消費市場における物流・リーテルサービス，②情報通信・電力・輸送など社会システム関連プロジェクトの開発と運営，③付加価値の高い素材や資材の加工，販売，④資源の開発，確保とトレーディング。

住友商事は「総合事業会社」としての質的拡充をテーマに掲げる。総合商社に総合力があることで，自らの付加価値創造の意義（顧客の多様なニーズに応えるとともに，世の中の変化を先取りして，新たな価値を創造すること）を見出そうとする。

この方向性は，住友商事がコアビジネスの選別に際して「リスク・リターン」（その事業の含むリスクに対する見込み利益）「基盤」（クリティカル・マスを持つ事業規模）「成長性」の３つの指標から，その多様な自社ビジネスを分析した結果として出てきた。

今後の商社成長のための機会は，あらゆる商品分野や地域に存在している。住友商事は総合化戦略からコアビジネスを拡充するという点で，他社と違った総合性追求のアプローチを見せている。

一方で，コアビジネスを特化することで，その中での総合性を追求しようとしているのが日商岩井だった。同社は収益構造の改革の１つとして1999年７月，それまでの営業組織を改組して，コアビジネスに対応した４部門（金属，機械・情報産業，エネルギー・化学品，生活産業）に集約した。

同社の中心事業は，これまで機械や情報産業に置かれていた。しかし組織再

編にともない，投融資政策の見直しの一環として使用資金の制限を定めて，この4部門でバランスをとって，一定範囲の中での総合化を追求し始めた。

(2) 商社本社による新事業エンカレッジメント

　変容する商社組織の1つのあり方は，本社という母体から企業家的なサービスを担えるユニットを次々と分社化して，新規事業を行う上での組織的な制約を取り除くことである。

　商社本社を離れた子会社群は外部化というかたちを取る。しかし，それらの活動を通じて得られる情報を絶えず本社へとフィードバックして，それを他の事業に活用することで，ヨコのシナジーを獲得できる。ヨコのシナジーを得るには，社内での企業家精神を活性化させ，その事業化をエンカレッジメント（促進）することが必要となる。

　その施策の1つに，社内ベンチャーのために投資枠を設けることがある。三菱商事は「社長ファンド」と称して2000年，毎年100億円の事業投資が迅速に行えるようにした。同社は，総合商社の研究開発（R&D）に当たるものは，ニュービジネスの創造であると捉え，1998年，各営業部門から幅広く新たな事業案件を社内公募する「全社開発制度」をとった。

　三井物産においても，複数の営業部門の「横割りプロジェクト制度」がつくられている。この制度から生まれる「全社案件」は，従来の縦割り的な組織からは発想されない，新たなビジネスメソッドの導入を可能にして，ヨコのシナジーも得やすくなる。

　同様の取り組みとしては，住友商事が1999年に「戦略ビジネス発掘チーム」を設立していて，新たな戦略的事業分野を探る。

　三菱商事は1998年，リスク管理の面でも横断的な組織（リスクマネジメント部）を新設した。その主な業務は，①与信やカントリーリスクなど全社的なリスクの計数管理，②取引先の格付けや資産の時価評価による実質的なリスクの把握，③事業投資案件の審査などで，多様なリスクを総合的に管理するものである。

　翌年には，投資効率の低い事業から撤退する基準となる「イグジット・ルー

ル」を決めて，リスクを計量化していき，格付けデータの作成を開始している[34]。リスク管理を一元化する組織を早期に創出して，独自のリスク判断基準も設定しておくことで，予測不能なリスクにすばやく対応できるようにする施策も，商社組織の変容性を保つことにつながる。また，三菱商事が翌年に環境リスクにも定評評価（環境格付け）をして，適切な投資を行うことを容易にさせた。

トーメンの社内エンカレッジメントを見ると，事業選択とリソース集中によって，縮小や撤退された部門（例えば金属や不動産部門など）の人材に，立候補で希望部署に異動できる人事制度を1999年に導入した。社内での人材公募制度は日商岩井も2000年に導入した。人材を内的に流動化させて有効に活用することでも，ヨコのシナジーは獲得できる。

希望部署への移籍については同年，住友商事も次の3つの新制度をつくることで，社内で人材がより動くことで活性化を図った。①フリーエージェント制度（課長クラスに希望部署への異動機会を与えるもの），②キャリアチャレンジ制度（入社5〜7年程度の社員を対象にしたもの），③ポストチャレンジ制度（新規事業など案件ごとに条件を満たす人材を公募するもの）。

伊藤忠商事では，既存の部署への異動ではなく，人材を集めて新たなチームを創り出す。これは「ｅ.COMプロジェクト」と呼ばれ，社内公募から人材を集めて，新たなビジネスを行うためのプロジェクトチームを組み，そこに全社的なアイデアを集中させるものである。

このような異業種の人材の知識結合は，革新的なビジネスを生じさせる基盤ともなる。同社は各部門で追加的に必要となる人材を，社内外を問わず幅広くインターネットで公募して，最適な人材を配置することにも取り組んでいる。その手始めに，繊維カンパニーの輸入繊維事業部で，ファッションブランドの総合マネジメント業務を行える人材を募集した。

この方式は未知なる相乗効果を生み出す源泉となる。インターネットの利点を用いて，丸紅は2000年，部署を移らずに新事業に参加できる制度を取り入れた。ネット上で新たなビジネスの開発（その告知から事業化に至るまでのプロセス形成）を行うものである。これによって，事業の失敗による人材のロスを防い

だり，スピードの経済性を享受できたりする。丸紅は，ソリューション事業部という横断的な部署を1999年に設置して，電子商取引や金融ファンド関連のビジネスを促進する。

このように情報技術をニュービジネス創造のための有効なツールとして用いることができるかどうかが，商社の組織能力に問われている。

この他，商社のニュービジネスとして，ニチメンや住友商事などが1999年，M＆A（企業の合併・買収）事業に本格的に参入した。

それにともなって，新たな組織も発足することになる。住友商事では「事業拡大（M＆A）推進チーム」を新設した。M＆Aに関する情報をここに集中させて分析することで，営業部門をサポートする。

三井物産も「M＆A事業開発室」という専門部署を設立して，同社の「ＩＴ推進部」による統合の下で，電子商取引などのネット事業を行えるリソースを集める。

様々な組織的な取り組みによって，ニュービジネスを次々と発生させるために必要なのは，商社本社が動機づけやサポートを連続して行い，商社組織の変容性を保つことである。それにはトップ・マネジメントがイニシアティブをとって，その経営的な機能を有用なものとしなければならない。

2　商社組織のマネジメント
(1) ナレッジ・マネジメントの促進

総合商社は事業の再構築や，社内の企業家精神の活性化をそれぞれのやり方で行いつつ，それと同時に組織上のグローバリゼーション（外国人の積極的な登用と活用，多文化な組織の創造など）を進める。

こうした組織づくりに欠かせない手法に，ナレッジ・マネジメントがある。知識を創り出し用いることで，ビジネスの成果を高めていく経営方法である。

総合商社が現在，組織内で人材を異動させて有益な事業を生み出そうとしているのも，個人の有している知識を活用するためである。時代が知識をベースにした経済に移ってきたことで，商社は組織内で未利用になっている知識のス

トックを多様に組み合わせて、さらなる成長を図ることができるようになった。知識のほとんどは、商社マンが日々のビジネス活動から得る個人的なもの（暗黙知）である。商社本社には、これらの知識がどこにあって、どんな内容であるのかを理解して、それらを結合させることで、問題の解決や新たな知識の創造ができるような組織能力を形成することが求められる。

すでに見たようなリストラクチャリングも、切り離すリソースが組織能力に影響する知識を有しているかどうかを判断した上で行わなければならない。リストラクチャリングで残すことになる知識の結合には、伊藤忠商事や丸紅の例にあったように、インターネットが大きな役割を果たす。

いまや情報技術は、地理的に離れた人員どうしのアイデアの交換や、関係を築き上げるのを容易にさせる。こうした利用可能なツールが出てきたことで、総合商社は次の5つのようなかたちで、社内に入ってきた知識を逃さずに保持し、活用していく必要がある[35]。

1つ目は、人員の個人的な経験を組織としての知識（形式知）に変えることである。商社マンは世界の様々な環境や文化に接しているため、現地の考えに近いかたちでビジネスを発想できる。総合商社がより顧客志向ないし問題志向の事業を展開するには、彼らの知識にもとづく活動をしていかなければならない。

2つ目は、プロジェクトチームなどでの人的な関係を組織的なノウハウにすることである。住友商事では「戦略ビジネス発掘チーム」を形成している。そうしたタスクフォースの場に集まった人員は、問題の解決につながるように他者の知識がどう使えるかを正確に知る機会を持てることになる。

3つ目は、組織学習をサポートできるように情報技術を高度なものにすることである。これによって商社組織は、社内に知識を定着させて蓄積したり、さらにはスラックを発生させたりできるようになる。

4つ目は、社内での知識流通を促進させるような支援システムをつくることである。総合商社が社内公募制によって人材が異動するのを認め始めているのも、より異質な知識の混合から、独自のニュービジネスの創造を図ろうとして

第6章 総合商社の「総合性」

いるからである。

　5つ目は，そうした学習経験から，革新的な商社サービスを創り出すことである。これまでも総合商社による追加的なサービスは，事業展開をより効率良く進めていくために開発されてきた。今後は，それをすばやく提供できるかどうかで，商社活動に付加価値が生じるかどうかが決まる。

　こうしたかたちで，総合商社がナレッジ・マネジメントを進めるには，商社本社が知識センターとしての役割（知識の社内流通の責任，知識のストック機能，適度なスラックの創出など）を果たす必要がある。

　商社本社がこうした能力を持てるかどうかは，これからの商社トップの才覚に大きく依存する。

(2)　ファンクションとしてのトップ・マネジメント

　各産業のメガ再編の時代では，トップ・マネジャーの役割は国や産業を問わず，どの企業にも共通するキーファクターとなる。なぜなら，企業トップのビジョンによって，同一の産業内でも差異的な事業活動と独自の競争戦略が見られ始めているからである。

　総合商社にとってもトップ・マネジメントは，選択した事業に組織全体からリソースを集中させるためにも機能的でなければならない。また，リスクや投資を正しく判断して，事業投資を確実なビジネスに変えていくためにも必要なファンクションである。

　「商社の未来像」が示された時点（1998年）で，商社トップが描く自社のあり方は，次のようなものであった[36]。

　事業については，顧客の問題を解決するコンサルティングカンパニーとなることや，物流を取り込んだマーチャントバンクへと変化する必要がある（三菱商事・槙原稔）。顧客重視の姿勢をとって，新分野・新市場の開拓を行うには「従業員に投資をし，機会を与えること」（日商岩井・草道昌武）が欠かせない。それには「蓄積してきたリソースを総合的に活かしきるバランスのとれた知恵に支えられる」（三井物産・上島重二）必要があるから，リソースをベースに企業

を捉えなければならない。

　グローバル化によって拡大した事業機会に対応するには「柔軟かつ多面的なグローバル・ストラテジック・アライアンス」（丸紅・鳥海巌）が求められる。提携を利用することで「取引関係の創出」（住友商事・宮原賢次）という商社本来のコア機能を確立できる。電子商取引を進める上で「サイバースペースから上質の情報を選択的にくみ上げ、それを加工して、インテグレートしてビジネスに仕立て上げる」（トーメン・辻明弘）ことも可能になる。提携各社のコアコンピタンスの結集によって、機能の強化やリスクの分散、コストの削減ができる。

　しかし、各社との関係の調整やそれぞれが提供する機能をどう評価するかといった点で困難さも残る。また、ハード（資本、情報インフラ）の面だけではなく「情報に対する敏感な感覚、無から有を創り出す創造力、多様なニーズに対応しうる柔軟な思考、さらにはそれらの人材を組織として最大限に生かせるような戦略、といったソフト」（ニチメン・渡利陽）が必要となる。ソフトを有する人材を配置するには「最適なロケーションへ、世界中どこにでも自由に移動していく」（伊藤忠商事・室伏稔）という柔軟な組織体制がいる。

　商社トップの志向性の下で展開される未来商社は、各社の個性（強み）が活かされる方向に進む。20世紀末に行われた総合商社の事業選択とリソース集中は、一時的には専門商社的な性質を持つ企業体への転身にもつながる場合もある。

　しかし長期的に捉えると、この政策は総合性を競争優位として保つための商社戦略である。そうした戦略では、1社1社の総合商社が独自のスタンスから、ビジネス・ネットワークを通じたリソースの獲得と移動を繰り返しながら、成長を図ろうとする姿が描き出される。

　第5、6章で見てきたように、20世紀末に総合商社は、これまで経験したことのないようなスピードで、経営改革を進めた。

　こうしたビジネスリフォームによって達成しなければならないのは、①グローバルスタンダードにもとづいた経営戦略の確立と、それを迅速に、かつ確

第6章　総合商社の「総合性」

実に実行すること，②そのためのトップ・マネジメントの強力なリーダーシップの確立と発揮，③思い切ったリストラクチャー(経営の再構築)の推進である[37]。

　総合商社は，これらの経営課題に取り組みながら，より高度な総合性をコアコンピタンスとして確立させて，競合他社との競争において優位に立つ必要がある。

〔注〕
1）　中谷巌編『商社の未来像』東洋経済新報社，1998年，10ページ。
2）　日本貿易会『アジアと共に歩む21世紀～商社に求められる新たな役割～』2000年7月，104, 109ページ。
3）　日本貿易会広報委員会『21世紀の商社』1999年，2ページ。あるいは総合商社のグローバルネットワークに注目して「三国間貿易」がコアコンピタンスだという捉え方もある（Abaco Nicholas, *Strategic Choices of the Sogo Shosha*, UMI, 1993, p. 122.）。ただし，それには次の3つの方策がいる。①各地域ごとで物資調達，金融，情報収集を行うための組織の確立，②穀物エレベータ，石油精製施設，流通基地などの設備の確保，③オーガナイズ機能を発揮できるような安定した商権の確保（中野宏一『貿易マーケティング・チャネル論〔第2版〕』白桃書房，1990年，253～254ページ）。
4）　中谷巌編，前掲書，1998年，6ページ。
5）　Porter, M. E.，竹内弘高共著，榊原磨理子協力『日本の競争戦略』ダイヤモンド社，2000年，138ページ。
6）　美里泰伸『ドキュメント三菱商事最高経営会議－長期経営計画「K－プラン」は巨大商社を蘇らせるか』アイペック，1988年，127ページ。近藤健男は三菱商事のあるべき姿を次の3つに集約した。①地球規模でみて，成長分野でのプレゼンスが高い，②市場（顧客のニーズ）に精通している，③子会社を含めた専門能力を総合的に発揮する（同上書，128～129ページ）。ここには商社本来の成長戦略と組織能力の基本が示されている。
7）　同上書，154ページ。興味深いのは近藤健男が，情報へのアクセス強化として，ソニーや京セラといった戦後型の企業に接することを示した点である。(同ページ)。しかし一方で，例えばソニー創業者の盛田昭夫は，製品の性質（新しいエレクトロニクス製品を次々と開発すること）や企業の理念（これまでにない便益を大衆向けに創造して，ソフトウェアを入念に伝達していくこと）が，日本商社の特質とは全く合わないと述べていた（盛田昭夫「私の商社論　日本的な存在理由」朝日新聞経済部編『総合商社』朝日新聞社，1985年，13～15ページ）。これは，総合商社の中間業者的な機能と，メーカーが商社化させた場合の機能には，大きな差異があることを示している。
8）　美里泰伸『ビッグ・ビジネスの発想と決断』アイペック，1983年，122～123ページ。

9) 伊藤忠商事当時社長・米倉功は,総合商社は本来,情報産業であって,情報をもとにプロジェクトができ,物がうごくと見ていて「産業界のオーガナイザー」として総合商社を捉えた(経済広報センター編『企業の意識改革－社会の中の企業を考える－』ダイヤモンド社,1989年,46～47ページ)。
10) Lyn S. Amine, S. Tamer Cavusgil and Robert I. Weinstein "Japanese Sogo Shosha and the U.S. Export Trading Companies", *Academy of Marketing Science,* Volume. 14, No. 3, Fall 1986, pp. 22-23. 特に総合商社の金融機能は「準銀行」「準保険代理人」としての機能を有していると指摘される (Paul Sheard "The Japanese General Trading Company as an Aspect of Interfirm Risk-Sharing", *Journal of the Japanese and International Economies,* Volume. 3, 1989, pp. 308-322.)。
11) Dong-Sung Cho, *The General Trading Company: Concept and Strategy,* Lexington Books, 1987, p. 31.
12) 総合性の新たな追求には,まず海外でのニューマーケットを捜し出す能力の形成や,潜在的な海外の買い手と自らコンタクトをとって,海外市場の競争状態に関する知識を得ることなどが必要となる (Paul Herbig and Alan T. Shao "American Sogo-Shosha: American Trading Companies in the Twenty-first Century", *Marketing Intelligence & Planning,* Volume. 15, No. 6, 1997, p. 285.)。
13) Yoshi Tsurumi, *Sogoshosha: Engines of Export-Based Growth,* The Institute for Research on Public Policy, Revised Edition, 1983, pp. 11-14.
14) この点は「商社における「選択と集中」という戦略は,総合性ないし多様な分野の統合を通じて商社としてのアイデンティティーを維持するという課題と整合的でなければならない」という指摘になろう(島田克美「新機能,新業態への対応に違いをみせる総合商社」『化学経済』2000年6月号,19ページ)。
15) 山田晃久「日本の貿易システムのグローバル化」日本貿易学会編『日本貿易学会年報』第37号,2000年3月,19ページ。
16) 日本貿易会,前掲書,2000年,49ページ。
17) 野中郁次郎監修・情報文化研究フォーラム編『リストラクチャリング』NTT出版,1989年,55ページ。
18) Stefan H. Robock and Kichiro Hayashi "The Uncertain Future of Japan's General Trading Companies" in *Strategic Management in the United States and Japan: A Comparative Analysis,* Edited by Rosalie L. Tung; Ballinger Publishing Company, 1986, p. 33.
19) Thomas B. Lifson "Strategic Issues for the General Trading Companies" in *ibid.,* p. 63.
20) 大阪市立大学商学部・経済学部編『21世紀システムと日本企業』日本経済新聞社,2000年,51ページ。
21) 槙原稔「ソリューション・プロバイダーが競争優位を生み出す」『Diamond Harvard Business』December-January 2000, 93ページ。ソリューション・プロバイダーになるためには,①ユーザー・オリエンテッド,②金融の知識や機能,③情報力を持つ人

第6章　総合商社の「総合性」

材（能力のある外国人社員の増加）が必要である（同93～94ページ）。
22) 日商岩井は，総合性を保持することが商社のコアコンピタンスであって，様々な商品領域や機能のグローバルネットワークを多面的に活用することで生じるシナジーの発揮が，今後の商社の強みとなると捉えていた。
23) 日本経営史研究所編『挑戦と創造－三井物産100年の歩み』三井物産，1979年，45ページ。
24) 『日経情報ストラテジー』1998年8月号，55ページ。
25) *The Unique World of the Sogo Shosha,* Marubeni Corporation, 1978, p.91.
26) 飛鳥茂隆『総合商社論』中央経済社，1998年，39ページ。
27) 井上宗迪「貿易構造の変化と総合商社の対応」『化学経済』1996年6月号，19～21ページ。同氏は総合商社の問題点として，①市場に関しては，地域戦略と本拠地を持つ必要があること，②情報に関しては，データとしての情報収集の役割が低下していること，そして判断情報が弱まっていて，リスク・アボイダー（危険を避ける人）になっていること，③金融に関しては，信用力・事業構想力が低下していること，そしてリスクマネーとしてのベンチャーキャピタルが巨大化したことなどを挙げる（井上宗迪「曲がり角に立つ総合商社，経営健全化への課題」『化学経済』1999年6月号，33～36ページ）。
28) 島田克美「商社経営の国際化とアジア・ビジネスの地位」『化学経済』1999年6月号，14ページ。
29) 『日外協Monthly』1999年6月，39ページ。
30) この他，ニチメンが自社でデザインした生地を上海で販売する活動を拡大させていて，別会社として独立させた。
31) Porter, M. E.（竹内弘高訳）『競争戦略論Ⅱ』ダイヤモンド社，1999年，120ページ。
32) 山邑陽一『国際事業投資の理論と実際』商事法務研究会，1999年，135ページ。
33) 島田克美「連結時代への対応で問われる商社グループ経営の本質」『化学経済』1999年，24ページ。
34) このように事業リスクを定量化していくことは，商社経営の内容をより理解しやすくさせることになる。海外におけるＩＲ（投資家に向けた広報）戦略もより容易にさせる。その効果の1つとして，三菱商事では外国人の持ち株比率が，2000年3月末で18.1％と，1996年3月末に比べて倍増した。今後，総合商社が生き残るためには，対外（投資家など）への情報開示は次第に増えるであろう。それとともに対外（アナリストなど）からの意見も積極的に聞き入れていくことになる。
35) 5つの知識保持と活用の仕方については, Rob Cross and Lloyd Baird "Technology Is Not Enough:Improving Performance by Building Organizational Memory", *Sloan Management Review,* Spring 2000, pp.69-78. を参考にした。
36) 中谷巌編，前掲書，1998年，231～270ページ参照。
37) 飛鳥茂隆「総合商社の現状と経営改革に向けての課題についての一考察」近畿大学商経学会『商経学叢』第46巻第2号，1999年12月，39～40ページ。同氏は「今後の商社は，あらゆる企業を競争相手にしていくことになる」という商社サバイバルの激化

第Ⅱ部　20世紀末からの商社転身

を指摘する（著者ヒアリングによる，2000年9月28日，於・近畿大学）。

第7章

存続可能な総合商社とは？

　家電や自動車メーカーと並んで，総合商社は日本を代表するグローバル企業である。

　2003年『フォーチュン』の「国別企業売上げランキング」では，日本企業の上位10社のうち5社が総合商社（三菱商事，三井物産，伊藤忠商事，住友商事，丸紅）が占めた。世界レベルでも，この5社は上位25社以内に入るほどの売上高を誇る[1]。

　日本経済の高度成長期においては，総合商社と呼ばれる企業体が9社あった。上記5社と日商岩井，トーメン，ニチメン，兼松である。三井物産と三菱商事以外は日本経済の発展の際に，商社成長の間隙を捉え，総合化をとげた。戦後の日本経済は，三井グループ，三菱グループだけでは背負いきれなかった。

　しかし，重厚長大型から軽薄短小型に日本の産業体制が移った時期には，繊維・鉄鋼といった，それまでのハード中心の商社成長パターンから，情報・コンピュータなどソフト中心の商社成長の仕組みづくりが求められた。日本経済の体質の転換期では競争力が問われ，体力のない総合商社は合併でしのぐか，総合化路線から逃れるかという選択肢に迫られた。

　実際に，21世紀への転換前後に日商岩井とニチメンが合併して「双日ホールディングス（HD）」となって経営の再建を始めた。一方，兼松やトーメンは専門商社化に向かった。さらには，9大総合商社ではなかったトヨタ自動車グループの豊田通商が，トーメンとの経営統合を進めている（2006年4月合併予定）。これは，日本経済が総合商社9社体制で高成長できた時代の過ぎ去りを示す。

いまや日本経済は，ほんのわずかの総合商社しか必要としないかたちで，産業の再設計がなされている。

2005年3月期決算での売上高で分けると，総合商社は3つの規模に分かれる。まず三菱商事（17兆1,327億円），三井物産（13兆6,150億円）の戦前の財閥系商社である。次に住友商事（9兆8,985億円），伊藤忠商事（9兆5,760億円），丸紅（7兆9,394億円）の戦後生成型商社である。その次に，経営統合型商社の双日ＨＤ（4兆6,759億円）が続く。

総合商社の数の減少とともに，それらが手がける事業もまた，しぼり込むことを余儀なくされる。総合商社に限らず，企業の戦略の基本は「得意とする事業にリソースを集中すること」で「何をして，何をしないのかをきちんと決めること」に尽きる。事業を非関連に多角化し過ぎることは，リソースを浪費することになって，現在の日本経済の体質にはそぐわない。

それではいったい，いまやどのような種類の総合商社が日本経済に必要とされ，どのような事業展開がのぞまれているのだろうか。

それに応えることのできるものだけが，現在そして近未来において，総合商社としての成長の機会に出会える。本章では，こうした点を生き残り可能な総合商社のタイプを3つ挙げながら考えていく。

第1節　事業フィクサー型の総合商社

1　商社革新による新規事業

商社機能が創造的であるといえるのは，取引コスト削減といった効率の追求だけでなく，何か新しい革新的なことを果たす場合である。

革新的なことをなすには，まずはそれに投資すること（先を見込んだ投融資），それによって生じる危険を取り込めること（リスク・テイカー），さらには，そうした活動に自信を持つことが求められる。また，事業を立ち上げた後では，その事業を育て上げることにも総合商社の成長機会がある。

三井物産による東洋レーヨンの創設（1926年）は，資金調達と製造ノウハウ

第7章 存続可能な総合商社とは？

を呼び込むことで，日本での人絹製造のポテンシャルを大きく引き出した。当時の三井物産筆頭常務・安川雄之助は，この東洋レーヨンの発展性を見通して，その事業の拡張に最も適した場所をあらかじめ用意していた。東洋レーヨンは安川雄之助の予想通りに成長した。なぜ土地買収という当時では無謀に近かった大胆な計画に自信を持てたのであろうか。

市場では不確実性が存在するため，合理的な行動計画を立てるには，十分な知識の蓄積が必要となる。そこで，安川雄之助にもこうした知識の蓄積があったことになる。その大部分は経験にもとづく暗黙知であった。

最初の着任地であるボンベイでの処女地開拓の経験から，取引開始時の綿密な事前調査や研究，商機のタイミングを逃さずに決断する術を学んだ。これに関しては自らも「以後自分の手腕の見るべきものがあるとすれば皆この時に得た経験を応用したに過ぎない」と見なした[2]。

東洋レーヨンの創設には，次の4つのような投資の決定要因が含まれていた。①成長している，あるいはその可能性がある市場，②新製品や新過程を創り出して，機械や設備の改良によって，コスト削減をもたらす進歩的な技術，③量的にも質的にも十分な（つまり経営に適した意味での）資金，④機会を利益に変えることができる，想像力があって幅広い意思決定を行うマネジャー[3]。

この投資の決定要因は，三井物産の造船部設立（1917年）にも当てはまる。当時の船舶部長・川村貞次郎がディーゼル船の技術に着目して，その造船所設立の陳情書を提出した際に，投資は容易になされ，結果的にディーゼルエンジンの製造が造船部の発展への原動力となった。その成功理由は，計画の呈示から考慮・修正までが，現地の状況を知り尽くして，信頼され，責任があるマネジャーによって行われたからである。

総合商社内でもその事業に関係のある部が新しいアイデアを提案する場合，事業への投資コストや不確実性の程度は，全くの新規事業に対するそれらよりも確かに低かった。

2　商社マンシップの4つの気質

事業フィクサー型の総合商社には，商社マンに次のような気質が求められる。

1つは「企業家的な融通性」である。想像力やタイミングの感覚，または何が当たるか，どうやって当てるかを本能的に見分ける力といった洞察力に関する資質である。総合商社が事業機会に鈍ければ，それだけで商社成長は制限され，また逆に，総合商社が企業家的な融通性を持てば持つほど，より広範な事業機会が開けてくる。

いま1つは，商社マンには「資金調達能力」が問われる。三井物産の綿花取り扱いでは，ボンベイやニューヨークなどの支店は，多額の輸入資金を主に横浜正金銀行から調達した。横浜正金銀行は，外国銀行並の低利な資金を融通して，日本企業の海外活動を促した[4]。

三井物産は，日清戦争後に香港上海銀行やチャータード銀行などから，低利で有利な条件の短期融資を受けた。これは，横浜正金銀行からの借入れ条件をより有利にした。

資金調達には，海外でマネジメントできる能力と，信用を創造できる能力のどちらもが必要である。

また1つは，安川雄之助などのアントレプレナーに存在する「企業家的な野心」である。

個々人のアンビションが，商社サービスの改善や拡張をさせて，取り扱い製品の増加やコストの削減，リスクの回避，市場の拡大などを促進した。総合商社のアントレプレナーというのは，生産的ないし職人的な企業家であって，のれんの建設者でもある。

いま1つは，総合商社のトップ・マネジャーに求められる「企業家的な判断」である。全社的な問題に関わるような意思決定についての資質である。

社内外の情報を収集して，分析して，リスクや不確実性が自社の成長にどう影響するかを見極めるのは，上記3つの個人的な気質のレベルでは成し遂げられない。組織管理体として処理しなければならない問題である。

総合商社を存続可能にする1つのタイプは，以上のように，自ら事業を立ち

上げることで成長機会を創出していくかたちのもので，そこには商社マンシップの発揮が求められる。

第2節　グループ取りまとめ型の総合商社

1　メンバーへの正義的活動

　三井物産の登場から40年ほど後の1918年に，三菱商事が三菱合資会社から独立した営業部門として設立された。その背景には，三菱合資社長・岩崎小彌太が，三菱の事業を岩崎一家のものから，より開かれたものに転換するという信念があった。

　三菱合資の事業部門は，造船部や製鉄所，銀行部などに分けられ，各部で事業規模の拡大や分権的経営，外部資金調達などがしやすくなった。流通部門までもが独立した理由には，第一次世界大戦の影響が大きかった。大戦中には欧米諸国との貿易が途絶えたため，国内の工業生産が増大した。一方，中国や東南アジアでは，欧州からの輸入品に代わって，日本製品に対する需要が急増した。

　こうしたなか，独立直前の三菱合資営業部は，売炭や売銅，その他の社内品販売が輸出ブームに乗った時期にあって，取り扱い製品が多角化しつつあった。これらの状況が商事部門の独立を促す契機となった。

　設立当初の三菱商事は三井物産と同様，危険を冒すことはしない方針をとったけれども，その活動範囲の拡大に従い，自ずとリスクを取り始めた。ただし，その活動範囲については「国際貿易上の大宗品を主とし，大量取引に適する商品を選び，貿易事業の進展を図る」[5]とした。この方針には，中小企業とは異なる製品を取り扱うことで差異化を図ることと，立業貿易をしていくという姿勢が見られる。

　このポリシーに従って三菱商事は，多数の投資機会の中から，ローリスク・ハイリターンの事業を選んでいった。選択した活動範囲内でリソースを活用することによって，規模の経済性は達成できた。事業を最初から選別したのは，

三菱商事が三菱合資の自社品（石炭・金属・造船・製鉄など）の輸送販売を第1の仕事とする，三菱グループの流通部門だったからである。

　三菱商事の設立当初は戦後景気で，他社製品を取り扱う数多くの機会もあった。そこで，どの機会を選択するかに際して，三菱商事は社員間の十分な意思の疎通と，責任感の充実，組織統制の有効な活用の各点を重視した。

　これらによって，三菱商事は「自分たちが何をオファーすべきか」を問いながら，市場環境に目を向けて，常に自社リソースを組織的に見直した。特に，関連し合う産業の発展状況を調べることは，どの製品をどこにどれだけ供給すべきかを見出せることになる。この姿勢は三菱商事の一社是「処事光明」（生産者と消費者の中間に立って，有利に便利にそして廉価に商品の流通を司ること）にも現れている。

　こうした戦略を三菱商事に促した外部的な力は，商社活動を先行していた三井物産への競争心であった。三井物産に対して，三菱商事は「正義を以て行動」[6]して，量（売上高）より質（サービス）の競争，つまり顧客が最も十分なリソース配置と，より効果的なリソース利用を行えるような活動をしたのである。

　水曜会のメンバーである産銅業者（三菱鉱業・住友別子など）各社に，絶えず海外市場に関する情報を提供することで，三菱商事は取引を円滑にして，水曜会の密接な提携に貢献した。水曜会は，三菱商事による追加的なサービスを享受した。

　もともと三菱商事は，三菱合資の中から販売技術を有する人材を揃えた部門が分社化したものであった。その設立当初における日本市場は，欧米市場を追いかける立場にあって，海外市場に関する情報や知識を得る必要があった。三菱商事は，それらを三菱グループに提供した。それだけにとどまらず，原材料調達や製品販売の際には，グループ内が抱える生産や市場の問題を解決するためにサービスを付け加えていった。

　三菱商事にとっての「正義」とは，製品を取り扱う上で必要となる追加的なサービスを提供して，三菱グループに確実な成長をもたらすことを意味した。

追加的なサービスをできたのは，三菱商事の社員が，より多くの経験と幅広い顧客との関係を有して，市場機会を最大にしていったからであった。そこでは，増加する生産的機会を完全に活用しようとする欲求も，三菱商事を大いに刺激した。

こうした成長への推進力が，三菱商事という三菱グループ内で独立した商社機能の存在をより不可欠なものとしていった。

2　リソースベースのサービス活動

一方で，こうした推進力が足りなかったものを示す例として1921年，三菱商事の綿業部の一時廃止がある。

三菱商事は綿花関連の活動に際して，産地に支店を持たず，技術上の経験者もわずかしかいなかった。この状況では，追加的なサービスを発生させるどころか，通常の取引さえも効率の良いものにはならず，同部は開設から1年余りで廃止されることになった。他方の三井物産が綿花取引を大規模に行えたのは，それに見合うだけの自社内リソースがあって，計画的にそれを利用したからである。

では，なぜ三井物産にできたことが三菱商事にできなかったのか。それは，自社内で遊休しているリソースの種類が異なっていたからである。

三井物産は，綿花輸出に関する経営の才や，従業員の有する特定のコネクション，またはノウハウといった情報的なリソースが豊富で，それらを活用できた。他方，三菱商事は，桐油や胡麻などに関するリソースが豊富であったため，その輸出には成功した。しかし，綿花のために用いることのできるリソースは比較的少なく，その事業機会に対応できるほどのリソースを自社内には有していなかった。

この三菱商事の綿業部が再開する契機となったのは1933年，ペルシャ（現イラン）の特産品と加工綿布のバーター契約による繊維品取引の再開であった。そこで三菱商事は綿布の輸出を著しく伸ばして，その差額分を償うために見返り輸入に綿花を加え，鐘紡や東洋紡に提供できた。

第Ⅱ部　20世紀末からの商社転身

　この時期は，インドが日本綿布に対して輸入禁止的な高関税をとっていて，日本の繊維業界は印綿の不買でそれに対抗して，その代替を求めていた。そこで三菱商事は，ペルシャ綿販売という事業機会を有効に利用しながら，綿業に関する知識を社内に蓄積して，この事業を商社成長へとつなげていった。

　以上の例から気づくのは，商社成長には，取り扱う製品に関する知識を豊富に持つことと，それにもとづいて総合商社が優位性を確立することとが決定的な役割を示すという点である。なぜなら，ペルシャ綿の取り扱いから得る知識をもとに，三菱商事は綿業界に確かな地位を得たけれども，本格的な綿花の取り扱いには，米綿や印綿なども取り扱うことを必要としたからである。

　この時期の綿業界での新需要（印綿の代替物）が，三菱商事にとって有益なものとなるには，三菱商事が綿業界で幅広く，そして堅固な基盤を有していなければならなかった。そうした基盤が，新たな取り扱い製品や市場を連続して創り出すからである。

　当時，三菱商事が綿業界で成長するには，ペルシャ綿だけでは不十分であった。そのため，カリフォルニア綿やテキサス綿（米綿）の取り扱いや，ラムナライン社（印綿）との提携をすることで，1940年には綿花取り扱いの大手5商社に入るほどの活動基盤を形成した。こうした活動の基盤づくりが必要なのは，その関連会社の活動の副産物が追加的なサービスを生むからである。メーカーにとっての副産物は，主に技術から生まれるが，総合商社にとっての副産物は市場から生み出される。

　総合商社の未利用なリソースとは，ときに製品であったり，またときには原材料，販売技術，アイデアなどであったりする。

　三菱商事の砂糖取引の契機は1920年，明治製糖と提携（口銭制委託契約）した，原料糖輸入や製品輸出の一手取り扱いであった。そこで三菱商事は，シンガポール出張所が蘭印への雑貨輸出の市場開拓のためにスラバヤへ派遣していた出張員に，ジャワ粗糖の買付けや積出しに着手させた。

　明治製糖は三菱商事の活動の副産物から発生するサービスを受け，1924年には，上海に精製工場を建設して，明華糖廠を発足するまでに成長した。

この明治製糖の例の他にも，同時期の三菱商事の機械部は，三菱電機の製品一手販売契約を結んでいて，また多数の欧米機械メーカーの製品輸入販売権（プラット＝アンド＝ホイットニー社の精密工作機械など）を獲得して，輸出入で製品取り扱いの権利を有していた。

このように一度，商社が製品取り扱いの基盤を確立すると，保守主義を大きく解消でき，規模や範囲の経済性を追求できた。

3　事情通がもたらすサービスによる商権形成

安川雄之助がボンベイに出張所を開設した1893年からは，中国綿に代わってインド綿が主力輸入品となった。それはインド綿が中国や日本の綿花の短繊維に比べ，中繊維の長さを持った上に，安価であったためである。

また，岩原謙三率いる三井物産ニューヨーク支店が米国綿を買い付け始めた1896年は，高級糸の輸入も行われ，取り扱い製品の幅が広がった。そこで紡績会社の課題となったのは，安価なインド綿，良質な米国綿，そして古くから使っている中国綿の3つをいかに組み合わせるかであった。

コスト削減と品質向上につながるような混綿技術の開発に，三井物産が用立ったのは，産地別の綿花の特性をよく知っていて，外国メーカーの動向にも詳しかったからである。

こうした総合商社の「事情通」という特質から，メーカーは製品や生産技術，市況変動の正確な知識や情報に，より容易に接近でき，より多くそれらを獲得できた。混綿技術を獲得することは，紡績会社が市場でのポジションを維持したり，生産コストを削減したり，顧客へのサービス能力を高めたり，製品の質と種類を改良したりすることを意味した。そこで三井物産の生産的サービスが，こうした紡績会社の成長要因を促進させるかたちで提供された。

総合商社からメーカーへと，リソースの物的特性や，その利用方法，あるいはリソースを有利に利用できる製品についての知識が移転された。

総合商社による生産的サービスは，市場の維持だけでなく，市場の拡大にもつながった。三井物産は，増産態勢にあった国産綿糸の輸出市場を拡大して，

1897年に日本を綿糸輸入国から輸出国へと変えた。三井物産は、朝鮮には良質で安価な綿糸を提供しながら、中国にもインド綿糸より優れた綿糸のあることを知ってもらった。

こうした調達や販売努力によってメーカーの「内側の通路」を走れるようになった。この関係では、メーカーが欧米の技術を取り入れて、良質な製品をつくることに専念する一方で、総合商社は原材料の確保と調達にかかるリスクを負担して、また製品を海外に向けて販売するという機能間分業がなされた。

最大限のコスト削減は専門化することによって、各々が各々の仕事を遂行する場合になされる[7]。

綿糸布では、原綿の質が紡糸の質を決定するため、品質が均一で良質な綿花を三井物産が大量に取り扱うことで、鐘紡は最優等綿糸を生産でき、その鐘紡糸も三井物産によって大量に委託輸出された。

こうして捉えると日本経済の発展は、メーカーの技術力や製造力と、総合商社の市場開拓力や販売力とが作用し合った結果であったといえる。

メーカーと総合商社との結びつきは、経済的なコストを基礎とする原理にもとづく[8]。この原理が商権を形成する際のキー・ファクターとなった。

三井物産は、第一次大戦景気の反動不況への対策と、恐慌の到来に備え、取り扱い製品の選別を厳しく行った。その選択では実際の経験と情報を基準にしたため、より市場に近い活動を維持して、商権を確保でき、メーカーとのグループ活動をよりタイトなものにできた。

4 消えない商権づくり

ただし、メーカーと総合商社のグループ活動では、やがてメーカーが自力で行えるようになると、外部の商社機能を必要としなくなって「分裂」するケースが多い。

そうならないためには、メーカーとの協働意識を維持して商社機能を丁寧におさえることが欠かせない。常に相手側に総合商社の取引価値（トランザクション・バリュー）を感じさせておかなければならない。

第7章 存続可能な総合商社とは？

　総合商社はプロジェクトの組織化を担う。プロジェクトでは，①始まりと終わりの時期が明確に決まっている，②あらゆる問題が解決されていくといった「分析的な活動」がとられる。総合商社がプロジェクト終了後でも，その機能を果たそうとするならば，①始まりと終わりに期限を設けない，②新しいことを発見していくといった「解釈的なプロセス」をプロジェクト・チームとの間で持つ機会がある[9]。総合商社は，この機会に応じて解釈的なプロセスを行える場を創り出さなければならない。そうした場は保つことが難しく，よく消えてしまうために，意識的に確保していく必要がある。

　このような解釈的なプロセスを行える場こそが，総合商社にとっての商権である。特に今後，中国やロシアなど海外でのプロジェクトを始めるときには，総合商社は自らの役割を定めていき，進出先国やチーム・メンバーにそれを認めてもらうことが欠かせない。

　海外でのプロジェクトは国際取引のメカニズムが働く。そこでいかにイニシアティブをとって，リーダーシップをとっていくか。総合商社が率先してプロジェクトを取りまとめ，国際的にリソースを有効に活用できる好事例を出して，ビジネス・スタンダードを築くことができるかどうかである。これで商社機能の優位をアピールできれば，海外で商社グループを創り出せる。市場というものが不完全で，激変するものであることは，総合商社にとって脅威にも機会にもなる。

　問われるのは，海外市場の機会を創出できる，あるいは機会を逃さないケイパビリティが総合商社にあるかどうかである。海外でのプロジェクトでは，リソースの国際的な移動をともなうが，それにどのように関与できるかという問題である。

　現在，総合商社は，物流の整備が遅れている中国での物流サービスに市場機会を得ている。倉庫や配送センターを設置して，トラック輸送網を形成することで，家電の部品や製品，自動車の部品などを日系のメーカーに提供したり，食品や生活雑貨の物流をスーパーやコンビニエンスストアに向けて行ったりし始めている。日系企業にとって，中国における物流市場は，2004年で8,000億円，

2005年で9,200億円で，今後も右肩上がりに伸びていくと見込まれている。

　ここに総合商社は，物流を基盤にした商権の国際的拡大の機会を見る。その際，総合商社には，①異なる市場を結びつける，市場間の操作者になること，②経済的機会の発見と評価，必要な資金の調達，在庫の管理，不確実性やリスクの回避，新たな情報の獲得とそれを新たな市場や技術に移転することなど，ギャップを補充する能力，③さらにそれらをインプットさせる能力が求められる[10]。

　特に，③は銀行との大きな相違点でもある。資金調達までは銀行も総合商社も同じである。しかし，もし調達先が6種類のインプットを必要としていて，そのうち5種類までしか揃えられなかったら，その資金は何の役にもたちはしない。

　総合商社は資金調達をして，さらにその調達先の能力創造部分の重要な動力源として働きかけることができる。これを実現するには，日本人だけで行っていることの限界もある。

　単なる国内的な取引の拡張は，単純なグローバル化にすぎない。国際組織を持っている，すなわち，人が国際化しているということでは決してない。

　必要なことは，国籍を問わず，良いアイデアを有している人材を積極的に用いていくという価値あるリソースの活用である。国際人，異文化人の活用を総合商社のメタモルフォーゼのきっかけにしなければならない。

　以上のように，グループのメンバーにだけ貴重で稀少となるサービスを提供して，商権を確保することが，総合商社の存続可能のいま1つのタイプとなる。

第3節　情報加工・知識提供型の総合商社

1　専門商社のような総合商社

　これまで総合商社は，繊維や鉄鋼などバルキーな製品の大量取り扱いから規模の経済性を，また取り扱い品目を多様に揃えることで範囲の経済性を，そして事業の垂直統合やメーカーとの水平統合（戦略的提携）を通じて連結の経済

第7章 存続可能な総合商社とは？

性を追求してきた。

　総合商社が近年，進めてきた事業再構築と日本経済の現在の事業機会を合わせると，このうち連結の経済性を獲得することに商社優位の可能性が残っている。

　日本経済が低成長期に入って，総合商社は細かい仕事を行わず，規模の経済性を追求し続けた傾向にあったことで，鉄鋼メーカーから眠り口銭の見直しなどをされた。時代の流れを見て，追いかけていく経済性の種類を見極めないとならない。

　総合商社は「多くの商品・多くの地域・多くの機能」という3次元マトリックスを管理してきた。

　他方，穀物メジャーや石油メジャーは「1つの商品・多くの地域・多くの機能」のかたちをとる。穀物や石油という1つの商品の中で，地域をつくり上げ，それを機能で統合する。この場合，とにかく取り扱う商品に関する情報装備を徹底することと，情報収集のためのネットワークを張りめぐらすという情報機能の2面をしっかりと握る必要がある。カーギルなどがバイオの発展に応じて，種子産業につなげることができるのは，穀物についての情報機能（情報の完全装備・情報網の抜かりなさ）の優位からくる。

　情報機能の優位は，1つの商品における範囲の経済性を満たすことと，それにもとづく連結の経済性から生じる。穀物メジャーも石油メジャーも1つの商品だけを取り扱って，そこから一歩も出ないことで，コアコンピタンスを常に見失うことがない。

　自分の事業領域を明確に定めて一歩も出ないことは「あえて専門商社であることを戦略とする総合商社」の姿である。専門商社である限り，組織的なリスクも少なくて済む。

　総合商社は無数の取引先を有していて，ネットワーク型の事業活動のスタイルを伝統的に持っている。ネットワークを通じて情報がすばやくいつでも入ってくる状態にはなっている。その情報をもとに，リソースをハイブリッドにつなげて活用できる機会を多く持つ。これは提案的な情報を持っているという意

味である。

　豊富な情報量を本社でオーガナイズしきれない場合は，分社化するという「商社組織内提携」が功を奏する。三井物産は，日本が綿糸輸入国から輸出国へと変わって，国産綿糸の輸出市場が拡大したとき，綿花部を切り離して東洋綿花（後のトーメン）を設立して，綿関係の取り扱い権を譲渡した。最近では日商岩井（現・双日HD）が情報通信部門を分社化させてITXを設立して，ベンチャー企業の支援や育成を始めた例がある。

　新世紀を迎える前に総合商社が一斉に行った「事業選択とリソース集中」によって，こうした分社化は進むと同時に巨大であるがゆえに，すべてがコアコンピタンスでなければならないという錯覚や「横並び意識」は払拭された。

　いま，総合商社はリソースの価値を見定めて，どんな事業に重点を置き，いかにコアコンピタンスを強化するかという戦略を策定して実行するときである。この戦略では，リソースを「なんとか，この使い道があるはずだ」と常に考えることが必要である。

　リソースの効果的な活用は，どんなものでも他のリソースとの結合の可能性という点から眺められる。一種のリソース・ジグソーパズルであって，絶えずそのピースが増えるという無限の過程を持つ。常に社内に未利用リソースがあるということである。

2　情報にもとづく市場機会の結合

　日本で総合商社が存在する1つの理由として，日本メーカーにとって，海外の市場というのが莫大なもので，自らでは捉えきれない事業機会が無数に存在することがある。

　そこでメーカーは総合商社とともに，こうした市場機会に組織的に対応することで，事業活動を有益なものにしようとする。もっというと，プラント輸出などの事業は，個々のメーカーにとって，1つの機会でしかない。しかし総合商社が，いくつかのメーカーをプロジェクト遂行のためにオーガナイズすると，そのメーカーが個別に有している事業機会が結合されて，メーカーは相乗的に

市場機会と出会える。

　総合商社は，単独のメーカーではできないような多種多様な活動（幅広い製品販売，物流網形成など）の仕組みを創り出せる。

　日本に総合商社が残っている，いま1つの理由としては，メーカー自らの技術の限度がある。メーカーの活動というものは，技術を開発して，技術を生産することにある。そのために必要な知識が不足したり，組織，設備を立ち上げるのに十分な時間が不足したりする。このような問題がなぜ起こるかというと，技術という「制度的な過程」が研究開発や工場経営の知識だけでなく，製品やサービスの需要に関する知識とも連鎖しているからである。

　そこで，この不足した知識（特に市場についての知識）を持っている企業を買収することで，適した技術は獲得できる。しかし，その場合，もしその企業が関係している周辺の企業まで買い取ることが必要ならば，そのために労力やコスト，時間がかかってしまい，その買収は魅力的なものではなくなる。こうした難点があるため，メーカーは外在する商社機能を経済的（知識獲得，時間節約のため）に利用するという選択肢をとることができる。

　戦前に三井物産が繊維産業の推進力となったのも，繊維メーカーが出会えない市場機会に対して，規模の経済性を達成したからであった。また，それ以外の産業でも総合商社が必要とされたのも，市場機会の幅を増やして，共同生産や流通を強めることで，範囲の経済性の達成を図ったためである。総合商社が介在することで，不足した知識の獲得と調達や販売活動にかかる時間の節約を実現できた。

　では商社活動は，メーカーの企業家的な機能をどこまで補足できるのであろうか。一般に，メーカー自らに求められる企業家的な機能には，①（特に調達部分での）リスク・ヘッジやリスク負担，さらには不確実性に耐えること，②管理，調整の2つの仕事を含むマネジメントがある。

　このうち総合商社は，①の機能を果たす主体となり得る。なぜなら，実際の取引活動にもとづく情報を有するからである。また，この機能はメーカーが，②の活動を同時並行あるいは事前に行えることにつながる。この効果から見る

と，外在する商社機能は「実用性の高いサービスの束」であるといえる。

以上のように，総合商社が存続でき得る，もう1つのタイプは，高付加価値の情報をメーカーへの比較優位にすることである。

第4節 「エコノミー」の追求

企業論における考え方では，個々の企業には，より低いコストで市場取引を行うことができる他の企業がもし存在すれば，その企業が取引活動をとって代わるという途も存在しているとされる[11]。これにならえば，総合商社が企業のコスト問題を解決できる「オールタナティブな存在」であることに，ある程度の説明をつけることができないだろうか。

日本で繊維産業が最初の近代的産業となったのも，繊維メーカーが原材料調達と製品販売の大部分を，総合商社という経済的な制度に任せることで，生産上の規模の経済性を享受したからである。この規模の経済性は，メーカーの生産や販売コストを低下させただけでなく，メーカーが競争優位を確立することまでをもたらした。

これは一方で，総合商社にとっても，新たな事業機会を生むことにもつながった。その機会は，単一の施設から数種の関連製品を取り扱うこと（多角化）によって，さらに増やすことができた。

通常，企業の多角化は幾らかの余剰能力を利用できる機会から生じ，その機会に対応することは，範囲の経済性を呼び込む[12]。これはメーカー単独でも行えるが，造船業のように総合商社が介在することで，リソースの利用可能性がより拡大する場合もある。

それは総合商社が市況に沿った活動をして，原材料調達や製品販売の範囲を広げ，メーカーの企業家的な機能の発揮をサポートするからである。これによって，製品を創り出す過程で余剰の生産能力が発生するときか，多少の人材や資本が他へ自由に利用できるときに，範囲の経済性は追求される[13]。この点から見ると，経済性にもとづくメーカーの比較優位は，単に製品だけでなく，

その能力で決定されるといえる。

　この能力とは，情報やノウハウを特化することや，足場とするリソースを固めることなどである。それにもとづいてメーカーは，市場競争に応じて，事業を伸縮していける。

　このように，範囲の経済性とは，情報やノウハウといった，人材から切り離すことのできない特殊な資産から獲得できるものである。

　範囲の経済性は，製品を関連づけていくことが必要となる産業財マーケティングにとっては，極めて重要なものである。総合商社が，この分野に強いとされるのも，産業財における範囲の経済性を確立してきたからである。

　総合商社は，原材料の供給先や需要家に，特殊な資産（情報やノウハウなど）から創出できるサービス（物流整備など）を追加的に提供することによって，コスト削減を実現してきた。ここに，B to B（ビジネスからビジネスへ）という分野において，確かな生産的サービスを提供する総合商社の経済性を指摘できる。また，総合商社を経済的な制度として活用することは，経営的な節約を行うことにもなる。それは，①経営面の分業を強化する場合，②余剰リソースをより経済的に使用する場合，③より有利な条件で資本を獲得できる場合などに，その効果が見られる。

　①の分業は特に，メーカーと総合商社との機能間分業である。生産規模が十分に大きい場合には，調達と販売の専門家を活用することが，一社の中でそれらの業務を担うよりも合理的である。この専門家を介在させ，その調達・販売能力をフル活用できるほど十分に広範な規模で生産を行う場合，そこには「販売による節約」が発生する。この節約によって，メーカーはリソースをより生産活動に集中でき，そのリソースがより専門的な知識と技術を獲得することで，追加的な利潤を生むことができる。

　②は「大量な予備の利用による節約」である。これは準備金や在庫，労働力などの予備の必要量をうまく予測して，それらをより正確に整備することで得られる節約である。

　総合商社はこうした予備のプールから，種類の異なる製品を用いることで，

多数の市場と市場活動とを結びつけることができる。

その達成を大きく後押しするのが、③の「商社金融による節約」である。これは、投資家に対してより大きな保証を与えたり、資本市場への接近が容易であったりすることで得られる節約である。

以上のように、総合商社が経営的な節約を行えるのは、その総合性に理由があった。市場の規模が限られている場合（特に戦前）、繊維産業以外のほとんどの産業では、生産規模から得るメリットよりも、輸送や製法、分配による節約のほうが重要であった。そのためには規模の経済性よりも範囲の経済性の追求が必要とされた。

そこで、戦前の財閥グループは、総合商社の海外との結びつきを利用して、貿易に関する活動や、より有利な水平的統合を行った。そうした産業は結果として、輸送や金融、さらには企業の結合によってもたらされる、一連のサービスの優位性をもとに競争ができた。その際、総合商社が経済的な制度としてなり得たのは、自国内外で十分に確立された販売ネットワークを有していたためである。

総合商社は、その物流ルートを通じて、多数の製品をすばやく移動させることで、範囲の経済性を最大限に引き出すことができたのである。

こうして見てくると「エコノミー」（経済性、節約）とは、産出が「より安い」ことを示している。この点を達成できる商社サービスが、これまで、そして現在ならびに今後の日本経済が求めるものではないだろうか。

〔注〕
1） 三菱商事10位、三井物産11位、伊藤忠商事18位、住友商事22位、丸紅23位と並ぶ（*Fortune,* July21, 2003, F－32.）。しかし、その売上高に対する利益は他の業種と比べて著しく低い（特に日本自動車メーカーとは1桁も違う）ことが特徴である。
2） 安川雄之助『三井物産筆頭常務』東洋経済新報社、1996年、43ページ。
3） Heller, W. W. "The Anatomy of Investment Decisions", *Harvard Business Review,* Volume. 29, No. 2, May 1951, p. 100.
4） Wilkins, M. "Japanese Multinational Enterprise before 1914", *Business History*

Review, Volume. 60, No. 2, Summer 1986, pp. 223−225.
5) 三菱商事株式会社編『三菱商事社史 上巻』1986年，135ページ。
6) 同上書，160ページ。
7) Robinson, J. *The Economic of Imperfect Competition,* Macmillan, 1936, p. 336. 加藤泰男訳『不完全競争の経済学』文雅堂銀行研究所，1956年，433ページ。チャンドラーも，日本企業の緊密な協力関係は，20世紀のほとんどに存在していて，国際市場での企業地位を強大なものにしたと見る（Chandler, Jr. A. D.「世界的巨大企業－国際比較分析」経営史学会編『経営史学』第16巻第4号，1982年，19ページ）。
8) Malmgren, H. B. "Information, Expectations and the Theory of the Firm", *Quarterly Journal of Economics,* Volume. 75, 1961, p. 414.
9) ここでの「分析」「解釈」の概念は，Lester, R. K. "Innovation: The Missing Dimension", シンポジウム『日本の競争力 復活への課題と展望』2005年3月17日（於・日経ホール）を参考にしている。
10) Leibenstein, H. "Entrepreneurship and Development", *The American Economic Review,* Volume. 58, No. 2, May 1968, pp. 73−75.
11) Coase, R. H. *The Firm, the Market, and the Law,* The University of Chicago Press, 1988, p. 62. 宮沢健一・後藤晃・藤垣芳文訳『企業・市場・法』東洋経済新報社，1992年，71ページ。
12) Panzar, J. C. and Willig, R. D. "Economies of Scope", *The American Economic Association,* Volume. 71, No. 2, May 1981, p. 268.
13) Willig, R. D. "Multiproduct Technology and Market Structure", *The American Economic Review,* Volume. 69, No. 2, May 1979, p. 346.

あ と が き

「長寿企業」（リビングカンパニー）というコンセプトがある[1]。

　長寿企業は自社が何者であるかを知っていて，自社がどうすれば社会に適合するかを理解して，新しいアイデアや人材の価値を認め，未来に備えるために，いま手元にある資金を節約している企業だとされる。こうした特徴は，調和をとりながら何世代にもわたって企業を進化させ続けていこうとする「心構え」（マインドセット）の表れである。

　長寿企業は，まさに生き延びるために，その時代ごとのニーズに見合った製品やサービスを創り出している。

　そこには，次のような4つの主要な共通要素が発見されている。

① 長寿企業は，環境（自社を取り巻く世界）に敏感である。常に，企業の経営環境（景気変動など）に向かってアンテナを伸ばして，周囲で起きていることすべてに細心の注意を払っている。今日のようにITがなかった時代でも，長寿企業は，重要な情報を手に入れる仕組みをつくって（子会社・支店網の張り巡らしなど），その情報から状況を学び取っては，迅速に適応することに優れていた。

② 長寿企業は，強い結束力があるとともに，強力な独自性を自覚している。大幅に多角化が進んでも，社員は「自分たちはみんな会社と一心同体である」と信じている。変動の嵐の中で生き残るには，社員のあいだに強固な団結が必要である。

③ 長寿企業は，新しいアイデアに寛大である。分散した子会社に対して本社はできるだけ干渉はせずに，分権化をして，活動面での大幅な自由度を認めている。それが直接，本業とはリンクしないような活動であっても，寛容な態度を示す。この寛容さが色々な可能性を引き出すことに大きく貢献している。

④ 長寿企業は，資金の使い方が保守的である。資金を倹約して，むやみにリスキーな投資はしない。手元に余裕を残しておくことで，チャンスを逃さない投資をして，事業を組織的に立ち上げることができる。貯めている資金を使って，自分たちの進化を自分たちの手で，自由にコントロールしている。

以上のことから，永続する企業の経営手法について，以下の4つの構成要素が導かれる。
① ラーニング…環境に対する感度は，企業に学習能力と適応能力があることを示す。
② アイデンティティ…結束力と独自性は，企業が生まれつき持っている能力である。
③ エコロジー…寛容さと分権化は，企業に内外と建設的な関係を築く能力があることを示す。
④ エボリューション…保守的な資金活用は，企業の成長と進化を強力に支える能力である。

まとめると，長生きする企業の行動決定は，学習過程で習得した知識を基礎としていて，資金の活用には保守的で，メンバーは自分の企業が経営環境に対して高い感受性を持っていることを十分に理解しているのである。

このように企業とは「心」(マインド)と「個性」(キャラクター)を持つ有機的な生き物であると見なすことができる。

「メイド・イン・ジャパニーズ・エコノミー」というトレードマークの付いた日本の総合商社も，その歴史からすれば長寿である。これからさらに長寿するには，ここに挙げた長寿企業の条件を十分に満たす必要がある。

これまで総合商社は海外との事業取引（FDIを含むもの）に関するスキルを蓄積して，一方ではリソースの節約，他方ではビジネスシナジーの獲得という点で重要な「仲介者的役割」（インターメディアリー・ロール）[2] を果たしてきた。

経済的な効率を高め，無駄を減らす経営をするためには「識別力のある戦略

あとがき

（取引コストの節約など）の実行」と「管理機構（企業か市場か）を定めて取引を整えるという組織問題の解決」を同時に果たす必要がある。これを時流に沿ってできるかどうかによって，総合商社が「経済性を持つ組織」となり得るかどうかは決まる。

経済性を持つ組織の主な目的は，コスト（より広範に定義すれば，長い期間にわたるビジネス上の取引コスト）を節約することにある[3]。したがって総合商社の新たな活路（中国事業展開など）を考える際も，まずは取引コストが節約できているかどうかに焦点を合わせることが重要となる。

一般に取引コストからの検討は，商業組織の能率を分析するのに適していると見なされ，特に商社制度への関心が高い外国人研究者によって，その適用が試みられてきた。それらの研究では，取引の性質を明確に表すことで，総合商社が貿易で果たす役割をはっきりさせることができるとされている。

取引コストからのアプローチによって，総合商社は売り手と買い手との間で生じる問題（リスク，不確実性，交渉や契約手続き上のコストなど）を解決できる「サードパーティ」としての役割を追求したり，メーカーのためにニューマーケットを見つけ，開発したり，メーカーがものづくりにリソースを集中させることを可能にする存在であると指摘される[4]。

また，この取引コストからのアプローチでは，総合商社が追加的なサービスを提供できるのは，そのブランドネームから情報の獲得と伝達に関わる取引コストを安くできるからと見なされる場合もある[5]。最近では，取引コストにアイデアや情報を交換する際のコストが含められて「インタラクションコスト」として，より広く捉えられ始めた。特に現在は「インフォメディアリー」（顧客情報を豊富に蓄積しているために，ｅコマースをコントロールできる企業）が，こうしたコストを節約して，ソリューションを行う主体となってきているという主張も登場した[6]。

総合商社にとって「インフォメディアリー」という企業体は，新しくて強力な競争相手である。商社内競争にとどまらず，業界外部で同様な，もしくはそれ以上の機能を有する新興企業群と競っていくには，取引コストやオペレー

ションコストだけでなく，ビジネス全体をデザインする際のコストを節約していけるようなサービスを自らの新たなミッションとして成立させていかなければならない。

この商社ミッションを捉えるためには，比較制度的に視点を広げて考える必要がある。現在では，経済的代理人の間で取引を管理するために用いることができる，制度的な取り決めの範囲の幅が広くなっている。

このような取り決めは，取引をなす全体のコストを最小化するためになされ，取引上の様々な考慮すべき事柄に反応するかたちで現れる。それによって企業は，多くの異なる組織構造を持てたり，市場取引も単なるスポット取引から複雑な長期契約まで，多くの異なった形態をとったりすることが可能になる。

選択された制度的な取り決めによって，全体のコストを最小化して有益な取引を遂行する管理機構が出現する。そのときには，競争優位の要因と立地的な問題も考慮しなければならない。

多国籍企業の競争優位の議論は，ハイマーに始まるものである。この分野の前進は，企業内のリソースの配置と統制過程が市場に適合するかどうかを見ていき，それとともに立地要因も比較コストの標準的な理論から説明することにある。

経済的制度の選択肢として総合商社の経済性を説明するには，取引コストアプローチが有効である。しかし企業が総合商社というチャネルを選択する場合のダイナミズムをより良く理解するには「組織の決定理論」(オーガニゼーション・デシジョン・セオリー)[7]と併せて考えなければならない。つまり，総合商社が果たす役割は「より体系的で観察的な研究」[8]によって探っていかなければ，その本質の理解は難しくなるということである。

いみじくもコースがノーベル経済学賞を受賞した際に述べたように，いまや制度的な選択肢は豊富にある[9]。

豊富な選択肢の中で総合商社が，情報の効率性など市場のメリットを活かしつつも「企業のような調整」をどのようにできるか。また「企業のような組織」[10]として取引コストの節約などの生産的サービスをどれほど提供していけ

あとがき

るか。これが，総合商社が今後も長寿企業であるための大きな関心ごととなる。

取引コストの節約は，平たくいえば「もったいない」と思う精神である。

2005年2月に来日したケニア環境副大臣のワンガリ・マータイ氏（ノーベル平和賞受賞者）は「日本に来て"もったいない"という言葉を知った。すばらしい言葉だ」といったのは興味深い。

これまで総合商社は日本経済の取引コストを「もったいない」精神で節約してきた。これからの総合商社は，その精神を保ちながらも，各社マネジャーのビジョンの違いによって，事業戦略や組織体制の創出に差異が見られるようになるだろう。

未来商社は，もはや「総合商社」という括りではなく，商社1社ずつの個性やコアコンピタンスが発揮された企業体へと変質していくのは間違いない。現在はその過渡期に当たる。競争する相手も同業種内商社そのものではなく，新たな時代が求める価値創造能力を形成できる企業との競争となっている。

現在，総合商社は国際的なサービス活動を行うことで，企業のコスト解決のためのオールタナティブとして存在する。

一般に国際的なサービスという場合，それは金融貸付のような対外交換可能なサービス，ホテル宿泊のような立地領域のサービス，そしてそのどちらの要素も含んだ結合サービスなどが挙がる[11]。

こうしたサービスの特徴から考えても，総合商社は外国に対して移動できるリソース，移動できないリソースの双方を無限の組み合わせで結合させながら取り扱うため，国際的なサービス企業であるといえる。

総合商社は，すでに海外の研究者によっても指摘されるように，戦略的な投資から複雑な企業ネットワーク網を形成して，その企業間に統合したシステムを創り上げるために，複数企業のリソースの流れを組織化したり，合理化したりする。これは総合商社の「包括的な商業能力」[12]である。また，そのための組織として総合商社は，世界各国の主要な中心地に自らの活動拠点とする事務所を所有している。今後は，総合商社が自社組織内外のネットワークによって有している，利用可能な知識をどう活用するかがポイントとなる。

昨今盛んになされている商社間の戦略的提携やネットワークの形成と活用，さらにはサプライチェーンマネジメントといった事業は，総合商社が競争優位を獲得するために能力を発揮する場所とならなければならない。

　現在，進められている企業グループの崩壊や業際化にともなって，総合商社はその歴史において蓄積してきたリソースや知識，ノウハウを活用して成長を図っていけるニッチを見つけ，そこにすばやく応じていかなければならない。

　ニッチへと迅速に対応できるかどうかは，ストックしているあらゆるリソースをビジネス・ネットワークに乗せて，柔軟に流通できるメカニズムを創り出して管理していける商社能力に依存する。

　新たな商社機能ライフサイクルの流れを早くつくった総合商社だけに，長寿企業としての次なるステージが待っている。

◆　　　◆　　　◆

　本書では「日本の総合商社がこれからどうなっていくのか」ということをテーマにして，それをクロニクル（年代記）的な視点から考察してきた。第Ⅰ部では商社勤務経験者が実務面からの知見を持ち寄って，第Ⅱ部では国際経営研究者が理論面からのアプローチを持ち込むという二人三脚のかたちで論を進めている。

　21世紀商社のラダー（rudder：方向舵）を示して，商社活動の今後の見通しをより良くするために，取り扱う事例は主に20世紀のものに限定した。2000年までに商社が手がけ始めた事業によって，21世紀商社のシナリオが定まると考えるからである。

　例えば本書で触れた，中国への事業に関して，2005年現在で国内販売や輸出入の権利を取得する商社の現地法人（伊藤忠商事，丸紅など）が実際に増えてきている。2001年に中国がＷＴＯ（世界貿易機関）に加盟したことで，外資100％の企業にも取得が認められたことが大きく後押しした。

　双日や三井物産，三菱商事などにも，現地持株会社の傘下に商社機能を持つ別会社の設立が認可された。双日上海商業，三井物産中国貿易，三菱商事中国商業といった会社がそれである。そうした中国に，それまで商社が日本経済

あとがき

で果たしてきた役割を複製することが，我々の描く「商社機能ライフサイクル・セカンドウェーブ」の出発点をなす。

　総合商社は，日本企業の売上高（収入）ランキングで常に上位に入る業種である。いまだに根強く，ランキングの上位に留まる総合商社も数社ある。『週刊東洋経済』（2005年11月19日号）では，成長企業85年の「栄枯盛衰史」が紹介された。それをたどると，1955年と1960年の1位は三菱商事であった。

　以後，1965年では9位の三菱重工業以外，すべて総合商社（三井物産，三菱商事，丸紅飯田，伊藤忠商事，東洋綿花，日綿実業，住友商事，日商，岩井産業）で埋められた。1970年では上位7社，1975年では上位8社，1980年では上位6社を総合商社が占めた。

　1985年には7位のトヨタ自動車以外，再びすべて総合商社（三菱商事，三井物産，伊藤忠商事，住友商事，丸紅，日商岩井，トーメン，ニチメン，兼松江商）がランクインした。1990年では上位6社，1995年では上位5社が総合商社だった。

　しかし，2000年あたりからランク上位を賑わす企業の顔役が少し変わってきた。2000年の上位10社は，三菱商事，トヨタ自動車，三井物産，伊藤忠商事，日本電信電話，住友商事，丸紅，日立製作所，松下電器産業，ソニーとなった。2005年に，この並びはトヨタ自動車，三菱商事，三井物産，日本電信電話，伊藤忠商事，住友商事，ホンダ，日立製作所，日産自動車，松下電器産業となった。総合商社は4社となって，上位を独占するという状態でもなくなってきた。

　この状態から，いかに総合商社が成長していくのか，また，いかに変身していくのかを捉え続けることが著者たちのめざすところである。

　商社研究は進んでいるようで進んでいない。オーガナイズという重要な商社機能が目に見えないものであるからだ。これに迫るには，実務家と研究者双方の目から捉えることが有効であると著者たちは考える。そうした「双眼」の姿勢で，今後も商社研究の発展に一石を投じていきたい。本書は，このような商社共同研究の第一弾である。

◆　　　◆　　　◆

最後に，本書を出版するにあたって出版社をご紹介いただいた岩倉信弥先生（多摩美術大学教授），ならびに出版を快くお引き受けしてくださった㈱税務経理協会書籍企画部峯村英治部長に心から感謝いたします。

2006年1月

岩谷昌樹・谷川達夫

〔注〕
1) Arie de Gues（堀出一郎訳）『企業生命力』日経BP社，2002年。
2) Richard E. Caves, *Multinational Enterprise and Economic Analysis,* Second Edition, Cambridge University Press, 1996, p.51. この初版の訳書に，岡本康雄・周佐喜和・長瀬勝彦・姉川知史・白石弘幸訳『多国籍企業と経済分析』（千倉書房，1992年）がある。ここでは，63ページ。
3) David J. Teece "Transactions Cost Economics and the Multinational Enterprise: An Assessment", *Journal of Economic Behavior & Organization,* Volume. 7, No. 1, March 1986, p.24.
4) Kim, W. C. "Global Diffusion of the General Trading Company Concept", *Sloan Management Review,* Summer 1986, p.35.
5) Kwang-Shik Shin "Information, Transaction Costs, and the Organization of Distribution: The Case of Japan's General Trading Companies", *Journal of the Japanese and International Economies,* Volume. 3, 1989, pp.292−307.
6) John Hagel Ⅲ and Marc Singer "Unbundling the Corporation", *Harvard Business Review,* March-April 1999. 邦訳「アンバンドリング：大企業が解体されるとき」『Diamond Harvard Business』2000年5月号，11～24ページ。ここでの「ソリューション」とは，日本電子工業振興協会が2000年9月に定義した「顧客の経営課題を情報技術と付加サービスを通して解決するビジネス」という意味である。
7) David J. Teece "Multinational Enterprise, Internal Governance, and Industrial Organization", *The American Economic Review,* Volume. 75, No. 2, May 1985, p.237.
8) Paul L. Joskow, P. L. "Asset Specificity and the Structure of Vertical Relationship: Empirical Evidence" in *The Nature of the Firm,* Edited by Oliver E. Williamson and Sidney G. Winter ; Oxford University Press, 1993, p.122.
9) Ronald H. Coase "1991 Nobel Lecture: The Institutional Structure of Production" in *ibid.,* p.233.
10) Harold Demsetz "The Theory of the Firm Revisited" in *ibid.,* p.171.
11) Boddewyn, J. J. Halbrich, M. B. and Perry, A. C. "Service Multinationals: Concep-

あとがき

tualization, Measurement and Theory", *Journal of International Business Studies,* Volume. 17, No. 3, 1986, p. 42.
12) Lifson, T. "Mitsubishi Corporation(A) : Organizational Overview" in *Managing Behavior in Organizations,* Leonard A. Schlesinger, Robert G. Eccles and John J. Gabarro(with the assistance of Thomas B. Lifson and James P. Ware) ; McGraw-Hill Book Company, 1983, p. 499.

索　引

〔欧　文〕

Act－21st計画 ……………………168
AT&T ……………………………54, 123
B to B ……………………………205
BP（ブリティッシュ・ペトロリアム）…111
BT（ブリティッシュ・テレコム）……123
CBU⇒完成車を見よ
CEO ………………………………128
CIO ………………………………146, 170
CKD⇒現地組立を見よ
COO ………………………………170
D／A ………………………………46
e.COMプロジェクト ……………180
E／L（輸出許可書）………………43
EPRG ……………………………127
EPRGプロファイル ……………125, 135
Eコマース⇒電子商取引を見よ
FDI …………… i , 10, 15－16, 37, 118,
122, 171, 210
GEキャピタル ……………………113
GM …………………………………72, 75, 92
IBM ………………………………103
INS ………………………………102
IT …………………………………88, 91
ITX ………………………………178, 202
JIT（ジャスト・イン・タイム）……75
KD⇒ノックダウンを見よ
KDD（国際電信電話）……………123
K－PLAN ………………………158－161
L／C ………………………………46
M&A …………………86, 88, 91, 115, 181
MC2000 …………………………160
MISA ……………………………146
MIT ………………………………104
NC－2000 ………………………168

NEC ………………………………104
NRC ………………………………165
NTT（日本電信電話公社）
……………………102, 109, 123, 215
OEM部品 ……………………74, 80, 82
PB（プライベート・ブランド）……124
PHS ………………………………104, 123
PHSインターナショナル ………123
Plan－88 …………………………126
UAC ………………………………23
UIO ………………………………43
WTO ……………………………214

〔あ〕

アート・ネット …………………109
アウトソーシング …………42, 77, 90
アサヒビール ……………………124
アジア・パルプ・アンド・ペーパー
（APP）…………………………112
味の素 ……………………………124
アセア・ブラウン・ボベリ（ABB）…130
安宅産業 ………………………164－165
アフターサービス ………43, 46－47, 49,
61, 74, 94
アラヤグループ …………………106
アレクサンダー・ヤング …………34
アンゾフ …………………………134

〔い〕

イグジット・ルール ……………179
いすゞ ………………………………66
イスラエル水資源公司 …………108
伊藤忠商事 … i , 34, 49, 60, 64, 72－73, 76,
81, 108－110, 112, 114, 115,
123－124, 126, 134, 141－143,
145, 147, 161, 166, 172, 173,

　　　　　　180, 182, 184, 189–190, 21
イトーヨーカ堂 ……………………172
岩井産業 ………………………………215
岩崎小彌太 …………………………193
岩原謙三 ………………………………197
インキュベーター ……………………89
インダストリアル・システム・
　コンステレーションズ ……123, 125, 132
インタラクションコスト …………211
インフォメディアリー ……………211
インベストメントバンク …………116

〔う〕

ウィット・キャピタル ……………115
上島重二 ………………………147, 183

〔え〕

エール・リキッド …………………113
エキスパトリエイト ……44, 59, 61, 67
エクソンモービル …………………111
エンカレッジメント ………179–180
煙台ビール ……………………………124

〔お〕

欧州住友商事 ………………………144
オーガナイザー機能 ………68, 72–73,
　　　　　　　　　　　　88–89, 93
オートリース …76–77, 83–84, 87–89, 94
オネクシム銀行 ……………………107
オリックス …………………………88–89

〔か〕

カーギル ………104, 106, 134, 173, 201
外資系傘型企業 ……………………171
隠された行動 …………………………12
隠された情報 …………………………12
学習する組織 …………………………70
拡大メコン地域 ……………………172
華糖洋華堂 …………………………172

金子直吉 ………………………………8
鐘紡 ……………………………195, 198
カネボウシルクエレガンス ………106
兼松 …………………102, 147, 166, 189
兼松江商 ………………………………215
カルロス・ゴーン ……………………80
川上 …………54, 75, 85–86, 91–92, 94
川下 ……………54, 83, 85–86, 92, 94
川村貞次郎 …………………………191
韓国商社 ……………………………22–23
関西五綿 ………………………………166
完成車（ＣＢＵ） ……………51, 53, 85
間接貿易 ……………………39–40, 49
カントリーリスク ……49, 54, 84, 179

〔き〕

企業家活動 ……………………………7
企業家精神 ……7–8, 97, 112, 121, 130, 179
企業家的な判断 ……………………192
企業家的な野心 ……………………192
企業家的な融通性 …………………192
企業に基づく優位性 ………………101
技術的エージェント …………………11
機能的優位 …………………………164
機能の総合化 ………………………163
機能ライフサイクル ………………ii–iii
木下産商 …………………………164–165
規模の経済性 ……9, 12, 102, 135, 162, 193,
　　　　　　200–201, 203–204, 206
キャリア・ディベロプメント ………59
キャリアチャレンジ制度 …………180
競争戦略 ……………………………158
競争優位 ……100, 102, 118–119, 121, 135,
　　　　　137, 147, 158, 173, 184, 204,
　　　　　212, 214
キリンビール ………………………124
金属専門商社 …………………………11
金融機能（ビジネス）……71, 73, 83, 89, 93
金融ビッグバン ……………………114

220

索　引

〔く〕

草道昌武 …………………………146, 183
クベルネル ………………………………130
クラール …………………………………108
クライスラー ………………63-64, 66, 72, 79
クリティカル・マス ……………37, 50, 173, 178
グループに基づく優位性 ……101, 160, 167
グレネア・エレクトロニクス社 ………103
グローバル・インダストリアル・
　システム ……………………………123
グローバル・ストラテジック・
　アライアンス ………………………184
グローバル・ストラテジック・
　パートナーシップス ………………122
グローバル・ネットワーク・
　コーポレーション …………………110
グローバル・ネットワーク企業 ………178
グローバルエンタープライズ …………159
グローバルスタンダード ………………184
グローバルネットワーク構築……………88
グローバルビジネス・クリエーター …155

〔け〕

形式知 ……………………………………182
ケーブル・アンド・ワイヤレス
　（C&W）……………………………123
ケリーグループ …………………………106
現地組立（CKD）……………………51-53
現地志向 …………………………………127
現地生産 …………………………………53
現地法人 …………………………172, 214
ケンブリッジ・テクノロジー …………104

〔こ〕

コアコンピタンス …16, 100, 158, 163, 172,
　　　　　　　　　　184-185, 201-202,
　　　　　　　　　　213
コアコンピタンス・ビジネス……157-158

コア事業 ……………………………87, 93
コアビジネス…132, 160, 167-168, 176, 178
合弁事業 ……………………123, 125, 133
後方統合 ……………………………………6
コース ……………………………………212
コーポレートガバナンス ………………160
顧客志向 …………………………………182
国際金融公社（IFC）…………………112
国際総合企業 ……………………126, 161
国際提携……………………………………70
国際電信電話（KDD）………………123
穀物メジャー ……………24, 104, 125, 173, 201
ゴシャール ………………………………120
五星ビール ………………………………124
コレポン ……………………………………39
コングロマリット …………………………1
コンサルティング（機能）……86, 90, 92
コンサルティングカンパニー …………183
コンチネンタル・グレイン……………125, 173
近藤健男 …………………………………159

〔さ〕

サードパーティ …………………………211
サイキック・ディスタンス………………37
佐々木幹夫 ………………………………147
サッポロビール …………………………124
サニーベール ……………………………106
サハ・パタナピブン・グループ ………107
サプライチェーンマネジメント
　…………………107, 147, 157, 169, 214
産業財マーケティング …………………205
三国間取引 ………………………143, 171
三国間貿易…………………………16-17
サントリー ………………………………124
三和銀行 …………………………………113

〔し〕

ジオビジネス・モデル …………………117
事業（会社）経営機能 …………47, 71, 73, 93

221

事業統合……………………………81
資金調達能力 ………………………192
市場開拓機能………47, 61, 68, 71, 73, 89, 93
シティコープ………………………18
自動車商権地図……………………49
自動車総研構想……………………91
自動車バリューチェーン……………94
シナルマス・グループ……………112, 134
シノケム・ファンド………………113
島田精一……………………………170
清水慎次郎…………………………147
ジャーディン＝マセソン商会………4, 23
社長ファンド………………………179
社内資本金制度……………………168
準内部化……………………………44
商館貿易……………………………4
商権……14-15, 23, 47-48, 50, 63-64, 76,
　　　81-82, 85, 106-108, 113, 134, 158,
　　　174, 198-200
商社間提携 …………………………110
商社機能ライフサイクル
　………………………155, 175, 214-215
商社離れ……………………………ⅲ
商社冬の時代………………………ⅲ
商社不要……………………………166
商社無用論…………………………19
商社有用論…………………………175
商取引機能………………………73, 93
情報調査(収集)機能 …48, 61, 71, 73, 88, 93
昭和金融恐慌………………………164
処事光明……………………………194
ジョン・リード……………………18
シリコン・グラフィックス………103
新制度経済学………………………13

〔す〕

垂直統合 ………………11-13, 104, 116,
　　　118, 162, 167, 173
水曜会………………………………194

スキナー……………………………132
スズキ………………………………75
鈴木商店……………………………164
スティーブン・スピルバーグ………103
スピル・オーバー…………………174
住商アカウンティング……………177
住友商事……ⅰ, 34-36, 39, 47, 49, 53, 60,
　　　63-64, 68-69, 71-74, 76,
　　　81-92, 94, 106-108, 129, 144,
　　　177-182, 184, 189-190, 215
住友別子……………………………194

〔せ〕

成長戦略 ………98, 100, 111-112, 141, 143
制度的な過程………………………203
西都ヨーカ堂………………………172
世界志向………………122, 127-129, 132
石油メジャー………………59, 111, 165, 201
設備機材 ………………………74-75, 80
セブン・シスターズ………………165
繊維専門商社………………………11
センコー……………………………106
戦略的提携(協力関係) …70, 81, 111-112,
　　　125, 200, 214

〔そ〕

相互ＯＥＭ供給……………………82
総合化した機能……………19, 106, 147
総合事業会社………………………178
相互学習……………………………70
総資産利益率(ＲＯＡ) ……………141
双日ＨＤ………167, 189-190, 202, 214
双日上海商業………………………214
想像力…………………………22, 38
組織学習……………………………182
組織能力 ………98, 100, 112, 115, 132, 134,
　　　137-141, 164, 170, 182
ソニー………………………………215
ソフトバンク………………………115

222

索　引

ソリアノグループ ……………………107
ソリューション・プロバイダー ………167

〔た〕

第一勧業銀行 ……………………………115
大宇 …………………………………110-111
ダイエー …………………………………124
ダイハツ ……………………………………35
タイ輸出入銀行 …………………………112
代理人関係 …………………………………12
大連市糧食局 ……………………………106
ダウ・ケミカル …………………………113
多角化 ……………………………… 165, 204
田代守彦 …………………………………147
タスクフォース …………………………182
ダニエル・ヘラー …………………………70
ダニング …………………………………110
団琢磨 ………………………………………8

〔ち〕

地域志向 ……………… 127, 129, 132, 172
地域統括会社 ………………………………81
知識センター ……………………………183
チャータード銀行 ………………………192
チャンドラー ……………………………140
中間組織 ……………………………14, 41-42
中期経営計画 ……………………………176
中期経営計画-2000 ……………………167
中国化工貿易総公司 ……………………113
中国上海一百集団 ………………………107
中国電子物資総公司 ……………………106
中国糧油食品出口総公司 ………………125
中国連合通信 ……………………………124
中古車 ………………………………… 86, 89
駐在員 …………………… 39-40, 59, 62, 68
中糧天鼎国際貿易 ………………… 125, 172
長期業態ビジョン ………………………169
長寿企業 …………………… 209-210, 213-214
直接貿易 ……………………………49, 79, 82

〔つ〕

辻明弘 ……………………………… 147, 184
辻亨 ………………………………………147

〔て〕

ティーエムロジスティックス …………177
ディーラー ……………… 35, 73, 76, 83, 91, 94
帝人 ………………………………………168
帝人商事 …………………………………168
ディストリビューター ………… 73, 81, 83
ディビジョン・カンパニー制 …………141
デュポン …………………………………111
テレコムアジア …………………………104
電子商取引（Eコマース）…87, 91, 161, 169, 178, 181
デント商会 …………………………………4

〔と〕

ドイツ銀行 ………………………………113
ドイツテレコム …………………………123
東京三菱銀行 ……………………………115
東京三菱証券 ……………………………115
統合世界志向 ……………………………132
投資ファンド ………………………113-114
道徳的危険 …………………………………12
東方国際集団公司 ………………………125
東洋工業 ……… 35, 38-39, 50, 64-65, 72
東洋紡 ……………………………………195
東洋綿花 …………………………… 168, 202, 215
東洋レーヨン ……………………… 190-191
東菱貿易公司 ……………………… 125, 172
トーメン ……… 108, 142-143, 146-147, 166, 168, 177, 180, 184, 189, 202, 215
ドット・コマース ………………………178
ドット・コマース宣言 …………………161
トップ・マネジメント
　　　　……17, 19, 21, 121, 125-126, 128-

130, 146, 156, 159, 181, 83, 185
トップ・マネジャー……19, 117, 144, 147, 159, 183, 192
トヨタ自動車………35, 60, 64, 82, 92, 215
豊田通商……………………………189
トランザクション・バリュー…………198
トランスナショナル企業……………138
トランスナショナル組織………132, 138
鳥海巌…………………………184, 147
取引機能………………………………45
取引コスト……………12-14, 37, 162, 166, 190, 211-213
取引コストアプローチ……………13, 212
取引コストの経済学……………………13
トリプル・テクノロジー…………160, 168
トレード…………………………80, 93

〔な〕

なじみ…………………………………44
ナショナル・スタッフ………………129
ナレッジ・マネジメント……17, 181, 183
南通ビール…………………………124

〔に〕

ニチメン………113, 125, 142, 144-145, 166-168, 177-178, 181, 184, 189, 215
ニチメンキャッシュマネージメント…177
日綿実業……………………………215
ニチメンビジネスサポート…………177
日産自動車…………60, 64, 69, 80, 82, 85, 87, 92, 215
日産ディーゼル……………………66, 68
日商……………………………………215
日商岩井………106-107, 112-114, 141, 144, 146, 166-169, 172-173, 177-178, 180, 183, 189, 202
日商岩井アパレル……………………168

日本IBM……………………101-103
日本在外企業協会……………………130
日本テレコム…………………………123
日本電信電話⇒NTTを見よ
丹羽宇一郎…………………………147

〔ね〕

ネット証券……………………………115
ネルソン&ウィンター…………………98

〔の〕

能力補完型アライアンス………………70
ノー・インフォメーション取引………159
ノックダウン(KD)……………51-52, 70

〔は〕

バートレット&ゴシャール…132, 137, 139
パールミュッター………17, 122-123, 125, 127-129, 132, 135, 139
ハイマー……………………………212
バッテリーマーチ……………………115
バリューチェーン……………85, 88, 93
範囲の経済性……9, 120, 135, 201, 203-206
販売与信………………………………46

〔ひ〕

ピープル・ワールド…………………103
比較優位……………2, 5, 10, 16, 18, 158, 160, 162, 204
ビジネス・ネットワーク…111-112, 137, 159, 162-163, 165-166, 184, 214
ビジネスシナジー……………………210
ビジネスモデル(構築)…………89, 93-92
ビジネスユニット……………………170
ビジョン2000………………………176
日立製作所………………109, 114, 215

索　引

ビッグ・スリー……………………72－74, 86
日野自動車……………………………35, 66, 68
ヒューマン・リソース……………………40

〔ふ〕

ファイナンス事業……………………………84
ファンド………………………………………92
フィージビリティ・スタディ…………165
フェアウェザー……………………………130
フォード………………69, 71－73, 75, 79－82
フォーフォルド・テクノロジー………160
藤本隆宏……………………………………70
物流（機能）……………………71, 73, 75, 89, 93
部品……………………………42－43, 66－67, 74,
　　　　　　　　　　　　76, 83, 85, 91, 94
部品メーカー………………………82, 85, 91－92
ブラウン・レポート……………………133
プラット＝アンド＝ホイットニー社…197
フランステレコム………………………123
プラント輸出…………………………170, 202
フリーエージェント制度………………180
ブリティッシュ・テレコム（BT）……123
ブリティッシュ・ペトロリアム（BP）
　………………………………………………111
不良債権……………………………………165
フルーア・ダニエル……………………113
プロジェクト・ファイナンス……112, 114
分化されたネットワーク…………136－137

〔へ〕

北京ビール…………………………………124
ベネターグループ………………………147
ベルテルスマン……………………108－109
ベンチャー………………86, 91, 104－113, 166
ベンチャー事業育成機能…………………92
ベンチャーファンド……………………113
変容性…………………………………………15
ヘンリー・ウォレス……………………80－81
ペンローズ………………………16, 99, 121

〔ほ〕

補修用の部品…………………………43, 74, 80
ポストチャレンジ制度…………………180
ポルガット社………………………………108
本国志向………………………………127－128
香港上海銀行………………………………192
香港テレコム………………………………123
ホンダ（本田技研工業）…………53, 82, 215

〔ま〕

マーケティング機能………………………61
マーチャントバンク………………1, 116, 183
マイクロソフト……………………………115
槙原稔…………………………………146－147, 183
益田孝………………………………………169
松下電器産業………………………………215
マツダ………38, 49, 53, 60, 64－65, 69－71,
　　　　　　　　　73, 75－76, 79－82
松田耕平……………………………………72
マネジメント・バイ・アウト……………85
マルチ・アプローチ……………………156
マルチ・インボルブメント……………156
丸紅……………ⅰ, 34, 104, 106－107, 109－111,
　　　　113－114, 124, 134, 143, 145, 147,
　　　　166, 172－173, 178, 180－182, 184,
　　　　189－190, 214
丸紅飯田……………………………………215
丸紅インターナショナル
　エレクトロニクス……………………104
丸紅エレクトロニクス…………………104

〔み〕

三井物産……………………ⅰ, 34, 64, 103－104,
　　　　　　　　　　　108－111, 113, 124,
　　　　　　　　　　　133, 142, 145－147,
　　　　　　　　　　　168－172, 177, 179,
　　　　　　　　　　　181, 183, 189－195,
　　　　　　　　　　　197－198, 202－203,

225

三井物産中国貿易 ……………………214
三菱鉱業 ………………………………194
三菱合資 …………………………193−194
三菱自動車工業 …49,63−66,68,76,80,82
三菱重工業 ………………………36,215
三菱商事 ……………ⅰ,34,64,76,101−103,
　　　　　　106−107,110−111,113,
　　　　　　115−116,125,141−147,
　　　　　　158−161,172−173,175,
　　　　　　177,179−180,183,189−
　　　　　　190,193−197,214−215
三菱商事中国産業 ……………………214
三菱倉庫 ………………………………106
三菱電機 ………………………………197
三菱ふそう ………………………………76
宮原賢次 ………………………………184

〔む〕

無形資産 …………………………173−174
室伏稔 ……………………………147,184

〔め〕

明華糖廠 ………………………………196
明治製糖 …………………………196−197
名声(レピュテーション) ……………116
綿糸紡績業 ………………………………5

〔も〕

モーニングスターセメント …………112
モービル ………………………………111
モデルチェンジ …………………………52
モトローラ社 …………………………103
モンサント ……………………………104

〔や〕

安川雄之助 ………………………191−192,197

214−215

〔ゆ〕

勇気 ………………………………22,38
輸出許可書(E／L) ……………………43
輸出権 ……………………………………63
輸出貿易権 ……………………………171
ユニゾン ……………………………85−86
輸入車市場 ………………………………71

〔よ〕

ヨコのシナジー ……………176,179−180
横浜正金銀行 …………………………192
米倉功 …………………………………126

〔ら〕

ラーニング・バイ・ユージング ………13
ライオン ………………………………106
ラジャワリ・グループ ………………103
ラゾニック ……………………………116
ラムスーンフード ……………………133
ラムナライン社 ………………………196

〔り〕

リージョナル・マネジャー ……………69
理解力 ……………………………………38
リスク・テイカー ……………………190
リスク・リターン ……………………178
リスクマネジメント(機能)
　　　　　………54,62,73,82,93,160,179
リストラクチャリング
　　　　　　………147,167,176,178,182
リソース・ベースト・ビュー ……98−99
リソースの束 …………………………41,98
リビングカンパニー …………………209
菱食 ……………………………………106
リリエンソール …………………………33
リレーションシップ・キャピタル ……101

索　引

〔る〕

ルノー………………………………80

〔れ〕

レスター・ブラウン ………………133
レネセン ……………………………104
連結の経済性………………200−201

〔ろ〕

ロイヤル・ダッチ・シェル ……………111
ロータリー車(エンジン) ………64, 72−73
ロスチャイルドグループ ……………113
ロスプロム・グループ ………………108
ロペスグループ ………………………108
ロボック＆シモンズ …………………117

〔わ〕

ワールズ社 ……………………………103
渡利陽 …………………………………184
ワンガリ・マータイ …………………213

著者紹介

岩谷　昌樹（いわたに　まさき）

東海大学政治経済学部経営学科専任講師。
経営学博士。
1973年　倉敷市生まれ。
2001年　立命館大学大学院経営学研究科博士後期課程修了。
著書
　『ケースで学ぶ国際経営　進化する企業の戦略と組織』（単著）中央経済社，2005年
　『ホンダのデザイン戦略経営　ブランドの破壊的創造と進化』（共著）日本経済新聞社，2005年
　『デザインマネジメント入門』（共著）京都新聞出版センター，2003年

谷川　達夫（たにがわ　たつお）

立命館アジア太平洋大学兼任講師。
国際ビジネス研究学会員。
1944年　和歌山市生まれ。
1968年　一橋大学社会学部卒業。
同　年　住友商事株式会社入社。
　　　　プエルトリコ・イラン・サウジアラビア・コロンビアに駐在して現地法人の社長などを歴任。
　　　　またＦＯＲＤ自動車に出向してアジア太平洋販売部長を2年務める。
2004年7月　住友商事グループを退社。
2005年10月　ＮＰＯ法人「国際社会貢献センター」コーディネーター。

著者との契約により検印省略

平成18年3月15日　初版発行	総合商社 ―商社機能ライフサイクル―	
著　者	岩　谷　昌　樹	
	谷　川　達　夫	
発行者	大　坪　嘉　春	
印刷所	税経印刷株式会社	
製本所	株式会社　三森製本所	

発行所　東京都新宿区下落合2丁目5番13号　株式会社　税務経理協会
郵便番号 161-0033　振替 00190-2-187408　電話(03)3953-3301(編集部)
FAX(03)3565-3391　　　　　　　　　　　　　(03)3953-3325(営業部)
URL http://www.zeikei.co.jp/
乱丁・落丁の場合はお取替えいたします。

©岩谷昌樹・谷川達夫 2006　　Printed in Japan

本書の内容の一部又は全部を無断で複写複製（コピー）することは、法律で認められた場合を除き、著者及び出版社の権利侵害となりますので、コピーの必要がある場合は、予め当社あて許諾を求めて下さい。

ISBN4-419-04666-X C1034